OEUVRES

DE

J. B. ROUSSEAU.

NOUVELLE ÉDITION;

AVEC UN COMMENTAIRE HISTORIQUE ET LITTÉRAIRE,

PRÉCÉDÉ D'UN NOUVEL ESSAI
SUR LA VIE ET LES ÉCRITS DE L'AUTEUR.

---

*Hic, nobis patronis, calomniam
fortasse.... effugiet.*
CICER. *Pro Cluent.* 163.

A PARIS,

CHEZ LEFÈVRE, LIBRAIRE,
RUE DE L'ÉPERON, N° 6.

M. DCCC. XX.

OEUVRES

DE

J. B. ROUSSEAU.

TOME II.

A PARIS,

DE L'IMPRIMERIE DE CRAPELET.

1820.

ÉPÎTRES.

LIVRE PREMIER.

ÉPÎTRE I.

AUX MUSES.

Filles du ciel, chastes et doctes Fées,
Qui, des héros consacrant les trophées,
Garantissez du naufrage des temps
Les noms fameux et les faits éclatants ;
Des vrais lauriers sages dispensatrices,
Muses ! jadis mes premières nourrices,
De qui le sein me fit, presque en naissant,
Téter un lait plus doux que nourrissant ;
Je vous écris, non pour vous rendre hommage
D'un vain talent que dès mon plus jeune âge
A cultivé votre amour maternel ;
Mais pour vous dire un adieu solennel.
— Quel compliment ! quelle brusque incartade !
Me direz-vous : d'où vient cette boutade ?
De quoi se plaint ton esprit ulcéré ?
N'est-ce pas toi, qui, sur ce mont sacré,
Si périlleux à qui veut s'y produire,
Vins nous prier de vouloir te conduire,

Nous demander, par des vœux assidus,
Des dons souvent sans succès attendus,
Et, loin encor des sommets du Parnasse,
Sur le coteau briguer une humble place?
Ton rang enfin y fut marqué par nous;
Et si ce rang, à ton chagrin jaloux,
Paroît trop bas, près des places superbes
Des Sarrasins, des Racans, des Malherbes;[1]
Contente-toi de médiocrité,
Et songe au moins au peu qu'il t'a coûté:
A peine encore as-tu compté six lustres.
Tâche à monter du moindre aux plus illustres:
Dans ton été ce n'est point un affront
D'être arrivé sur le penchant du mont;
Tandis qu'on voit tant d'aspirants timides,
Marchant toujours sans boussole et sans guides,
Par des sentiers durs, pénibles et longs,
A soixante ans ramper dans les vallons.

---

[1] Jean-François SARRASIN, poète françois fort estimé de son temps, loué en plus d'un endroit par Boileau lui-même, et à peu près inconnu aujourd'hui. Il y a cependant de fort belles choses dans son Ode à *Calliope*, sur la bataille de Lens; et de très-bonnes plaisanteries dans son poëme de *Dulot vaincu, ou la Défaite des Bouts rimés*. Son ouvrage le plus considérable en prose, est *la Conspiration de Walstein*. Il étoit né en 1603, et mourut, en 1654, du chagrin d'avoir déplu au prince de Conti, dont il étoit secrétaire.—Honorat DE BEUIL, marquis DE RACAN, a conservé un peu plus de célébrité; et quoique l'on ne s'écrie plus avec Boileau,

Que Racan, dans l'Églogue, en charme les forêts;

on cite encore ses *Bergeries*. Né en 1589; mort en 1670.

Ose franchir des bornes importunes :
Va, cours tenter des routes moins communes,
Et cherche enfin, par des travaux constants,
A mériter.... — Muses, je vous entends :
Vous m'offririez le laurier d'Euripide,
Si, comme lui, dans quelque roche aride,
Pour recueillir mon esprit dissipé,
J'allois chercher un sépulcre escarpé ;
Si je pouvois, sublime misanthrope,
Fuir les humains pour suivre Calliope ;
A tous plaisirs constamment renoncer ;
Le jour écrire, et la nuit effacer,
Sécher six mois sur les strophes d'une ode ;
Et, de moi-même Aristarque incommode,[1]
A vous poursuivre épuiser mes chaleurs,
Pour vous ravir quelqu'une de ces fleurs
Qu'à pleines mains, pour tant d'autres avares,
Vous prodiguez aux Chaulieux, aux La Fares.
Non, non, jamais, de vos dons trop épris,
Je n'obtiendrai vos lauriers à ce prix :
J'abjurerois et Phébus et Minerve,
Si, possédé d'une importune verve,
Il me falloit, pour de douteux succès,
Passer ma vie en d'éternels accès ;
Toujours troublé de fureurs convulsives,
De mon plancher ébranler les solives ;

---

[1] Soyez-vous à vous-même un sévère critique.
BOILEAU, *Art poétique*, 1, 184.

Et, rejetant toute société,
Écrire en sage, et vivre en hébêté.
Si quelquefois je cours chercher votre aide,
C'est moins par choix que ce n'est par remède.
La solitude est mon plus grand effroi :
Je crains l'ennui d'être seul avec moi ;
Et j'ai trouvé ce foible stratagème
Pour m'éviter, fugitif de moi-même...
De là sont nés ces écrits bigarrés,
Fous, sérieux, profanes, et sacrés,
Où je dépeins, non des mœurs trop volages,
Mais seulement les diverses images
Qui m'ont frappé, selon les temps divers
Où mon ennui m'a fait chercher des vers.

Vous me direz qu'au moins pour ce service
A vos bienfaits je dois quelque justice ;
Que c'est par vous qu'à vingt ans parvenu,
Né comme Horace [1], aux hommes inconnu,
Bien moins que lui signalé sur la scène,
J'ai cependant trouvé plus d'un Mécène ;
Que par votre aide, à la cour moins caché, [2]
Souffert des grands, quelquefois recherché,
J'ai, par bonheur, esquivé le naufrage

---

[1] *Non ego me claro natum patre, non ego circum*
Me Satureiano vectari rura caballo;
Sed, quod eram, narro, etc.
      HORAT. *Serm.* II, sat. VI, 58.

[2] Dans sa jeunesse, et lorsqu'il y suivoit le directeur général Rouillé du Coudray.

Du ridicule où jette l'étalage
Du nom d'auteur, surtout en ce temps-ci.
Oui, j'en conviens; mais c'est par vous aussi
Que sont venus mes ennuis, mes tortures,
Tous ces complots, ces lâches impostures,
Ces noirs tissus que m'ont vingt fois tramés
De vils rimeurs contre moi gendarmés;
Car il n'est point de fou mélancolique
Plus effréné qu'un auteur famélique,
Qui, sur les quais, sans avoir été lu,
Voit expirer son livre vermoulu :
Et par malheur si dans cette furie
A ses chagrins se joint la raillerie
De quelque auteur d'opprobres moins couvert,
Tout l'Océan, cent vœux à saint Hubert,[1]
Ne feroient rien sur la rage canine
Que ce mépris dans son cœur enracine.
Dès ce moment, par cent fausses rumeurs,
Son noir venin se répand sur vos mœurs.
Gardez-vous bien de cet homme caustique,[2]
S'écrîra-t-il; fuyez ce frénétique;
Dans ses brocards aucun n'est ménagé;

---

[1] Allusion aux remèdes que l'on emploie, au saint que l'on invoque contre l'hydrophobie.

[2] BOILEAU, Sat. IX, v. 119 :

> Gardez-vous, dira l'un, de cet esprit critique !
> On ne sait bien souvent quelle mouche le pique ;
> Mais c'est un jeune fou, qui se croit tout permis,
> Et qui, pour un bon mot, va perdre vingt amis.

C'est un serpent, un diable, un enragé,
Que rien n'apaise, et qui dans ses blasphèmes
Déchire tout, jusqu'à ses amis mêmes.
Vous allez être inondé de chansons :
Que je vous plains ! — Mais nous le connoissons ;
Ce n'est point là du tout son caractère :
Il est fidèle, équitable, sincère ;
De sa vertu Vauban même fait cas :
Il s'y connoît. — Ne vous y fiez pas !
C'est un matois ; il fait le bon apôtre :
Il paroît doux et civil comme un autre ;
Mais, dans le fond, c'est le plus noir esprit !...
 Voilà comment sa haine vous flétrit ;
Voilà les coups que le traître vous porte.
Si par bonheur cette imposture avorte,
Bientôt son fiel, fécond en trahisons,
Fera courir, de maisons en maisons,
Mille placards qui vous chargent de crimes,
Lettres d'avis, libelles anonymes,
Recours grossier, et toujours sans effet,
Mais des brouillons l'ordinaire alphabet ;
Et priez Dieu qu'il préserve la ville
De tout bon mot, satire ou vaudeville,
Et de tous vers sous le manteau portés ;
Car à coup sûr ils vous seront prêtés.[1]

[1] Vient-il de la province une satire fade,
 D'un plaisant du pays insipide boutade ?
 Pour la faire courir, on dit qu'elle est de moi ;
 Et le sot campagnard le croit de bonne foi.
   BOILEAU, Épît. VI, 69.

Si leur secours manque à votre adversaire,
Dans le besoin lui-même en saura faire,
Fabriquera vingt infâmes couplets,
Tels qu'au milieu des plus grossiers valets.
A les chanter Linière auroit eu honte,[1]
Et qui seront écrits sur votre compte.
Dans les cafés, dans les plus vils réduits,
Il prendra soin de semer ses faux bruits,
Vous décrîra comme un monstre indomptable,
Aux rois, aux grands, à l'état redoutable ;
Et séduira peut-être en quelque point
Son sot ami, qui ne vous connoît point.

O fol amour d'une vaine fumée !
Fruit dangereux d'un peu de renommée !
Muses, voilà les chagrins, les dégoûts
Que vos présents.... — Alte-là, direz-vous :
Tous ces discours, ces cris que du Parnasse
Fait retentir l'obscure populace,
Dont sans raison tu conçois tant d'effroi,
Qui les excite ? Est-ce nous ? est-ce toi ?
C'est par nos soins que ton esprit docile,
Prenant pour guide et Térence et Virgile,
Dans leur école a de bonne heure appris
A distinguer des solides écrits

---

[1] On l'appeloit communément l'*Athée de Senlis*, et n'avoit, disoit-on, de l'esprit que contre Dieu. Il tournoit passablement une épigramme ; il en fit contre Despréaux, qui le lui rendit bien. Voyez Épît. VII, 89 ; *Art poét.* II, 194.

Ces vains amas d'antithèses pointues,
D'expressions flasques et rebattues,
Dont nous voyons tant d'auteurs admirés
Farcir leurs vers, du badaud révérés :
Voilà tout l'art, voilà tous les mystères
Que t'ont appris nos leçons salutaires.
Mais ces leçons t'ont-elles engagé
A brocarder un auteur affligé,
Assez puni de l'orgueil qui l'enivre,
Et du malheur d'avoir fait un sot livre,
Par le chagrin d'entendre huer ses vers,
Et de se voir tout vif rongé des vers ?
Est-il permis de braver sur l'échelle
Un patient jugé par la Tournelle ?
Laissons-le pendre au moins sans l'insulter !
— Vous dites vrai ; mais comment l'éviter ?
Dès qu'un ouvrage a commencé de naître,[1]
Soit qu'au théâtre il se soit fait connoître,
Soit que son titre orne les carrefours,
Chacun en parle, au moins deux ou trois jours ;
Et si quelqu'un, sa sentence passée,
M'en vient à moi demander ma pensée :
Que dites-vous de ces vers chevillés,
De ces discours obscurs, entortillés ?

---

[1] Dès que l'impression fait éclore un poëte,
Il est esclave né de quiconque l'achète :
Il se soumet lui-même au caprice d'autrui,
Et ses écrits tout seuls doivent parler pour lui.
     BOILEAU, Sat. IX, 183.

Il faut parler. Que répondre ? que faire ?
Les admirer ?— Non.— Et quoi donc ? — Te taire.
— Fort bien : l'avis est sensé ; grand merci :
Je me tairai : mais faites taire aussi [1]
Paris, la cour, les loges, le parterre,
Tous ces sifflets plus craints que le tonnerre,
Ces cris enfin d'un peuple mutiné,
Dont mon vilain se voit assassiné.
— Laisse crier, et retiens ta critique,
Répondez-vous : la censure publique
Peut sur un fat s'exercer tout au long ;
Mais toi, sois sage, et te tais. — Comment donc ?
Quand de ses vers un grimaud nous poignarde,
Chacun pourra lui donner sa nasarde,
L'appeler buffle, et stupide achevé ;
Et moi, pour être avec vous élevé,
Je ne pourrai, sans faire un sacrilége,
Me prévaloir d'un foible privilége
Que vous laissez aux derniers des humains ? [2]
S'il est ainsi, je vous baise les mains,
Muses ; gardez vos faveurs pour quelque autre.
Ne perdons plus ni mon temps ni le vôtre
Dans ces débats où nous nous égayons.

---

[1] Ce qu'ils font vous ennuie ! ô le plaisant détour !
Ils ont bien ennuyé le roi, toute la cour, etc.
BOILEAU, Sat. IX, 101.

[2] Et je serai le seul qui ne pourrai rien dire ?
On sera ridicule, et je n'oserai rire ?
Ibid. 191.

Tenez, voilà vos pinceaux, vos crayons:
Reprenez tout. J'abandonne sans peine
Votre Hélicon, vos bois, votre Hippocrène,
Vos vains lauriers d'épine enveloppés,
Et que la foudre a si souvent frappés!
Car aussi-bien, quel est le grand salaire
D'un écrivain au-dessus du vulgaire?
Quel fruit revient aux plus rares esprits
De tant de soins à polir leurs écrits,
A rejeter les beautés hors de place,
Mettre d'accord la force avec la grâce,
Trouver aux mots leur véritable tour,
D'un double sens démêler le faux jour,
Fuir les longueurs, éviter les redites,
Bannir enfin tous ces mots parasites
Qui, malgré vous, dans le style glissés,
Rentrent toujours, quoique toujours chassés?
Quel est le prix d'une étude si dure?
Le plus souvent une injuste censure,
Ou, tout au plus, quelque léger regard
D'un courtisan qui vous loue au hasard,
Et qui peut-être avec plus d'énergie
S'en va prôner quelque fade élégie.
 Et quel honneur peut espérer de moins
Un écrivain libre de tous ces soins,
Que rien n'arrête, et qui, sûr de se plaire,
Fait sans travail tous les vers qu'il veut faire?
Il est bien vrai qu'à l'oubli condamnés,

Ses vers souvent sont des enfants morts-nés.
Mais chacun l'aime, et nul ne s'en défie;
A ses talents aucun ne porte envie;
Il a sa place entre les beaux esprits;
Fait des sonnets, des bouquets pour Iris;
Quelquefois même aux bons mots s'abandonne,
Mais doucement, et sans blesser personne;
Toujours discret, et toujours bien disant,
Et sur le tout aux belles complaisant.
Que si jamais, pour faire une œuvre en forme,
Sur l'Hélicon Phébus permet qu'il dorme,[1]
Voilà d'abord tous ses chers confidents,
De son mérite admirateurs ardents,
Qui, par cantons répandus dans la ville,
Pour l'élever dégraderont Virgile;
Car il n'est point d'auteur si désolé,
Qui dans Paris n'ait un parti zélé;
Rien n'est moins rare[*] : *Un sot*, dit la satire,
Trouve toujours un plus sot qui l'admire.[2]

A ce propos, on raconte qu'un jour
Certain oison, gibier de basse-cour,
De son confrère exaltant le haut grade,
D'un ton flatteur lui disoit : Camarade,
Plus je vous vois, et plus je suis surpris

---

[1] *Nec fonte labra prolui caballino,*
Nec in bicipiti somniasse Parnasso
Memini, ut repente sic poeta prodirem.
PERSE, Prolog.

[2] *Art poétique*, ch. 1, 232.

[*] VARIANTE. Tout se débite;

Que vos talents ne soient pas plus chéris ;
Et que le cygne, animal inutile,
Ait si long-temps charmé l'homme imbécille.
En vérité, c'est être bien Gaulois
De tant prôner sa ridicule voix !
Car, sans prétendre faire ici d'invective,
Si vous avez une que prérogative,
C'est l'art du chant, dans lequel vous primez :
Je m'en rapporte à nos oisons charmés,
Quand sur le ton de Pindare et d'Horace,[1]
Votre gosier lyriquement croasse.
Laissons-là l'homme et ses sottes raisons ;
Mais croyons-en nos cousins les oisons.
Chantez un peu. Déjà d'aise saisie,
La basse-cour se pâme et s'extasie.
A ce discours notre oiseau tout gaillard,
Perce le ciel de son cri nasillard ;
Et tout d'abord, oubliant leur mangeaille,
Vous eussiez vu canards, dindons, poulaille,
De toutes parts accourir, l'entourer,
Battre de l'aile, applaudir, admirer ;
Vanter la voix dont Nature le doue,
Et faire nargue au cygne de Mantoue.
Le chant fini, le pindarique oison
Se rengorgeant, rentre dans la maison,

---

[1] Toute cette tirade est dirigée contre La Motte, dont les odes jouissoient alors d'une réputation que la postérité n'a point confirmée.

Tout orgueilleux d'avoir, par son ramage,
Du poulailler mérité le suffrage.

Ainsi, souvent par la brigue porté,
Un vil rimeur voit son nom exalté.
Je sais qu'enfin ses lauriers chimériques
Ont tôt ou tard leurs ans climatériques;
La mode passe, et l'homme ouvre les yeux.
Mais supposons qu'un sort capricieux
Fasse tomber ses grandeurs ruinées,
Il a du moins joui quelques années
Du même honneur qu'avec un pareil art
Au bon vieux temps sut extorquer Ronsard;[1]
Et quand la mort vient nous rendre visite,
Achille est-il plus heureux que Thersite?

Tous ces discours sont fort beaux, direz-vous;
Mais revenons. Parle, et confesse-nous
Qu'en tes écrits un peu trop de licence
A certains bruits a pu donner naissance :
Que ton courroux bien vite est allumé;
Et que le ciel en naissant t'a formé,
Aux moindres traits que sur toi l'on décoche,

---

[1] PIERRE DE RONSARD, né en 1525, mort en 1585, eut, de son vivant, une si grande réputation, que mal écrire en françois, c'étoit, selon un proverbe du temps, donner un soufflet à Ronsard :

> Mais sa muse, en françois, parlant grec et latin,
> Vit dans l'âge suivant, par un retour grotesque,
> Tomber de ses grands mots le faste pédantesque.
>
> *Art poétique*, I, 126.

Un peu malin. — Moi ! d'où vient ce reproche ?
Où sont-ils donc, puisqu'il faut tout peser,
Ces traits malins dont on peut m'accuser ?
Celui qui mord ses amis en cachette,[1]
Qui rit tout bas des lardons qu'on leur jette,
Chez qui, pour vrai, le faux est publié,
Ou qui révèle un secret confié,
Voilà votre homme, et c'est sans injustice
Que vous pouvez le taxer de malice;
Car des noirceurs le sucre envenimé
D'un pareil nom doit être diffamé,
Et non le sel d'un riant badinage,
De la candeur ordinaire partage.
Si quelquefois, comme on voit tous les jours,
Un homme à table exerce ses discours
Sur quelque intrigue ou conte de la ville,
Qui, bien souvent, n'est pas mot d'Évangile,
Et qui pourtant touche à l'honneur des gens,
En cas pareil pour lui plus indulgents;
Pour peu qu'au gré de la troupe charmée,
De quelque esprit l'histoire soit semée,
Notre conteur passera pour plaisant,
Pour galant homme, et point pour médisant :

---

[1] *Absentem qui rodit amicum,*
Qui non defendit, alio culpante ; solutos
Qui captat risus hominum, famamque dicacis ;
Fingere qui non visa potest ; commissa tacere
Qui nequit : hic niger est, hunc tu, Romane, caveto.
HORAT. *Serm.* 1, Sat. IV, 81.

Et moi, vexé par vingt bouches impures,
Je n'aurai pu repousser les injures
De deux ou trois que je n'ai point nommés,
Et qui, déjà du public diffamés,
Sont reconnus à leur ignominie,
Plutôt qu'aux vers qu'enfanta mon génie !
Que si d'un seul légèrement frappé,
En badinant le nom m'est échappé,
Est-ce un forfait à décrier ma veine ?
Et dites-moi : Quand jadis La Fontaine,
De son pays l'homme le moins mordant
Et le plus doux, mais homme cependant,
De ses bons mots sur plus d'une matière,
Contre Lulli, Quinault et Furetière,
Fit rejaillir l'enjoûment bilieux,[1]
Fut-il traité d'auteur calomnieux ?
Tout vrai poète est semblable à l'abeille :
C'est pour nous seuls que l'aurore l'éveille,
Et qu'elle amasse, au milieu des chaleurs,
Ce miel si doux tiré du suc des fleurs;
Mais la nature, au moment qu'on l'offense,
Lui fit présent d'un dard pour sa défense;
D'un aiguillon qui, prompt à la venger,

---

[1] Il y a, certes, plus d'*enjouement* que de *bile* dans la satire du *Florentin*; et le bon La Fontaine en revient bientôt à son caractère, quand il ajoute :

> Je me sens né pour être en butte aux méchants tours :
> Vienne encore un trompeur, je ne tarderai guères.

Cuit plus d'un jour à qui l'ose outrager.[1]

J'entends d'ici, Muses, votre réponse :
Tous ces arrêts que la haine prononce,
Ces vains propos exhalés dans les airs,
Ne sont qu'un rien près d'un écrit en vers :
L'ouvrage reste, et le discours s'envole.[2]
Plus d'une fois ta piquante hyperbole
A tes censeurs a su donner leur fait :
Mais contre toi, réponds-nous, qu'ont-ils fait ?
— Ce qu'ils ont fait ! demandez aux fruitières,
De leurs écrits prodigues héritières.
Oui, contre moi, vous qui me censurez,
Vous les avez mille fois inspirés.
— Nous ! Point du tout : à tort tu nous accuses.
Si contre toi, sans consulter les Muses,
Ils ont écrit quelques vers discourtois,
C'est malgré nous qu'ils sont faits. — Je le crois :
Passons. Eh bien ! si leur troupe futile
N'a contre toi qu'une rage inutile,
Poursuivez-vous, qu'un courroux sans pouvoir,
Que crains-tu tant ? et que peux tu prévoir ?
— Ce que je crains ? Vous allez le connoître,
Dans un seul mot de Despréaux mon maître :
« Vos ennemis prônent de tous côtés,

---

[1] Il est fâcheux que Rousseau n'ait pas plus fréquemment égayé la tristesse didactique de ses Épîtres, par des morceaux et des vers de ce genre.

[2] *Nescit vox missa reverti.* Hor.

» Lui disoit-on, que vous les redoutez ;
» Que vous craignez leur vaste compagnie....
— Ils ont raison ; je crains la calomnie, »
Répondit-il. Et quel ravage affreux
N'excite point ce monstre ténébreux,
A qui l'Envie, au regard homicide,
Met dans les mains son flambeau parricide ;
Mais dont le front est peint avec tout l'art
Que peut fournir le mensonge et le fard ?
Le faux Soupçon, lui consacrant ses veilles,
Pour l'écouter ouvre ses cent oreilles ;
Et l'Ignorance, avec des yeux distraits,
Sur son rapport prononce nos arrêts.[1]

Voilà quels sont les infidèles juges
A qui la Fraude, heureuse en subterfuges,
Fait avaler son poison infernal ;
Et tous les jours devant leur tribunal,
Par les cheveux l'innocence traînée,
Sans se défendre est d'abord condamnée.
Votre ennemi passe en vain pour menteur.

---

[1] Voltaire place son trône à Paris :
    Là, tous les soirs, la troupe vagabonde
    D'un peuple oisif, appelé le beau monde,
    Va promener de réduit en réduit,
    L'inquiétude et l'ennui qui la suit.
    Là, sont en foule antiques mijaurées,
    Jeunes oisons, et bégueules titrées,
    Disant des riens d'un ton de perroquet,
    Lorgnant des sots, et trichant au piquet, etc.
                    Épître sur la Calomnie.

« Messieurs, disoit un fameux délateur
Aux courtisans de Philippe son maître,
» Quelque grossier qu'un mensonge puisse être,
» Ne craignez rien ; calomniez toujours :
» Quand l'accusé confondroit vos discours,
» La plaie est faite ; et quoiqu'il en guérisse,
» On en verra du moins la cicatrice. »[1]
Où donc aller ? Quel mur, quel triple airain
Nous sauvera d'une invisible main ?
Est-il mortel qui s'en puisse défendre ?
— Sans doute. — Et qui ? — L'homme qui sait attendre,
Concluez-vous. Vainement l'art obscur
Sur la vertu jette son voile impur ;
La vérité tôt ou tard se relève,
Le rayon perce, et le nuage crève.
Sois de toi-même un sévère inspecteur,
Et ne crains rien. Quant à ce peuple auteur,
Dont tu n'as pu prévenir la disgrâce,
Nous leur dirons, nous mettant à ta place :
Or çà, messieurs, plus d'animosité ;
Faisons la paix, et signons un traité :
Depuis long-temps je souffre vos murmures,
Vos cris aigus, vos chaleurs, vos injures,
Sans qu'en mes vers nul de vous énoncé
Ait eu sujet de se croire offensé.
Je ferai plus : continuez d'écrire ;

---

[1] C'est le mot de *Figaro,* au sujet de la calomnie : « Il en reste toujours quelque chose. »

Je vous promets de ne vous jamais lire,
De n'outrager ni vous ni votre esprit,
Et d'oublier que vous ayez écrit,
Pourvu qu'enfin, plus modérés, plus sages,
A votre tour vous cessiez vos outrages ;
Que vous daigniez parler, ou moins, ou mieux,
Des mœurs d'un homme éloigné de vos yeux ; [1]
Et n'insulter, épargnant ma personne,
Qu'à mes écrits, que je vous abandonne.
Cela s'entend, et c'est parler d'accord :
Y souscris-tu ? — Muses, je le veux fort.
Dès ce moment j'approuve et ratifie
Ce grand traité, que je leur signifie.
Mais, par hasard, si ce palliatif
N'opère rien sur leur esprit rétif,
Si leur babil, si leur bruit continue ?...
— Alors tu peux, sans plus de retenue,
Les démasquer, et rabattre leurs coups ;
Et si tu crois avoir besoin de nous,
Pour réprimer leurs langues médisantes,
Nous t'aiderons. Tu peux, par ces présentes,
De notre part le leur faire savoir.
— Suffit. Adieu, Muses ; jusqu'au revoir.

[1] Cette Épître paroît avoir été l'un des premiers ouvrages de Rousseau, dans son exil.

ÉPÎTRE II.

SUR L'AMOUR.

A MADAME D'USSÉ.[1]

Du faux encens dédaigneuse ennemie,
Qui dans le vrai par l'exemple affermie,
Savez si bien de tout éloge plat
Distinguer l'art d'un pinceau délicat;
Sage Uranie, en qui le don de plaire
Est joint au don de haïr le vulgaire,
De démêler, libre en vos sentiments,
L'illusion de ses faux jugements,
Et d'abhorrer ces louanges guindées
Qui n'ont d'appui que ses folles idées :
Si quelque auteur, pour vous faire sa cour,[2]
S'imaginant avoir pris un beau tour,

---

[1] Voltaire a célébré également la beauté, l'esprit et les grâces naturelles de madame *d'Ussé*. Voyez la jolie pièce qui commence par ce vers :

    L'art dit un jour à la nature, etc.

[2] Imitation sensible de Boileau, quant au tour et à la marche de la phrase poétique :

    Si, pour faire sa cour à ton illustre père,
    Seignelay, quelque auteur, d'un faux zèle emporté,
    Au lieu de peindre en lui, etc.
    Ses yeux, d'un tel discours foiblement éblouis, etc.
                              ÉPÎT. IX, 24.

Vous décrivoit, dans ses peintures sèches,
Le Dieu d'amour, son carquois et ses flèches,
De la raison ennemi langoureux,
Et de nos sens enchanteur doucereux,
Vous déployant ces lieux communs postiches
Dont l'opéra brode ses hémistiches,
Sur ce tableau frivolement conçu,
Probablement il seroit mal reçu
De vous chanter, en rimes indiscrètes,
« Que cet Amour ne se plaît qu'où vous êtes ;
» Qu'il règne en vous, qu'il suit partout vos pas,
» Et qu'il languit où l'on ne vous voit pas. »
 Mais si quelqu'un, plus sage et plus habile,
Vous dépeignoit, d'un crayon moins stérile,
Ce même Amour, non tel qu'on nous le feint,
Mais en effet tel qu'il doit être peint,
Tel qu'autrefois l'ont vu les premiers sages,
Lorsqu'au Parnasse attirant leurs hommages,
Ce Dieu, par eux de guirlandes orné,
Fut dans la Grèce en triomphe amené :
Si, poursuivant cette noble peinture,
Il vous traçoit, d'une main libre et sûre,
Ces vifs rayons, ces sublimes ardeurs,
Ce feu divin qu'il répand dans les cœurs,
Dont la splendeur les éclaire et les guide
Dans les sentiers de la gloire solide,
Vous faisant voir, assis à son côté,
L'Honneur, la Paix, la Vertu, l'Équité :

Peut-être alors, à le bannir moins prompte,
Vous souffririez, sans rougeur et sans honte,
Que ce Dieu vînt embellir votre cour.

    Connoissez donc ce que c'est que l'Amour;
Et, désormais l'âme débarrassée
Des préjugés d'une troupe insensée,
Qui ne le peint que sous de faux portraits,
Gardons-nous bien d'en juger sur leurs traits,
De le confondre avec ce Dieu frivole
De qui l'erreur nous a fait une idole,
Et qui n'épand que des feux criminels.
Ces deux rivaux, ennemis éternels,
L'un fils du Ciel, l'autre né de la Terre,
Se font entre eux une immortelle guerre,
Plus signalés par leur division,
Que les héros de Grèce et d'Ilion.

    Quelqu'un, peut-être, à ce début mystique,
Va me traiter de cerveau fanatique;
Et me voyant, monté sur ce haut ton,
Traiter l'amour en style de Platon,[1]
M'objectera qu'une jeune héroïne
Mériteroit un peu moins de doctrine.
Mais, sans répondre à ce langage vain,
Laissons-le en paix, son Cyrus[2] à la main,

---

[1] Platon !... mais quoi ! d'un froid mortel atteint,
   L'Amour a fui, son flambeau s'est éteint.
                        BERNARD.

[2] *Le Cyrus*, roman de mademoiselle de Scudéry. Voyez le Dialogue satirique de Boileau, intitulé *les Héros de Roman*.

De nos raisons l'âme peu combattue,
Du dieu d'Ovide encenser la statue,
Et poursuivons nos propos commencés.
 Jadis, sans choix, les humains dispersés,
Troupe féroce et nourrie au carnage,
Du seul instinct suivoient la loi sauvage,
Se renfermoient dans les antres cachés,
Et de leurs trous par la faim arrachés,
Alloient, errants au gré de la nature,
Avec les ours disputer la pâture.
De ce chaos l'Amour réparateur
Fut de leurs lois le premier fondateur :
Il sut fléchir leurs humeurs indociles,
Les réunit dans l'enceinte des villes;
Des premiers arts leur donna les leçons;
Leur enseigna l'usage des moissons;
Chez eux logea l'Amitié secourable,
Avec la Paix, sa sœur inséparable;
Et, devant tout, dans les terrestres lieux
Fit respecter l'autorité des Dieux.
 Tel fut ici le siècle de Cybèle:
Mais à ce Dieu la Terre enfin rebelle
Se rebuta d'une si douce loi,
Et de ses mains voulut se faire un roi.
Tout aussitôt, évoqué par la Haine,
Sort de ses flancs un monstre à forme humaine,
Reste dernier de ces cruels Typhons,
Jadis formés dans ses gouffres profonds.

D'un foible enfant il a le front timide :
Dans ses yeux brille une douceur perfide.
Nouveau Protée, à toute heure, en tous lieux,
Sous un faux masque il abuse nos yeux.
D'abord voilé d'une crainte ingénue,
Humble captif, il rampe, il s'insinue :
Puis tout à coup, impérieux vainqueur,
Porte le trouble et l'effroi dans le cœur.
Les Trahisons, la noire Tyrannie,
Le Désespoir, la Peur, l'Ignominie,
Et le Tumulte au regard effaré,
Suivent son char, de soupçons entouré.
Ce fut sur lui que la Terre ennemie
De sa révolte appuya l'infamie.
Bientôt, séduits par ses trompeurs appas,
Des flots d'humains marchèrent sur ses pas.
L'Amour, par lui dépouillé de puissance,
Remonte au ciel, séjour de sa naissance ;
Et las de voir l'homme sourd à sa voix,
Il l'abandonne à son malheureux choix.
Alors, enflé d'une nouvelle audace,
L'usurpateur prend son nom et sa place ;
Et, sous ce nom, l'Erreur de toutes parts,
Fait ici-bas flotter ses étendards.
 C'est de ce temps que nous vîmes éclore
Tous les malheurs imputés à Pandore.
La Jalousie, allumant ses flambeaux,
Creusa dès lors mille horribles tombeaux,

Et des forfaits de plus d'une Médée
Plus d'un climat vit sa rive inondée.
On vit régner les Desirs effrénés,
Qui, secondés des Plaisirs forcenés,
Mirent au jour Monstres et Minotaures,
Satyres, Sphinx, Égipans, et Centaures.
Un siècle à l'autre enviant ses fureurs,
Imagina de nouvelles horreurs :
Chaque âge vit augmenter nos misères,
Et nos aïeux, plus méchants que leurs pères,
Mirent au jour des fils plus méchants qu'eux,
Bientôt suivis par de pires neveux.[1]
Enfin, le Ciel touché de nos disgrâces,
Se résolut d'en effacer les traces;
Et tous les Dieux convinrent que l'Amour
Fût renvoyé dans ce mortel séjour.
 Chacun s'en forme un agréable augure.
Le seul Amour, l'Amour seul en murmure.
Qu'a-t-il commis? Pourquoi, seul immolé,
D'entre les Dieux sera-t-il exilé?
Quittera-t-il ces demeures heureuses,
Ces régions pures et lumineuses,
Séjour brillant de gloire et de clarté,
Lieux consacrés à la Félicité,

---

[1] Horace, liv. III, ode VI :

Ætas parentum pejor avis, tulit
Nos nequiores, mox daturos
Progeniem vitiosiorem.

Aux doux Plaisirs, enfants de l'innocence,
Plaisirs qu'échauffe et nourrit sa présence,
Vifs sans tumulte, éternels sans ennui,
Et que les Dieux ne tiennent que de lui ?
Quoi ! disoit-il, de l'empire céleste
J'irai descendre en un séjour funeste,
Où l'Injustice étale un front serein ;
Où les mortels, au visage d'airain,
De mon fantôme escortant les bannières,
De l'innocence ont rompu les barrières !
Et qui d'entre eux voudra suivre mes pas ?

 Amour, Amour, ne vous alarmez pas,
Venez à moi : je connois un asile
Dont les vertus ont fait leur domicile ;
Un sûr rempart, un lieu de qui jamais
Vos ennemis ne troubleront la paix.
Celui qui règne en ce séjour propice,
En a banni le coupable artifice,
La Perfidie au coup d'œil concerté,
Et la Malice au sourire emprunté.
Toujours du vrai sa bouche tributaire
De l'équité porta le caractère.
Nourri, formé par les neuf doctes Sœurs,
Ami des Arts, épris de leurs douceurs,
Le dieu du Pinde et la sage Minerve
De leurs trésors l'ont comblé sans réserve.
Dans ce réduit, des Muses habité,
Préside encore une Divinité ;

Car la beauté dont les Dieux l'ont ornée,
D'un moindre nom seroit trop profanée.
Un doux accueil, un modeste enjoûment
Prête à ses traits un nouvel agrément.
D'enfants ailés une troupe fidèle,
Plaisirs, Amours, voltigent autour d'elle,
Et, sans effort près d'elle retenus,
Pour la servir ont oublié Vénus.
Non, non, Amour : ce n'est point à Cythère,
Ni dans ces bois qu'Amathonte révère,
Qu'il faut chercher et les Jeux et les Ris :
Si vous voulez de vos frères chéris
Revoir un jour la troupe réunie,
N'hésitez point : volez chez Uranie.

Mais à qui vais-je étaler ces propos ?
Puis-je penser qu'un Dieu, qui du chaos
Débarrassa cette machine ronde,[1]
Qui voit, qui meut tous les êtres du monde,
De ses ressorts et l'âme et l'instrument,
Puisse ignorer son plus riche ornement ?
Déjà, porté sur les ailes d'Éole,
Du haut des cieux je le vois qui s'envole,
Plus glorieux d'obéir en sa cour,

---

[1] Suivant Hésiode, du moins, *Théog.* 120 : fiction trop ingénieuse, pour que la poésie ne l'ait pas consacrée.

> Qu'Hésiode me plaît dans sa Théogonie,
> Quand il me peint l'amour débrouillant le chaos ! etc.
>
> Volt. *Apolog. de la Fable.*

Que de régner au céleste séjour.
Conservez bien, généreuse Uranie,
Ce Dieu puissant, ce céleste génie,
Ame du monde, auteur de tous les biens,
Par qui, brisant les terrestres liens,
D'un vol hardi nos âmes élancées
Jusques au ciel élèvent leurs pensées.
Sans sa beauté, sans ses dons précieux,
La Vertu même est moins belle à nos yeux.
Il la produit sous d'heureux caractères,
La dépouillant de ces rides sévères,
De qui l'aspect, effrayant les mortels,
Leur fait souvent déserter ses autels.
De son flambeau les flammes immortelles
Jettent en nous ces vives étincelles
Dont autrefois les héros embrasés,
Malgré la mort, se sont éternisés.
Cette chaleur si prompte et si rapide,
Sut échauffer un Thésée, un Alcide;
Arma leurs bras pour calmer l'Univers,
Et pour venger l'Équité mise aux fers.
Telle est l'ardeur dont ce Dieu nous enflamme :
Tel est le feu qu'il alluma dans l'âme
De ce héros aux triomphes instruit,
Dont vous tenez la clarté qui vous luit.[1]
C'est cet Amour, ambitieux de gloire,

---

[1] Madame la marquise d'Ussé étoit fille du maréchal de Vauban.

Qui tant de fois consacrant sa mémoire,
Lui fit braver les feux et le trépas,
Lui fit chercher la guerre et les combats;
De Jupiter conduisant le tonnerre,
Aux fiers Géants faire mordre la terre;
Et foudroyant leurs plus forts boulevards,
Les écraser sous leurs propres remparts.
Quelle plus noble et plus vaste industrie
Porta plus loin l'amour de la patrie?
Et quels travaux ont rendu plus parfaits
L'art de la guerre et les arts de la paix?
Vous le savez, légions qu'il adore;
Vous le saurez, peuples plus chers encore,
Si quelque jour un loisir plus heureux
Laisse un champ libre à ses plans généreux.[1]
Puisse-t-il voir ses nombreuses années
Toujours de gloire et d'honneur couronnées!
Et, quand la Paix reviendra parmi nous,
Se réserver à des travaux plus doux,
Non moins héros sous l'empire de Rhée,
Que quand la terre à Bellone est livrée!

[1] Le maréchal de Vauban consacroit les loisirs de la paix à des ouvrages utiles, tels que *l'attaque et la défense des places; la dime royale*, etc.

ÉPÎTRE III.

A CLÉMENT MAROT.[1]

Ami Marot, l'honneur de mon pupître,
Mon premier maître, acceptez cette Épître,
Que vous écrit un humble nourrisson,
Qui sur Parnasse a pris votre écusson,
Et qui jadis, en maint genre d'escrime,
Vint chez vous seul étudier la rime.
Par vous en France, épîtres, triolets,[2]
Rondeaux, chansons, ballades, virelais,
Gente épigramme, et plaisante satire,
Ont pris naissance; en sorte qu'on peut dire:
De Prométhée hommes sont émanés,
Et de MAROT joyeux contes sont nés.
Par quoi, sitôt qu'en mon adolescence
J'eus avec vous commencé connoissance,

---

[1] Clément Marot, fils d'un père célèbre par son talent pour la poésie, naquit à Cahors, en 1495, et termina à Turin, en 1544, dans un état voisin de l'indigence, une vie continuellement troublée par les disgrâces renaissantes qu'attiroit à ce poète aimable la licence de ses écrits et de sa conduite.

[2] Marot, bientôt après, fit fleurir les ballades,
Tourna des triolets, rima des mascarades :
A des refrains réglés asservit les rondeaux,
Et montra, pour rimer, des chemins tout nouveaux.
Art poétique, I, 119.

Mon odorat, par vos vers éveillé,
Des autres vers plus ne fut chatouillé;
Et n'eus repos, jeunesse est téméraire!
Que ne m'eussiez adopté pour confrère.
Bien est-il vrai que par le temps mûri,
D'autres leçons mon esprit s'est nourri;
Écrits divers ont exercé ma plume.
Mais c'est tout un. Soit raison, soit coutume,
Mon nom par vous est encore connu,
Dont bien et mal m'est ensemble advenu :
Bien, par trouver [1] l'art de m'être fait lire;
Mal, pour avoir des sots excité l'ire,
L'ire des sots et des esprits malins;
Car qui dit sots, dit à malice enclins.
Et cherchez bien de Paris jusqu'à Rome,
Onc ne verrez sot qui soit honnête homme.
Je le soutiens [2] : justice et vérité
N'habitent point en cerveau mal monté.
Du vieux Zénon l'antique confrérie
Disoit tout vice être issu d'ânerie :

---

[1] Imitons de Marot l'élégant badinage, a dit Despréaux, qui apprécioit surtout ce mérite dans La Fontaine : mais ce juge sévère n'eût point reconnu l'élégance et le badinage de Marot, dans ce tour forcé et bizarre, *bien m'est advenu par*, etc. ni dans les expressions barbares ou burlesques, accumulées dans le cours de cette Épître.

[2] Toute cette Épître roule sur le paradoxe insoutenable qu'un sot ne sauroit être un honnête homme, ni un coquin un homme d'esprit. Ce sont de ces choses qui se réfutent d'elles-mêmes, et par l'expérience de tous les temps.

Non que toujours sottise, de son chef,
Forme dessein de vous porter méchef;
Mais folle erreur, d'ignorance complice,
Fait même effet, et supplée à malice.
Bien le savez, Clément, mon ami cher:
Sotte ignorance et jugement léger
Vous ont jadis, on le voit par vos œuvres,
Fait avaler anguilles et couleuvres; [1]
Des novateurs complice vous nommant,
Ou votre honneur en public diffamant,
Soit par blasons [2] plus mordants que vipère,
Soit par mensonge, en vous faisant le père
De tous ces vers bâtards et supposés
Dont les parents sont toujours déguisés.

Et moi chétif, de vos suivants le moindre,
Combien de fois, las! me suis-je vu poindre
De traits pareils! Non qu'on m'ait imputé
D'avoir jamais nouveautés adopté: [3]
Des gens dévots que j'estime et respecte,
Ainsi que vous, je n'ai honni la secte

---

[1] La protection de la reine de Navarre et de François 1er, dont Marot étoit valet de chambre, eut de la peine à soustraire leur poète favori au supplice qu'il avoit encouru, pour des vers *impies* et *licencieux*.

[2] Du vieux mot *blasonner*, peindre une personne sous des couleurs odieuses.

[3] Il s'agit ici des *nouveautés* en matière religieuse, pour lesquelles Clément Marot témoignoit un zèle qui lui fut plus d'une fois fatal.

Qu'en général, sans aucun désigner ;
Et fîtes mal de les égratigner,
Vous qui craigniez, disiez-vous, la bourrée;
Car ces menins de la cour éthérée
Sont tous doués d'un appétit strident
De se venger, quand ils sentent la dent;
Et fussiez-vous un saint plus angélique,
Plus éminent et plus apostolique
Que saint Thomas; s'ils en trouvent moyen,
Ils vous feront, le tout pour votre bien,
Comme autrefois au bon Savonarole, [1]
Que pour le ciel la séraphique école
Fit griller vif en feu clair et vermeil,
Dont il mourut par faute d'appareil. [2]
Eux exceptés, des bons esprits l'estime
M'a, comme vous, des sots rendu victime :
Car de quels noms plus doux et plus musqués
Puis-je appeler tant d'esprits disloqués?
Comment nommer ce froid énergumène,
Qui d'Hélicon chassé par Melpomène,

---

[1] Moine italien du quinzième siècle. Excommunié par le pape Alexandre VI, le fameux Roderic Borgia, parce qu'il déclamoit contre les abus de l'Église romaine et les désordres de son clergé; il fut poursuivi comme hérétique, et brûlé, en cette qualité, le 23 mai 1498.

[2] C'est joindre le mauvais cœur au mauvais goût : c'est, en un mot, comme Rousseau lui-même vient de le dire,

Braver sur l'échelle
Un patient, jugé par la Tournelle.

Me défigure en ses vers ostrogots,
Comme il a fait rois et princes d'Argos ?[1]
Comment nommer cet écumeur insigne,[2]
Qui des prisons sorti moins blanc qu'un cygne,
Vient des neuf Sœurs la fontaine infecter,
Et de sa griffe Apollon molester ?
Et ce trio de louves surannées
Qui, tour à tour, à me mordre acharnées,
Dans leur fureur semblent s'entre-prêter
L'unique dent qui leur a pu rester ?
Et cet athée au teint blême, à l'œil triste,
Qui de Servet s'est fait évangéliste ;
Et qui, sifflant Moïse et saint Matthieu,
Parle de moi, comme il parle de Dieu ?
Comment enfin nommer cette vermine
De chiffonniers de la double colline,
Qui tous les jours, en dépit d'Apollon,
Dans les bourbiers de son sacré vallon
Vont ramassant l'ordure la plus sale,
Pour en lever boutique de scandale

---

[1] C'est de Crébillon ou de Longepierre qu'il s'agit, mais plus vraisemblablement du dernier, qui avoit pu se permettre quelques épigrammes, en réponse à celles de Rousseau. Quant à Crébillon, lorsqu'il dit en pleine académie,

Aucun fiel n'a jamais empoisonné ma plume,

de nombreux applaudissements confirmèrent la justice qu'il se rendoit lui-même, avec tout le public.

[2] Ces odieuses personnalités, qui travestissent la satire permise en libelle diffamatoire, ont été supprimées dans les éditions publiées par l'auteur.

Contre tous ceux qui sont assez sensés
Pour mépriser leurs vers rapetassés?
 Tout beau, l'ami, ceci passe sottise,
Me direz-vous; et ta plume baptise
De noms trop doux gens de tel acabit :
Ce sont trop bien maroufles que Dieu fit.
— Maroufles? Soit. Je ne veux vous dédire :
Passons le mot. Mais je soutiens mon dire :
C'est qu'en eux tous malice est seulement
Vice d'esprit, et mauvais jugement.
De tout le bien sagesse est le principe :
De tout le mal sottise est le vrai type ;
Et si parfois on vous dit qu'un vaurien
A de l'esprit, examinez-le bien ;
Vous trouverez qu'il n'en a que le casque,
Et vous direz : C'est un sot sous le masque.
En fait d'esprit nous errons trop souvent :
De feu grégeois, de fumée, et de vent,
Presque toujours l'homme se préoccupe,
Et sur ce point est imposteur ou dupe.
Qu'ainsi ne soit. Un fat apprivoisé,
Dont l'éloquence est un babil aisé,
Et qui, doué du talent de Thersite,
Parle de tout, sûr de sa réussite,
Content, joyeux, hardi, sans jugement,
Fait du beau monde à Paris l'ornement :
Du plus sévère il réchauffe le flegme :
Ses quolibets passent pour apophthegme.

Ses lieux communs sont propos refléchis.
S'il conte un fait, la dame du logis
De ses bons mots pâme sur son assiette,
Et le laquais en rit sous sa serviette.
Lors chacun crie : O l'esprit éminent !
Et moi, je dis : Peste l'impertinent !
Et ne me chault que sa voix théâtrale
M'ait de Sénèque épuisé la morale :
A sa vertu je n'ai plus grande foi
Qu'à son esprit. Pourquoi cela ? — Pourquoi ?
Qu'est-ce qu'esprit ? Raison assaisonnée.
Par ce mot seul la dispute est bornée.
Qui dit esprit dit sel de la raison :
Donc sur deux points roule mon oraison :
Raison sans sel est fade nourriture ;
Sel sans raison n'est solide pâture :
De tous les deux se forme esprit parfait ;
De l'un sans l'autre, un monstre contrefait.
Or, quel vrai bien d'un monstre peut-il naître ?
Sans la raison, puis-je vertu connoître ;
Et, sans le sel dont il faut l'apprêter,
Puis-je vertu faire aux autres goûter ?

 Mais rarement à ces hautes matières
Le peuple ignare élève ses lumières.
Fausse lueur ses foibles yeux déçoit,
Dont il avient que tous les jours on voit
Du nom d'esprit fatuité dotée,
Et de vertu sottise étiquetée :

Car, Dieu merci, dans ce siècle falot,
Nul n'est en tout si bien traité qu'un sot :
Peuple d'amis autour de lui fourmille ;
Secrets, dépôts, intérêts de famille,
Tout se confie à ce génie exquis :
Son conseil même en affaire est requis :
Soupçons de lui seroient vrais sacriléges :
Bref, qui voudroit nombrer ses priviléges,
Auroit plus tôt calculé tous les morts [1]
Que dans Paris Finot [2] et ses consorts,
Dont par respect je tais ici l'éloge,
Ont insérés dans leur martyrologe.
Mais un esprit solide, illuminé,
Du monde entier semble être ennemi né :
L'homme friand de haute renommée,
Craint tout rieur qui pèse sa fumée ;
Et ne pouvant son foible vous cacher,
Le vôtre, au moins, il tâche d'éplucher.
Pour décrier vos lumières suspectes,
Il vous suscite un tourbillon d'insectes,
Qui, pour vous mettre à leur petit niveau,

---

[1] Il compteroit plus tôt combien, dans un printemps,
Guénaud et l'antimoine ont fait mourir de gens.
BOILEAU, Sat. IV, 31.

[2] Ce médecin FINOT jouissoit, à la fin du dix-septième siècle, d'une assez grande réputation, et d'une faveur plus grande encore ; ce qui lui attira plus d'une fois les épigrammes des bons et des mauvais plaisants de son temps. — Né à Béziers, en 1637 ; mort à Paris, en 1709.

Vous font sur tout quelque procès nouveau.
Que si par vers et par joyeux langage
Votre Apollon s'est tiré hors de page,
Miséricorde! où fuir? où vous sauver?
Vous allez voir, en dussiez-vous crever,
Mille idiots, érigés en Saumaises,
Vous faire auteur des plus viles fadaises.
Dès qu'en sa tête un stupide enjoué,
Ayant en vain son cerveau secoué
Pour dégourdir sa pesante Minerve,
Aura forgé quelques couplets sans verve,
Ou quelques vers platement effrontés;
Tout aussitôt ces subtils hébétés
Iront corner votre nom par la ville,
Disant : C'est lui, messieurs; voilà son style![1]
Et ce faux bruit, tant soit-il insensé,
Ne manquera d'être encor ressassé
Par cent grimauds rampant sur le Parnasse,
Peuple maudit et malheureuse race,
Que votre los fait dessécher d'ennui,
Et qui maigrit de l'embonpoint d'autrui.[2]

O triste emploi que celui de la rime!
En tout autre art, même sans qu'on y prime,
Devant ses pairs on est interrogé :

---

[1] J'ai beau prendre à témoin et la cour et la ville :
Non; à d'autres, dit-il; on connoît votre style!
BOILEAU, Épît. VI, 73.

[2] *Invidus alterius rebus macrescit opimis.* HOR.

Par Cassini, l'astronome est jugé :
Homberg [1] peut seul évoquer le chimiste ;
Et Duverney [2] citer l'anatomiste.
Mais, dans les vers, tous s'estiment docteurs :
Bourgeois, pédants, écoliers, colporteurs,
Petits abbés, qu'une verve insipide
Fait barboter dans l'onde Aganippide,
Sont nos Varrons, nos Murets, nos Daciers,
Et d'Hélicon seigneurs hauts justiciers.

Hé ! mes amis, un peu moins de superbe !
Vous avez lu quelque ode de Malherbe ?
Soit. Richelet jadis en raccourci
Vous a de l'art les règles dégrossi ?
Je le veux bien. Vous avez sur la scène
En vers bouffis fait hurler Melpomène ?
C'est un grand point ! mais ce n'est pas assez :
Ce métier-ci n'est ce que vous pensez ;
Minerve à tous ne départ ses largesses :
Tous savent l'art, peu savent ses finesses.
Et croyez-moi, je n'en parle à travers,
Le jeu d'échecs ressemble au jeu des vers :
Savoir la marche est chose très-unie ;
Jouer le jeu, c'est le fruit du génie :

[1] Chimiste célèbre, né à Batavia, en 1652 ; mort à Paris, le 24 septembre 1715.

[2] Cet illustre anatomiste étoit né à Feurs en Forez, en 1648 ; il fut membre de l'Académie des Sciences, professeur au Jardin du Roi, et choisi pour donner des leçons d'anatomie au dauphin fils de Louis XIV. — Mort à Paris, en 1730.

Je dis le fruit du génie achevé
Par longue étude et travail cultivé.
Donc si Phébus ses échecs vous adjuge,
Pour bien juger, consultez tout bon juge ;
Pour bien jouer, hantez les bons joueurs :
Surtout, craignez le poison des loueurs ;
Accostez-vous de fidèles critiques ; [1]
Fouillez, puisez dans les sources antiques :
Lisez les Grecs, savourez les Latins ;
Je ne dis tous ; car Rome a ses Cotins :
J'entends tous ceux qui, d'une aile assurée
Quittant la terre, ont atteint l'empyrée.
Là, trouverez en tout genre d'écrits
De quoi former vos goûts et vos esprits ;
Car chacun d'eux a sa beauté précise
Qui le distingue et forme sa devise.

 Le grand Virgile enseigne à ses bergers
L'art d'emboucher les chalumeaux légers ;
Au laboureur, par des leçons utiles,
Fait de Cérès hâter les dons fertiles ;
Puis tout à coup, la trompette à la main,
Dit les combats du fondateur Romain ;
Ses longs travaux couronnés de victoire,
Et des Césars prophétise la gloire.
Ovide, en vers doux et mélodieux,
Sut débrouiller l'histoire de ses dieux ;

---

[1] Faites-vous des amis prompts à vous censurer.
Art poétique, I, 186.

Trop indulgent au feu de son génie,¹
Mais varié, tendre, plein d'harmonie,
Savant, utile, ingénieux, profond,
Riche, en un mot, s'il étoit moins fécond.²
    Non moins brillant, quoique sans étincelle,
Le seul Horace en tous genres excelle;
De Cythérée exalte les faveurs,
Chante les Dieux, les héros, les buveurs;
Des sots auteurs berne les vers ineptes,
Nous instruisant par gracieux préceptes
Et par sermons de joie antidotés.³
Catulle en grâce et naïves beautés
Avant Marot mérita la couronne;
Et suis marri que le poivre assaisonne
Un peu trop fort ses petits madrigaux.
Tibulle enfin, sur patins inégaux
Faisant marcher la boiteuse Élégie,⁴

---

¹ C'est le jugement de Quintilien sur Ovide, dont la *Médée* prouve, dit-il, ce dont ce grand poète eût été capable, s'il eût mieux aimé commander à son génie, que de s'y trop facilement abandonner.

² Il eût été difficile de caractériser plus heureusement la fécondité, quelquefois un peu stérile, en effet, de ce poète aimable.

³ M. de Laharpe s'élève, avec son zèle ordinaire, contre les compilateurs de *poétiques* et de *rhétoriques*, qui ne manquent jamais de citer ce morceau sur Horace, et quelquefois même avec éloge. Le critique s'attache, en conséquence, à prouver que c'est peut-être *ce qu'il y a de plus mauvais* dans Rousseau. Mais M. de Laharpe affecte d'oublier ici deux choses essentielles : le ton familier de l'Épître, et le caractère particulier du style employé dans celle-ci.

⁴ Ovide nous donne ingénieusement la raison de l'inégalité des

De Cupidon traite à fond la magie.
Voilà les chefs qu'il vous faut consulter,
Lire, relire, apprendre, méditer :
Lors votre goût conduisant votre oreille,
Ne prendra plus le bourdon pour l'abeille,
Ni les fredons du chantre Cordouan [1]
Pour les vrais airs du cygne Mantouan.
Ceci soit dit : fermons la parenthèse.

Or vous dirai, pour reprendre ma thèse,
Ami MAROT, que je vous sais bon gré
D'avoir les sots en vos vers dénigré,
Et de n'y voir mis au-dessus des anges
Ceux qui pouvoient démentir vos louanges;
Car si quelqu'un chez vous est exalté,
Il l'est encor chez la postérité ;
En quoi surtout a gagné mon suffrage
Votre haut sens et vertueux courage.
Et si d'ailleurs ne vous ai bien suivi,
En ce du moins votre amour m'a servi,

---

deux vers dont se compose le distique élégiaque, et dont l'un est de six, l'autre de cinq pieds. C'est une petite espiéglerie de l'Amour :

Risisse Cupido
Dicitur, atque unum subripuisse pedem.   AM. I, 3.

[1] Tel s'est fait par ses vers estimer dans la ville,
   Qui jamais de *Lucain* n'a distingué *Virgile*.   BOIL.

Voilà, du moins, qui est clair, intelligible, harmonieux pour tout le monde : mais le *chantre Cordouan* est une véritable énigme; et le *cygne Mantouan* désigne d'une manière au moins bizarre, le plus mélodieux des poètes latins.

Que mes écrits, monuments de mon âme,
De lâcheté n'ont encouru le blâme;
Que l'intérêt ne les a conseillés,
Ni moins encor le mensonge souillés.
Non qu'à louer gens de tout caractère
Je n'eusse pu prêter mon ministère,
Et comme un autre, adulateur soumis,
A prix d'honneur m'acquérir des amis.
Mais au vrai seul ma muse intéressée
N'a jamais pu rimer que ma pensée;
Puis mon Plutarque épluchant les héros,
En fait souvent de si petits zéros,
Qu'en le lisant on perd presque l'envie
De les louer, du moins pendant leur vie;
Car fussent-ils en sagesse, en valeur,
Des demi-dieux, il ne faut qu'un malheur!
Tant que son âme à son corps est soumise,
Un demi-dieu peut faire une sottise;
Et tout d'un temps ses éloges vantés
Se convertir en contre-vérités.
Puis vous voilà, messieurs les faiseurs d'odes,
Jolis mignons, ainsi que vos pagodes!
 Quant est de moi, je n'ai pris tel essor;
J'ai peu loué : j'eusse mieux fait encor
De louer moins, non que pincer sans rire
Soit de mon goût; je tiens qu'en fait d'écrire
Le meilleur est de rire sans pincer.
Nous ne devons les vices caresser :

Mais d'autre part il ne faut les reprendre
Trop aigrement. Les hommes, à tout prendre,
Ne sont méchants que parce qu'ils sont fous :
Ce sont enfants moins dignes de courroux
Que de risée : aussi notre Uranie
N'est, grâce au ciel, triste ni rembrunie.[1]
Je m'en rapporte à tout lecteur benin ;
Et gens sensés craindront plus le venin
D'un fade auteur qui dans ses vers en prose
A tous venants distille son eau-rose,
Toujours de sucre et d'anis saupoudré.
Fiez-vous-y ! ce rimeur si sucré,
Devient amer, quand le cerveau lui tinte,
Plus qu'aloës ni jus de coloquinte.[2]

[1] Rousseau se fait complétement illusion ici sur le genre de mérite qui manque spécialement à ses Épîtres : la grâce et l'enjouement. Rien de plus *triste*, au contraire, et de plus *rembruni*, que les couleurs dont il s'efforce quelquefois de revêtir ses leçons philosophiques.

[2] Voltaire eut grand tort, sans doute, de persécuter un homme qui, fût-il même coupable, devoit avoir à ses yeux les droits du malheur : mais il fit très-bien de s'élever constamment contre cette bigarrure ridicule de deux styles, qui confondent à chaque instant, et toujours mal à propos, l'ancienne et la nouvelle langue. On lui doit savoir gré, surtout, de l'avoir fait quelquefois en si beaux vers. C'étoit vraiment l'indignation qui l'inspiroit alors :

> Il faut parler françois : Boileau n'eut qu'un langage :
> Son esprit étoit juste, et son style étoit sage.
> Sers-toi de ses leçons ; laisse aux esprits mal faits
> L'art de moraliser du ton de Rabelais.
>   VOLTAIRE.

Bref, je ne puis d'un babil importun
Flatter les gens. Mais, me dira quelqu'un,
Si flatterie en vos rimes n'éclate,
Ce n'est jeu sûr pour trouver qui vous flatte.
Soit : aussi bien je n'aime les flatteurs,
Ni n'écris point pour les admirateurs.
Puis, je ne sais, tous ces vers qu'on admire
Ont un malheur : c'est qu'on ne les peut lire.¹
Et franchement, quoique plus censuré,
J'aime encor mieux être lu qu'admiré.

ÉPÎTRE IV.

A M. LE COMTE DE***.²

Comte, pour qui, terminant tous délais,
Avec vertu fortune a fait la paix,
Jaçoit³ qu'en vous gloire et haute naissance
Soit alliée à titres et puissance,
Que de splendeur et d'honneurs mérités

---

¹ Ne trouve en Chapelain, quoi qu'ait dit la satire,
Autre défaut, sinon qu'on ne le sauroit lire.
BOILEAU, Sat. x, 47.

² Cette Épître, la plus foible, sans contredit, du recueil, est celle aussi où l'abus du marotisme choque le plus, parce qu'il s'y trouve en contre-sens perpétuel avec le fonds des idées et le ton du poète. Elle fut d'abord adressée au duc de Noailles.

³ *Jaçoit*, pour *quoique*, ne s'entend plus.

Votre maison luise de tous côtés ;
Si toutefois ne sont-ce ces bluettes
Qui vous ont mis en l'estime où vous êtes ;
Car ce n'est pas l'or qui sur nous reluit,
Qui nous acquiert renommée et bon bruit.
Que j'aie un livre ou semblable écriture,
Il ne me chault de belle couverture,
Riches fermoirs et dehors non communs,
Si le dedans sont discours importuns,
Vieux pot-pourri de prose délabrée,
Vers de ruelle, ou telle autre denrée.
Donc, qui met l'homme en estime et crédit ?
Richesse d'âme, et culture d'esprit :
Puis joignez-y revenus honorables,
Biens de fortune, et titres desirables ;
Je le veux bien, cela n'y fait nul mal :
Mais le premier est le point capital,
C'est lui sans plus ; et c'est par là, beau sire,
Que moi chétif vous prise et vous admire.
En vous ai vu, par un merveilleux cas,
Unis et joints Virgile et Mécénas :
De l'un avez la grâce et la faconde ;
De l'autre, accueil et douceur sans seconde :
En prose et vers êtes passé docteur,
Et récitez trop mieux [1] qu'un orateur.

---

[1] *Trop mieux* est un barbarisme, que ne se fût pas permis Marot : il épuroit sa langue, et la plupart de ses imitateurs n'ont travaillé qu'à défigurer la nôtre.

Ce n'est le tout : car en chant harmonique
Non moins primez qu'en rime poétique;
Et s'avez los de bon poétiqueur,[1]
Aussi l'avez de bon harmoniqueur.
Toujours chez vous abonde compagnie
D'esprits divins, de suivants d'Uranie :
Toujours y sont cistres mélodieux,
Gentils harpeurs et menestrels joyeux;
Et de leur art bien savez les rubriques :
Même on m'a dit qu'aux rives Séquaniques
N'a pas long-temps sonniez telle chanson,
Qu'hôtes des bois accoururent au son;
Si qu'eussiez vu sauter jeunes Dryades,
Et de leur lit sortir blanches Naïades,
Et se disoient : O qu'il chansonne bien !
Seroit-ce point Apollon Delphien ?
Venez, voyez, tant a beau le visage,
Doux le regard, et noble le corsage!
C'est il, sans faute. Et Nymphes d'admirer,
Et les Sylvains entre eux de murmurer :
Cettui-ci vient pour nos Nymphes séduire,
Se disoient-ils, et les pourroit induire
A quelque mal, avec son chant mignon :
Frères, jetons en l'eau le compagnon.
 Lors le dieu Pan, remuant les narines,
Cria tout haut des montagnes voisines,

[1] *Poétiqueur! harmoniqueur!* Quel jargon! s'écrie avec raison, cette fois, M. de Laharpe.

De son ami voyant le mauvais pas :
Ventre de bouc ! qu'ai-je entendu là-bas ?
Rentrez, coquins. — Les forêts en tremblèrent,
Faunes cornus vers leurs troncs s'envolèrent,
Où tout craintifs furent se retirer,
Et du depuis n'ont osé se montrer.
   Voilà comment le bon fils de Mercure
Vous préserva de sinistre aventure.
Nymphes et Dieux sur vous veillent ici :
Bien savent-ils, et le savons aussi,
Que votre vie acquise et conservée
Est pour le bien des mortels réservée ;
Non de mortels de mérite indigents,
Mais de mortels de vertus réfulgents.[1]
Or, remplissez vos hautes destinées :
Que tous vos ans soient brillantes années ;
Et cependant, nous autres gens de bien
A notre emploi ne manquerons en rien,
Vous admirant, non pas dans le silence,
Mais par beaux vers et pièces d'éloquence ;
Tant que puissions une œuvre concevoir,
Digne de vous et de notre vouloir !

---

[1] *Réfulgents* de vertus, pour dire ornés de vertus éclatantes !
Ce n'est plus imiter Marot ; c'est, comme Ronsard, parler latin
en françois.

ÉPÎTRE V.

A M. LE COMTE DU LUC,

ALORS AMBASSADEUR DE FRANCE EN SUISSE.

Ministre né pour soutenir la gloire
Du plus grand roi que vante notre histoire,
Et pour transmettre aux yeux des nations
De sa vertu les plus nobles rayons :
Depuis long-temps sur ce bord helvétique
J'admire en vous le pouvoir sympathique
De la raison, lorsque la dignité
Sait de ses traits tempérer la fierté,
Et retenir, par la douceur des charmes,
Les cœurs conquis par la force des armes :
Car, après tout, c'est peu de posséder
L'art de convaincre : il faut persuader.

 Le cœur encor saignant de ses blessures,
Dans vos discours, même dans vos censures,
Un peuple fier chérit tout à la fois
Sa liberté, sa patrie, et ses lois;
Et de là vient que son âme attentive
Vole au-devant du joug qui la captive;
Et que l'esprit, adorant son vainqueur,
Prévient en eux les révoltes du cœur.

Mais croyez-vous, pour quitter le haut style,
Qu'à vos leçons il soit aussi facile
De réveiller dans son obscurité
L'esprit quinteux d'un rimeur dérouté,
Qui du sommeil d'une oisive sagesse
Depuis trois ans goûte en paix la mollesse ;
Et, détrompé des frivoles douceurs
Dont on s'enivre en suivant les neuf Sœurs,
Conçoit enfin que le seul bien suprême
Est de tout fuir, pour se chercher soi-même ?
Oui, dites-vous : un ténébreux oubli
Est du néant le portrait accompli.
Sur le sommet d'une montagne aride
Est un vieux temple, où la gloire solide
Tient son séjour ; et par divers chemins
Vers ce seul but tendent tous les humains.
En tout pays, en tout siècle, à tout âge,
Du plus haut rang jusqu'au plus bas étage,
Princes, guerriers, ministres, courtisans,
Prélats, docteurs, gens de robe, artisans,
Chacun, dans l'ordre où le destin le range,
Veut du public mériter la louange :
Tout homme enfin brûle d'être estimé,
Et n'est heureux qu'autant qu'il est aimé.
  Fort bien : je sais que ce desir frivole
De notre vie est la grande boussole ;
Et que souvent nous faisons tous nos soins
De plaire à ceux que nous prisons le moins.

Mais, sans chercher si le devoir du sage
Est de combattre ou de suivre l'usage,
Vous êtes-vous, seigneur, imaginé,
Le cœur humain de près examiné,
En y portant le compas et l'équerre,
Que l'amitié par l'estime s'acquière?
De grands talents font toujours un grand nom.
Oui, j'y consens : mais beaucoup d'amis, non.
De sa grandeur César fut la victime;
Et pour trouver Tendresse sur Estime,[1]
Il faut chercher, au pays des romans,
Un lieu proscrit même chez les amants.
Je dis bien plus : aux vertus de Socrate
Réunissez les dons de Mithridate ;
Soyez orné de cent talents divers;
De vos hauts faits remplissez l'univers;
Ayez vingt fois, armé pour la patrie,
Fait en vous seul admirer l'industrie,
L'art, la valeur d'un parfait général ;
D'un vrai héros, sage, heureux, libéral,
Ajoutez-y l'air, le port, la démarche,
Et des aïeux célèbres depuis l'arche :
Plus vous croirez pouvoir à si haut prix
Vous acquérir les cœurs et les esprits,

---

[1] Allusion à la carte du pays de *Tendre*, dans le roman de *Clélie*, où l'on distingue, en effet, tendre sur *estime*, sur *inclination*, sur *reconnoissance*. Ce sont trois rivières, figurées sur cette étrange carte.

Plus vous aurez à combattre la rage
De cent rivaux que votre gloire outrage,
Et qui toujours vous trouvant sur leurs pas,
Craignent en vous les vertus qu'ils n'ont pas.
Telle est du cœur la perverse nature.
« Je ne hais point ces gens, » disoit Voiture,[1]
Sur le propos d'un fameux cardinal,
« Dont par le monde on dit un peu de mal :
» Si sur la terre aucun ne vous croit digne
» D'être haï, c'est un fort mauvais signe. »
    Mais, dira-t-on, n'est-il point de vertu
Franche d'atteinte en ce siècle tortu ?
Point de talent à couvert de l'envie ?
Pardonnez-moi : j'en connois dans la vie
Un, qui met l'homme en pleine sûreté :
Et quel est-il ? La médiocrité.
Quelque pétri que l'on soit de malice,
On veut paroître ami de la justice ;
Et pour montrer qu'on a le sens commun,
Encor faut-il qu'on approuve quelqu'un :
Joint à cela que la simple machine
Vers quelque objet toujours nous détermine.

---

[1] Vincent Voiture, de l'Académie Françoise, né à Amiens, en 1598 ; mort à Paris, en 1648. Ce n'étoit point un homme de génie, mais un très-bel esprit, qui s'étoit fait, par ses *Lettres*, une de ces réputations de vogue, qui ne soutiennent ni l'épreuve du temps, ni l'examen de la saine critique. Il y a cependant du bon dans les lettres de Voiture, de la grâce et du goût dans ses poésies.

Mais pour jouir d'un caprice si doux,
Faites si bien, qu'on ne remarque en vous
Que ce qu'il faut pour donner le courage
De vous louer, et non pour faire ombrage :
Ou tenez-vous parfaitement certain
D'avoir affaire à tout le genre humain.

    C'est bien avant pousser le paradoxe;
Et ce discours seroit plus orthodoxe,
Je l'avoûrai, si mes réflexions
Se renfermoient dans les professions.
Le trop d'éclat peut blesser l'œil superbe
D'un concurrent; et c'est le vieux proverbe :
Le forgeron médit du forgeron;[1]
L'homme de cœur est haï du poltron :
Flore[2] déplaît à la vieille coquette,
Et le rimeur porte envie au poète.
Mais voilà tout; et sans être insensé,
Me direz-vous, on n'a jamais pensé
Que, par exemple, un barbet d'Hippocrène
Puisse envier Alexandre ou Turenne.
Excepté ceux qui font même métier,

---

[1] Cela fut malheureusement vrai dans tous les temps; et il y a près de trois mille ans qu'Hésiode le disoit comme Rousseau.

    Le coq jaloux se bat sur son fumier :
    L'aigle dans l'air, le taureau dans la plaine.
    Tel est l'état de la nature humaine.
                        VOLTAIRE.

[2] Courtisane célèbre, dont le grand Pompée fut passionnément épris dans sa jeunesse.

Chez tout le reste on trouve bon quartier.
Ainsi je veux qu'en faisant sa carrière,
Notre vertu trouve quelque barrière :
Ce sont peut-être un, deux ou trois rivaux,
Importunés de nos heureux travaux ;
Tandis qu'en nous un juge incontestable
Sait respecter la gloire véritable ;
Car le public.... — Le public, dites-vous ?[1]
— Oui, le public, en dépit des jaloux,
Hausse la voix, et venge le mérite
Des attentats de l'Envie hypocrite.
— Bon. Justement. C'est sur de tels discours,
Que les plus fins s'embarquent tous les jours.
Mais ce public, l'objet de leurs caresses,
Les pousse-t-il aux honneurs, aux richesses ?
Sur cet appui sont-ils bien affermis
Contre les traits de leurs fiers ennemis ?
« Je ne crains point leur haine conjurée :
» La voix du peuple est pour moi déclarée ;
» Je le sers bien. » C'est parler comme il faut ;
Dormez en paix : vous apprendrez bientôt
Ce que l'on gagne à servir un tel maître ;
Et l'inconstant vous punira peut-être
Avant six mois, si ce n'est aujourd'hui,

---

[1] Qui ? Le public ? ce fantôme inconstant,
Monstre à cent voix, Cerbère dévorant,
Qui flatte et mord ; qui dresse par sottise
Une statue, et par dégoût la brise ! etc.
VOLT. *La Vie de Paris et de Versailles.*

LIVRE I. 55

De tout le bien que vous faites pour lui.
« Quiconque a mis, dit un auteur antique,
» Son seul espoir dans l'amitié publique,
» Vit rarement sans trouble et sans chagrin,
» Et n'a jamais fait une heureuse fin. »[1]
Non qu'à ses yeux on soit sûr de déplaire,
Dès qu'on est né vertueux : au contraire.
Mais que lui sert de trouver des appas
Dans la vertu, s'il ne la connoît pas;
Si tous les jours son aveugle ignorance
Lui fait quitter le vrai pour l'apparence;
Et si son zèle, indiscret, éventé,
Fait pis encor que la malignité?
Examinons dans les plus grandes choses
Ses mouvements, leurs effets, et leurs causes.

Un moine vain, factieux, impudent,
Sort de son cloître, et, d'un faux zèle ardent,
Déjà s'apprête à duper cent provinces.
Il monte en chaire; écoutons: «Tremblez, princes;
» Tremblez, chrétiens! depuis douze cents ans,
» Vous n'avez eu foi, piété, ni sens:
» Dieu n'a pour vous pris une chair fragile,
» Et de son sang scellé son Évangile,
» Qu'afin de tendre, en ces siècles troublés,
» Un nouveau piége aux hommes aveuglés;

---

[1] C'est la réflexion de Pausanias (ATTIQUE, ch. VIII), au sujet de Démosthènes, livré par un certain Archias de Thurium, à la vengeance d'Antipater. *Pausan.* de Clavier, tome I, p. 50.

» Et de l'Église, en tout ce long espace,
» Il n'est resté ni vestige, ni trace.
» Suivez-moi donc; et pour la relever,
» Pour la servir, enfin pour vous sauver,
» Portez partout vos fureurs téméraires.
» Abreuvez-vous dans le sang de vos frères :
» Faites trembler le trône de vos rois;
» Foulez aux pieds la nature, les lois,
» La piété, le devoir, la patrie :
» Allez. » Il dit. Tout s'émeut, tout s'écrie.
Le peuple court aux armes, aux flambeaux;
Temples, autels, simulacres, tombeaux,
En un instant tout n'est plus dans les villes
Qu'un vain monceau de pierres inutiles,
Tristes témoins des brutales fureurs
Dont ce discours a rempli tous les cœurs.

En peu de mots, voilà le protocole
De ce public, notre superbe idole.
Veut-on encor quelque autre échantillon
De ce droit sens qui lui sert d'aiguillon?
Faut-il ici, rappelant tous ses crimes,
Lui confronter cent héros magnanimes
Qu'a su noircir son souffle venimeux,
Des rois puissants, des ministres fameux,
Dont à jamais le temps et la mémoire
Consacreront les vertus et la gloire?
Mais à quoi bon retracer dans mes vers
Le déshonneur de nos aïeux pervers !

Laissons périr dans une nuit profonde
Ces noms affreux et de Ligue et de Fronde,
Qu'a replongés dans l'oubli ténébreux
L'ange d'un prince aussi sage qu'heureux.
Parlons-en mieux : ces horreurs excitées
Ne peuvent être au public imputées :
La seule voix de cinq ou six mutins
Entretenoit nos troubles intestins,
Et rassembloit, sous ces odieux titres,
Un noir concours d'implacables bélîtres,
Parmi lesquels se trouvoient, j'en conviens,
Enveloppés quelques vrais citoyens,
Qui navigeoient sur cette mer profane
Au gré des flots et de la tramontane.
 Oui, je sais bien qu'on peut le disculper
Sur son penchant à se laisser tromper :
Qu'il fut toujours la dupe des rebelles;
Et que, malgré tant d'épreuves cruelles,
Il ne lui faut qu'un chétif mandarin,
Pour faire encor crier : Au Mazarin !
Mais c'est de là que je tiens pour maxime,
Que qui bâtit sur sa volage estime
Sa sûreté, son bonheur, son appui,
Est, s'il se peut, encor plus fou que lui;
Et qu'un troisième enfin qui ne s'applique
Qu'à consulter l'autorité publique,
Et qui prétend que tout est éclairci,
Quand il a dit : « Le public juge ainsi;

» Je crois en lui comme à tous les apôtres, »
Est de beaucoup plus fou que les deux autres.
   Car de quel droit à ses vains jugements
Prétendroit-on lier mes sentiments,
Si, devant lui, le merveilleux des fables
Tient toujours lieu des faits les plus palpables;
Et si sa haine ou ses affections
N'ont pour garants que les impressions
Du premier grand, qui, suivant son caprice,
Veut ou vous perdre, ou vous rendre service?
Un homme en place, et caractérisé
Par un pouvoir qui lui rend tout aisé,
Fait, au mépris de tous tant que nous sommes,
Son favori du plus affreux des hommes,
D'un imposteur, d'un fourbe invétéré :
C'en est assez. Il faut bon gré, malgré,
Fût-il vingt fois plus larron'que Sisyphe,
Et plus damné qu'Hérode, ni Caïphe,
Le respecter comme un héros d'honneur,
Si l'on ne veut déplaire à monseigneur,
Et s'attirer la fureur inflexible
D'une cabale, à qui tout est possible.
Non, non : qui veut sagement procéder,
Passé trente ans ne doit plus décider :
Car, en un mot, le vulgaire stupide
Ne suit jamais que le plus mauvais guide,
Et ne voit rien qu'à travers les faux jours
D'un verre obscur, qui le trompe toujours.

D'un œil confus, il cherche, il développe
Quelques objets : tournez le télescope :
Ce qui d'abord lui parut un géant,
Semble à ses yeux rentrer dans le néant.

J'en conclus donc que notre vrai salaire
Doit se borner au plaisir de bien faire ;
Et qu'à l'écart laissant là les humains,
Le sage doit se payer par ses mains.
Toute vertu qui veut être admirée,
De quelque vice est toujours bigarrée ;
Et quand par elle on songe à s'élever,
D'un peu de fard il faut l'enjoliver.
Sans vermillon, sans clinquant, sans affiche,
Le saint tout nu se morfond dans sa niche :
On veut le voir paré de ses habits,
Tout brillant d'or, tout chargé de rubis.
Du peuple alors le zèle s'évertue :
Mais il lui faut décorer sa statue.
Sans l'éblouir on ne peut l'éclairer,
Et qui l'instruit, doit le savoir leurrer.

Voulez-vous donc gagner sa bienveillance,
Et dérober à la nuit du silence
Ces riches dons, ces talents précieux,
Dont en naissant vous ont doué les cieux ?
Ce n'est pas tout de briller par vos œuvres ;
Il faut encor des ressorts, des manœuvres,
Des partisans chez le sexe dévot,
Une cabale, un théâtre ; en un mot,

Tout l'attirail des petites adresses
Qui du public captivent les tendresses.
Alors partout vous verrez les mortels
Faire fumer l'encens sur vos autels,
Et, vous offrant leurs vœux et leurs hommages,
De fleurs sans nombre égayer vos images.
Mais, en échange, adieu tranquillité,
Adieu plaisirs, repos et liberté ! [1]
C'est peu d'avoir illustré votre vie
Par le trépas du dragon de l'envie:
Nouveau Cadmus, il faut, au champ de Mars,
Attaquer seul cent escadrons épars
Que contre vous la terre fait éclore.
Ce n'est pas tout : il faut combattre encore
Mille ennemis invisibles, cachés,
A votre char en public attachés,
Mais en secret armés pour votre perte;
Et qui, brûlant d'une rage couverte,

---

[1] Gresset, dans l'*Épître à sa Muse*, restreint ces idées générales au poète seulement, et les développe avec les grâces faciles, l'élégance, parfois un peu négligée, qui caractérisent ce poète aimable :

> Dès qu'un mortel, auteur involontaire,
> Est arraché de l'ombre du mystère,
> Où, s'amusant et charmant sa langueur,
> Dans quelques vers il dépeignoit son cœur ;
> Du goût public honorable victime,
> Bientôt, au prix de sa tranquillité,
> Il va payer une inutile estime,
> Et regretter sa douce obscurité, etc.

Creusent sous main le gouffre ténébreux
Qui doit bientôt, sous des débris affreux,
Ensevelir jusqu'à vos derniers restes :
Monstres cruels, et d'autant plus funestes,
Qu'il n'est poison souvent moins redouté
Que le venin d'un fourbe velouté,
Qui, vous cachant sa malice imprévue,
Et d'un faux zèle offusquant votre vue,
Du voile obscur d'une paisible nuit,
Couvre l'abîme où sa main vous conduit.
O Jupiter ! écarte ce nuage,
Et daigne au moins éclairer mon naufrage !
Mes ennemis ne me font point de peur;
Je ne crains rien que mon ami trompeur.

 Mais quoi ! faut-il qu'une crainte futile
Rende le sage à son siècle inutile ?
On sait assez les contre-temps divers
Que la vertu souffre en cet univers.
Des imposteurs on connoît la souplesse,
Et du public la maligne foiblesse,
Qui, sur les mers où vous vous engagez,
Faisant siffler le vent des préjugés,
Voit sans pitié flotter votre fortune
A la merci d'Éole et de Neptune.
Mais quand ces Dieux armeroient contre vous
L'Onde, la Terre et les Cieux en courroux;
Il est des Dieux plus doux, plus équitables,
Qui, vous sauvant de leurs mains redoutables,

Sauront pourvoir à votre sûreté
Contre les flots de la malignité.
Soit : je veux bien en accepter l'augure ;
Et j'avoûrai, pour parler sans figure,
Que par hasard nous voyons quelquefois
Les gens de bien faire entendre leur voix,
Quand du public les fougues méprisées
Sont, par le temps, à peu près apaisées.
Mais s'il s'agit de tenter quelque effort,
De partager vos périls, votre sort,
De repousser la brigue par la brigue,
Ou de forger les ressorts d'une intrigue ;
Cherchez ailleurs. Le plus petit vaurien
En fera plus que tous vos gens de bien :
Son zèle actif peut vous rendre service ;
La vigilance est la vertu du vice :
Au lieu souvent que vos amis discrets,
Pour vous servir, n'ont que de vains regrets.
Rendez-leur donc un devoir légitime ;
Efforcez-vous d'acquérir leur estime ;
Immolez tout à leur noble amitié,
Afin qu'un jour leur oisive pitié,
Par les douceurs d'une tendre homélie,
Puisse enchanter votre mélancolie !
Mais toutefois, illustres mécontents,
En déclamant contre les mœurs du temps,
Souvenez-vous que c'est une sottise
De trop parler des honneurs qu'on méprise;

Que qui s'érige en censeur de la cour,
Doit, avant tout, la quitter sans retour ;
Et qu'il n'est point de spectacle plus fade,
Que les éclats d'un chagrin rétrograde.
Ce mot d'avis peut, je crois, terminer
Le long sermon que je viens d'entonner ;
Et pour quitter la morgue cathédrale,[1]
Souffrez, seigneur, qu'ici de ma morale
J'ose égayer la sèche vérité,
D'un dernier trait de la fable emprunté.

Aux premiers temps de sa métamorphose,[2]
Pour Philomèle, à peine encore éclose,
Les lieux déserts, les paisibles forêts,
Furent long-temps un séjour sans attraits ;
Et de sa sœur non encor séparée,
Du sort d'Itys, des fureurs de Térée,
Par des accents du ciel même chéris,
Elle instruisoit les peuples attendris.
D'un monstre obscur le courroux indocile
Lui fit, dit-on, déserter cet asile.
Dans les horreurs d'une profonde nuit,
Par l'imposture Ascalaphe conduit,
Vole ; et bientôt de ses clameurs perfides
S'en va troubler les folles Piérides,[3]

---

[1] Le ton pédantesque d'un professeur dans sa chaire.
[2] Voyez les *Métamorphoses d'Ovide*, vi, 669 ; et surtout la jolie fable de La Fontaine, *Philomèle et Progné*, liv. iii, fab. xv.
[3] Voyez dans Ovide, v. 300, la métamorphose des filles de

Peuple léger, inquiet, envieux,
Qu'un vain babil rend partout odieux.
« Quoi ! vous dormez, troupe lâche et muette,
» Et vous souffrez qu'une voix indiscrète
» Au genre humain, jusqu'ici dans l'erreur,
» De vos pareils découvre la fureur !
» Le crime affreux d'un époux sanguinaire
» Fait de ses chants le sujet ordinaire :
» Attendez-vous que les mêmes concerts
» De vos forfaits instruisent l'univers ? »
  Ces mots, hurlés par le monstre nocturne,
Font éclater leur dépit taciturne.
Déjà l'Aurore au visage riant
Avoit rouvert les portes d'Orient ;
Et Philomèle exerçant son ramage,
Au jour naissant venoit de rendre hommage ;
Quand tout à coup mille cris menaçants
Glacent sa voix, intimident ses sens :
A chaque instant redoublent les injures,
Les aigres sons, les enroués murmures.
Point de secours à sa triste douleur !
Que faire ? hélas ! en vain dans son malheur
Elle eut recours à la troupe mortelle :
Nul n'accourut. C'en est assez, dit-elle.
Adieu, cités; adieu, pompeuses cours;

Piérus, changées en pies, pour avoir follement disputé aux Muses le prix du chant.

Adieu, mortels [1]. Je quitte pour toujours
Vos vains honneurs, vos plaisirs chimériques;
Et loin de vous, chez les ours pacifiques,
Je vais chercher dans mon obscurité
Moins de grandeur, et plus de sûreté.

ÉPÎTRE VI.

A M. LE BARON DE BRETEUIL. [2]

Illustre appui d'une muse agitée,
Morte trois ans, et puis ressuscitée
Par le pouvoir de ce sage enchanteur,
De mon naufrage heureux réparateur,

---

[1] C'est Progné qui engage, dans La Fontaine, sa sœur Philomèle à quitter le séjour des bois, sous prétexte qu'il lui rappelle sans cesse le souvenir des fureurs de Térée :

> Et c'est le souvenir d'un si cruel outrage
> Qui fait, reprit sa sœur, que je ne vous suis pas!
> En voyant les hommes, hélas!
> Il m'en souvient bien davantage.

[2] Introducteur des ambassadeurs, et père de cette marquise *du Châtelet*, si célèbre par ses liaisons avec Voltaire, et ses succès dans un genre d'études qui n'est pas communément celui des dames, mais qu'elle savoit fort bien concilier avec les goûts, les occupations et les agrémens de son sexe. Voltaire disoit d'elle :

> Son esprit est très-philosophe;
> Mais son cœur aime les pompons.

Par qui ma barque errante et vagabonde
Fut dérobée au caprice de l'onde;
Puisque sa loi, que je dois respecter,
Sur l'Hélicon m'oblige à remonter,
Daignez de grâce à votre heure commode,
Vous qui vivez aux sources de la mode,
Me dire un mot du style et des écrits
Qui sont en vogue aujourd'hui dans Paris :
Car vous savez qu'un air de mode impose
A nos François, plus que toute autre chose;
Et que par là le plus mince oripeau
Se vend parfois mieux que l'or le plus beau.

J'ai vu le temps, mais, Dieu merci, tout passe,
Que Calliope au sommet du Parnasse,
Chaperonnée en burlesque docteur,
Ne savoit plus qu'étourdir l'auditeur
D'un vain ramas de sentences usées,
Qui de l'Olympe excitant les nausées,
Faisoient souvent, en dépit de ses sœurs,
Transir de froid jusqu'aux applaudisseurs.[1]
Nous avons vu presque durant deux lustres,
Le Pinde en proie à de petits illustres,
Qui, traduisant Sénèque en madrigaux,
Et rebattant des sons toujours égaux,

---

[1] *Applaudisseurs* n'est point usité, mais désigne heureusement ici cette classe d'hommes sans goût, sans jugement et sans délicatesse, qui vendent au plus offrant leurs suffrages et leurs applaudissements.

Fous de sang-froid, s'écrioient : « Je m'égare ;
» Pardon, messieurs, j'imite trop Pindare. »[1]
Et supplioient le lecteur morfondu
De faire grâce à leur feu prétendu.

Comme eux alors, apprenti philosophe,
Sur le papier nivelant chaque strophe,
J'aurois bien pu du bonnet doctoral
Embéguiner mon Apollon moral,
Et rassembler sous quelques jolis titres,
Mes froids dizains rédigés en chapitres ;
Puis grain à grain tous mes vers enfilés,
Bien arrondis, et bien intitulés,
Faire servir votre nom d'épisode,
Et vous offrir, sous le pompeux nom d'ode,
A la faveur d'un éloge écourté,
De mes sermons l'ennuyeuse beauté.
Mais mon génie a toujours, je l'avoue,
Fui ce faux air dont le bourgeois s'engoue ;
Et ne sait point, prêcheur fastidieux,
D'un sot lecteur éblouissant les yeux,
Analyser une vérité fade,
Qui fait vomir ceux qu'elle persuade,
Et qui, traînant toujours le même accord,
Nous instruit moins qu'elle ne nous endort.[2]

Je sais que l'art doit pour fin générale

[1] Voyez l'Ode de La Motte sur *l'Enthousiasme*.

[2] Tout ce morceau est excellent, parce qu'il rentre dans le genre satirique, qui étoit éminemment celui de l'auteur.

Se proposer l'instructive morale :
A ce précepte avec eux je me rends ;
Mais je soutiens, et j'en ai pour garants
La Grèce entière et l'empire d'Auguste,
Que tout auteur mâle, hardi, robuste,
Doit de ses vers bannir l'instruction,
Ou, comme Homère, instruire en action.
Sur le Parnasse ainsi que dans la chaire,
C'est peu d'instruire, il doit instruire et plaire :[1]
Remuer l'âme est son premier devoir,
Et l'art des vers n'est que l'art d'émouvoir.
Non que souvent on ne puisse avec grâce,
En badinant, corriger comme Horace :[2]
La vérité demande un peu de sel,
Et l'enjoûment est son air naturel :
La joie au moins marque une âme sincère.
J'approuve même un style plus sévère,
Lorsque le choix d'un sujet important
Peut arrrêter le lecteur inconstant.
Mais si jamais nulle ardeur pathétique
N'échauffe en vous le flegme dogmatique ;
Si votre feu sous la cendre enterré
Me montre un cœur foiblement pénétré
Des vérités que votre bouche exprime ;

---

[1] *Non satis est pulchra esse poemata : dulcia sunto.*
                                            HORAT.

[2] *Omne vafer vitium ridenti Flaccus amico*
  Tangit, et admissus circum præcordia ludit.
                                      PERS. Sat. I.

Vous avez beau forger rime sur rime,
Et m'étaler ces petits traits fleuris
Dont vous charmez les frivoles esprits,
Vous ne sauriez, avec ce beau système,
Me faire un cœur plus tendre que vous-même;
Et je ne vois, dans votre air emprunté,
Qu'un charlatan sur ses tréteaux monté,
Qui pour duper une foule grossière,
Lui jette aux yeux une vaine poussière,
Et qui toujours, sans âme et sans vigueur,
Parle à l'esprit, et ne dit rien au cœur.

 Vous donc qui, fiers de vos foibles trophées,
Croyez voler plus haut que les Orphées,
Qui disputez à l'Hercule Gaulois
L'art d'enchaîner les peuples et les rois;
Ce n'est pas tout d'agencer des paroles,
Et de souffler de froides hyperboles,
Il faut sentir : il faut vous élever
Aux vérités que vous voulez prouver;
Votre cœur seul doit être votre guide :
Ce n'est qu'en lui que notre esprit réside,
Et tout mortel qui porte un cœur gâté,
N'a jamais eu qu'un esprit frelaté.[1]
De nos travaux c'est là tout le mystère,
Et tout lecteur, à ce seul caractère,

---

[1] C'est le paradoxe déjà avancé, et tant bien que mal soutenu, dans l'Épître à Marot. Rousseau tourne, en général, dans un cercle trop étroit d'idées communes, et qui ne méritent pas toujours la peine qu'il se donne de les rimer si laborieusement.

Distinguera, d'un fat présomptueux,
L'auteur solide et l'homme vertueux.

  Votre sagesse, encor mieux que mes rimes,
Depuis long-temps vous dicta ces maximes,
Illustre ami, dont le cœur épuré
S'est au vrai seul de tout temps consacré,
Et de qui l'œil perçant, inévitable,
Au faux brillant fut toujours redoutable.
Vous le savez : dès mes plus jeunes ans,
Quand ma raison luttant contre mes sens,
Dans les éclairs de ma verve première
Faisoit à peine entrevoir sa lumière,
Sous vos drapeaux dans le monde enrôlé,
Des vieux auteurs admirateur zélé,
J'avois déjà senti leur douce amorce;
Et j'essayois d'en pénétrer l'écorce,
De démêler leurs cœurs de leurs esprits,
Et de trouver l'auteur dans ses écrits :
Je vis bientôt, instruit par leur lecture,
Que tout leur art partoit de la nature;[1]
Que ces beautés, ces charmes si touchants,
Dont le pouvoir m'attachoit à vos chants,
Venoient bien moins, héros que je respecte
Malgré l'orgueil de la moderne secte,
Des vérités que vous nous exprimez,

---

[1] C'est ce que Virgile disoit d'Homère, après l'avoir bien étudié :

  Nature and Homer were, he found, the same.
  POPE, *Essai sur la Critique.*

Que du beau feu dont vous les animez.
Je compris donc qu'aux œuvres de génie,
Où la raison s'unit à l'harmonie,
L'âme toujours a la première part;
Et que le cœur ne pense point par art ;
Que tout auteur qui veut, sans perdre haleine,
Boire à longs traits aux sources d'Hippocrène,
Doit s'imposer l'indispensable loi
De s'éprouver, de descendre chez soi,
Et d'y chercher ces semences de flamme
Dont le vrai seul doit embraser notre âme;
Sans quoi jamais le plus fier écrivain
Ne peut atteindre à cet essor divin,
A ces transports, à cette noble ivresse
Des écrivains de la savante Grèce.
Je sais combien mes débiles talents
Sont au-dessous de leurs dons excellents :
Mais si l'ardeur d'entrer dans leur carrière
M'a du Parnasse entr'ouvert la barrière,
Si quelquefois à leurs sons ravissants
J'ai su mêler mes timides accents,
Ma muse au moins, d'elle-même excitée,
Avec mon cœur fut toujours concertée;
L'amour du vrai me fit lui seul auteur,
Et la vertu fut mon premier docteur.¹
Car par ce mot, expliquons-nous de grâce,

---

¹ Sais-tu, dit Boileau, au marquis de Seignelay,
  Sais-tu pourquoi mes vers sont lus dans les provinces,

Je n'entends point l'extatique grimace
D'un faux béat, qui, le front vers les cieux,
Aux Chérubins fait partout les doux yeux ;
Et, presque sûr d'être le saint qu'il joue,
Ne parle à Dieu qu'en lui faisant la moue. [1]
A cette bouche, à ces yeux contrefaits,
De la vertu je connois peu les traits ;
Encore moins à la fausse encolure
De ce pédant forcé dans son allure,
Chez qui l'honneur, tout fier d'un faux dehors,
N'est qu'une étude, un mystère du corps,
Et dont la morgue, en douceur travestie,
Prend chez l'orgueil toute sa modestie :
Vous le verriez bientôt se démasquer,
Si l'amour-propre en lui pouvoit manquer.

> Sont recherchés du peuple, et reçus chez les princes ?
> . . . .
> . . . . C'est qu'en eux le vrai, du mensonge vainqueur,
> Partout se montre aux yeux, et va saisir le cœur :
> Que le bien et le mal y sont prisés au juste ;
> Que jamais un faquin n'y tient un rang auguste,
> Et que mon cœur, toujours conduisant mon esprit,
> Ne dit rien aux lecteurs, qu'à soi-même il n'ait dit.
> Épît. ix, 47.

[1] Ce petit tableau est achevé ; et Molière lui-même ne dépeint pas avec plus d'énergie,

> Ces gens, qui, par une âme à l'intérêt soumise,
> Font de dévotion métier et marchandise ;
> Et veulent acheter crédit et dignités,
> A force de clins d'yeux, et d'élans affectés.
> Tartufe, acte II, scène VI.

L'humble vertu n'est point ce qui l'enchante ;
D'un vain parfum c'est l'odeur qui le tente :
Mais la vertu, souveraine des sens,
Ne cherche point les parfums ni l'encens ;
Et cet orgueil, cet ami des louanges,
Antique auteur de la chute des anges,
Né dans le sein de leur frère insensé,
Long-temps avant l'univers commencé,
Donna naissance à tous les autres vices,
Et fut lui seul père de ses complices.

Où donc est-elle, où faut-il la chercher
Cette vertu qui semble se cacher,
Cette vertu franche de tout sophisme,
Fille du Ciel, mère de l'héroïsme,
Qui dans le cœur fait germer les esprits,
Et donne l'âme aux sublimes écrits ?
Sans nous tracer des routes incertaines,
Nous l'apprendrons de l'oracle [1] d'Athènes ;
Son vrai séjour est chez la Vérité. [2]
Nul n'est sur terre exempt d'infirmité.
Un hypocrite, honnête homme à sa guise,

---

[1] Socrate. Platon, *Rép.* liv. VI. Sénèque, *Épît.* LXXI.

[2] Voyez la Satire XI et l'Épître IX de Boileau, où se retrouvent la plupart de ces idées sur le vrai, et sur l'honneur véritable. Rousseau ne fait guère que les reproduire ici ; inconvénient presque inévitable, en traitant des sujets qui ont une origine commune ; car si, comme l'a dit ce même Boileau,

La raison, pour marcher, n'a souvent qu'une voie ;

elle n'a souvent aussi qu'un langage pour s'exprimer.

D'un faux vernis la farde et la déguise;
Mais l'homme épris du véritable honneur
N'emprunte rien d'un éclat suborneur;
Et, peu content d'une vaine fumée,
Veut de lui seul tenir sa renommée.
Il ne sait point, par un manége bas,
Faire admirer en lui ce qu'il n'a pas :
Ami du jour, c'est sa clarté qu'il aime;
Rien ne le couvre; et ses foiblesses même
(Car chacun porte avec soi son levain,)
De ses vertus sont un gage certain.
D'extérieur, il est vrai, dépourvue,
Sa probité frappera peu la vue :
Toute blancheur cède à l'éclat du fard,
Et la nature éblouit moins que l'art.
Les yeux surtout du vulgaire imbécille
Sont peu touchés d'un air simple et facile.
Près d'un tartufe arrogant, fastueux,
L'homme sincère, uniment vertueux,
Ne paroîtra, quelque ardeur qui l'inspire,
Qu'un indévot, un mondain, c'est tout dire,
De qui le cœur est fort mal dirigé,
Et le salut grandement négligé.
Mais celui-là porte un air bien plus sage!
Sa gravité, ses gestes, son visage,
Tout marque en lui la perle des Catons.
Il ne rit point; il pèse tous ses tons;
Il parle peu, mais il dit des miracles;

Ses préjugés sont presque des oracles :
Aussi jamais il ne douta de rien !
Et c'est pourquoi ce grand homme de bien
Est toujours juste : il le fait bien paroître.
Comment ?— Comment ! C'est qu'il décide en maître.
— Bien répondu ! rien n'est mieux discuté.
— Mais attendons le jour de vérité,
Lorsque celui qui juge les justices [1]
Viendra compter nos vertus et nos vices :
La brigue alors, le crédit, les égards,
Disparoîtront au feu de ses regards ;
Et sa justice, incorruptible et prompte,
Nous fera voir, peut-être à notre honte,
Cet homme libre au rang de ses élus,
Et ce dévot de leur partage exclus.
C'est en ce jour que la vertu ternie
Pourra sans peur citer la calomnie,
Et que mes yeux, par les siens affermis,
Feront trembler mes lâches ennemis.
Heureux pourtant, heureux à son approche,
Si je pouvois me cacher le reproche
D'avoir moi-même été jusqu'aujourd'hui
Juste envers eux, criminel envers lui,
Et plus sensible au desir de leur plaire
En faisant bien, qu'au plaisir de bien faire !

---

[1] On se plaît à retrouver, dans ces beaux vers, le poëte qui avoit revêtu ces grandes idées de si belles images, dans les Odes sacrées.

Car, je l'avoue, et j'en suis bien payé![1]
J'ai des humains trop chéri l'amitié :
Long-temps séduit par de vains artifices,
A cette idole offrant mes sacrifices,
Je crus pouvoir, trop prompt à me flatter,
Trouver en eux de quoi les respecter.
Mais de plus près observant leurs vestiges,
Je sus enfin démêler les prestiges
Dont l'amour-propre, en eux toujours vainqueur,
Surprend les yeux pour imposer au cœur.
Peu m'ont donné le plaisir équitable
D'aimer en eux la vertu véritable :
Peu m'ont aussi vu briguer la faveur
Qu'obtient des grands une aveugle ferveur.
Leur bonté seule éveilla ma paresse ;
Et, courtisan de ma seule tendresse,
Sans intérêt, j'ai cherché, j'ai trouvé,
Ce peu d'amis dont le cœur éprouvé,
Malgré l'effort de la jalouse envie,
Fera toujours le charme de ma vie.

Que n'ai-je pu, de vos plaisirs épris,
Tendre amitié, dont je sens tout le prix,
Dans une joie et si douce et si pure,
Vivre oublié de toute la nature ![2]

---

[1] Toute cette fin de l'Épître est, en général, irréprochable, et se distingue par des beautés de détail de plus d'un genre. La chaleur éloquente, la généreuse indignation qui inspirent l'écrivain, se communiquent insensiblement à l'âme du lecteur.

[2] On ne lit point de vers sur l'amitié, sans se rappeler les plus

Mais, malgré moi, trop et trop peu connu,
J'ai cru du moins, de mes mœurs soutenu,
Entre vos bras conjurer la tempête
Que l'imposture élevoit sur ma tête :
Foible rempart, abri toujours peu sûr
Pour tout esprit libre, sincère et pur,
Qui ne sait point amadouer le crime,
Et racheter, par une feinte estime,
Les trahisons qu'au vice provoqué
Dicte la peur de se voir démasqué !
Car tout l'enfer n'égale point la rage
D'un furieux que la crainte encourage,
Et dont les yeux inquiets, alarmés,
Veillent toujours, tandis que vous dormez.
« Je puis dormir avec toute licence, »
Dit la tranquille et sincère Innocence :
« J'ai des amis sages, dignes de foi,
» Dont l'équité peut répondre pour moi :
» Leur amitié, que l'honneur seul enflamme,
» A toujours lu dans le fond de mon âme ;
» Jamais près d'eux je ne me suis contraint.

beaux, peut-être, que ce noble sentiment ait jamais inspirés :

    O divine amitié ! félicité parfaite !
    . . . .
    Sans toi, tout homme est seul : il peut, par ton appui,
    Multiplier son être, et vivre dans autrui.
    Idole d'un cœur juste, et passion du sage !
    Amitié, que ton nom couronne cet ouvrage !
    Qu'il préside à mes vers, comme il règne en mon cœur !
                  VOLT. *Discours sur la Modération.*

» Que craindre donc ? » Qui ? celui qui vous craint,
Ce noir brigand, ce corsaire farouche,
Dont le portrait souilleroit votre bouche ;
Cet imposteur, honteux même à nommer,
Que par mépris vous n'osez diffamer.
Vous prétendez couler des jours paisibles,
Et prévenir tous ces traits invisibles
Qui, contre vous lancés à tout propos,
Ont si long-temps troublé votre repos ?
Commencez donc par changer votre style ;
Et, sans offrir un hommage inutile
A des amis trop doux, trop généreux,
Pour devenir ennemis dangereux,
Attachez-vous à ceux dont la furie
D'aucun remords ne peut être attendrie ;
A ces vautours de la société,
Qui, comme l'eau, boivent l'iniquité,
Et dont le cœur, farouche, atrabilaire,
Immole tout au plaisir de malfaire :
Monstres pétris et de boue et de sang,
Que Tisiphone a nourris dans son flanc ;
Dont la malice injuste et forcenée
Se fait un jeu de notre destinée ;
Du monde entier en secret abhorrés,
Mais en public par crainte révérés ;
Et de qui l'œil, digne de Polyphême,
Fait frissonner, fait fuir la vertu même.
 Voilà les saints que vous devez aimer,

Craindre, servir, applaudir, réclamer,
Si vous voulez, sans trouble et sans scandale,
Jouir des droits acquis à leur cabale.
Quoi! direz-vous, pour ces hommes de fer,
Abandonner ce qu'on a de plus cher?
A l'intérêt immoler la justice,
Et renier la vertu pour le vice?
Non : je ne puis aux démons odieux
Offrir l'encens que je ne dois qu'aux dieux.
— Vous ne pouvez? Faites donc votre compte
De devenir bientôt, pour votre honte,
L'unique objet de toutes leurs noirceurs.
Préparez-vous à voir ces oppresseurs,
Dans les accès de leur rage ennemie,
Vous barbouiller de leur propre infamie;
Et contre vous, par ce chemin tortu,
Intéresser le vice et la vertu.
Heureux encor, si leur complot funeste,
Vous dépouillant du seul bien qui vous reste,
Ne force un jour vos asiles cachés!
Et si vos dieux, par l'enfer débauchés,
Pleins des vapeurs dont l'erreur les enivre,
Ne prennent point leurs traits pour vous poursuivre!
Car le motif d'une aveugle équité
Jamais ne manque à l'infidélité;
Et l'on sait trop jusqu'où va l'assurance
D'un zèle faux conduit par l'ignorance!

Mais je ne sais si les plus durs revers
Qui d'un mortel puissent être soufferts,
Si des destins la rigueur inflexible,
Si la mort même, a rien de plus sensible
Que la douleur de se voir opprimé
D'un ennemi que nous avons aimé !

FIN DU PREMIER LIVRE.

LIVRE SECOND.

ÉPÎTRE I.

A M. LE COMTE DE ***.

Héros issu de l'illustre origine
De ces héros que, dans la Palestine,
On vit jadis, sur les pas de nos rois,
Faire arborer les étendards françois,
Descendu d'eux, si digne d'en descendre;
Quel noble goût, quel penchant doux et tendre,
Juge éclairé, protecteur glorieux,
Sur Apollon vous fait baisser les yeux,
Dans un pays, dans un temps où les Muses,
De tout accueil, de toute grâce excluses,
Ne trouvent plus dans la fière grandeur,
Qu'austérité, mépris, haine, ou froideur?
De cet amour qu'en vous elles font naître,
Le vrai principe est facile à connoître :
Les cœurs vraiment par les muses charmés,
Furent toujours les cœurs vraiment formés
Pour s'illustrer, respectables modèles,
Par des vertus et des faits dignes d'elles.

Moi-même ici leur élève imparfait,
Pour tout mérite abreuvé de leur lait,
De leurs leçons auditeur inutile,
Et de Malherbe imitateur futile,
Triste jouet et des ans et du sort,
Sans facultés, fortune, ni support,
Quel autre droit, quel titre légitime,
Dans votre cœur m'eût acquis cette estime,
Qu'une héroïque et sublime pitié
Daigne honorer du titre d'amitié?
Inestimable et charmante conquête,
Qui, me jetant au port par la tempête,
M'a fait trouver, dans mes adversités,
Repos, honneur, joie, et félicités !
Je sais qu'il est des bontés naturelles,
Dont l'œil s'éveille au besoin qu'on a d'elles;
Et que chez vous tout mérite opprimé
Est assuré de plaire et d'être aimé.
Le plus beau droit des vertus malheureuses
Est la faveur des âmes généreuses;
De l'amitié la noble impression
Y naît toujours de la compassion;
Mais, comme vous, quel cœur vraiment sensible
A la pitié veut se rendre accessible,
Et, pénétré d'un sentiment si beau,
De l'amitié s'imposer le fardeau?
Car à quels soins, à quels travaux austères
N'exposent point les devoirs volontaires

De l'amitié sacrée? Et quels liens
Sont plus pesants, plus étroits que les siens?
Que de vertus! Quel pénible assemblage
D'activité, de sang-froid, de courage,
Dans un ami fidèle, intelligent,
Simple, modeste, et sans faste obligeant!
Mais, pour un seul d'une trempe si rare,
Combien, hélas! qui d'un zèle bizarre,
Pour vous d'abord follement embarqués,
Se font honneur de leurs succès manqués;
Et, s'aveuglant sur leurs fautes extrêmes,
A vos dépens s'en consolent eux-mêmes!
Amis de Job, l'un sur vos torts divers
Inépuisable en reproches amers,
Se met en frais, dogmatiste sévère,
De longs sermons dont vous n'avez que faire;
Substituant ce pédantesque soin
A ses secours dont vous auriez besoin:
L'autre, attentif à ne rien entreprendre
Où sa hauteur risque trop de descendre,
Soigneux surtout de ne point alarmer
Vos ennemis prompts à se gendarmer,
Entr'eux et vous flottant dans le silence,
Maintient en paix sa discrète indolence;
Content de soi, s'il peut, sur ses grands dieux,
Vous protester qu'il n'a pu faire mieux:
Voilà quels sont vos protecteurs fidèles,
De l'amitié vénérables modèles.

Il faut pourtant, le choix est délicat,
Être leur dupe, ou passer pour ingrat ;
Tant l'amitié, même la plus frivole,
Fait respecter le beau nom qu'elle vole !
Que m'a servi d'aller chercher près d'eux
Sur leur parole un succès hasardeux ?
Je n'ai trouvé que caresses trompeuses,
Illusions, apparences pompeuses ;
Le vice orné d'un beau déguisement,
Et la vertu partout également
Hors de crédit ; les petits dans leur sphère
Faisant le mal, les grands le laissant faire ;
Assez de cœurs prodigues en bienfaits,
Indifférents et loin de vos souhaits,
Prostitués à tous, en tout rencontre,
Et généreux seulement pour la montre.
Impertinente et sotte humanité !
Zèle orgueilleux et sans réalité !
C'est peu pour moi de voir exempt de blâme
L'ami banal qui, pour vous tout de flamme,
Se met en quatre, et tente tous moyens
Pour vous servir et vous plaire en des riens ;
Mais dès qu'il faut, en affaire réelle,
Rompre la lance et signaler son zèle,
Au pied du mur ce Don Quichotte altier,
Chancelle, hésite, et demande quartier.
Qu'il soit d'ailleurs doux, complaisant, facile ;
Mais vertueux, non, s'il m'est inutile :

Ce n'est qu'un cœur, languissant, abattu,
Bon par foiblesse, et non point par vertu.
. . . .
. . . .
Mais s'il échoue, ou vous sert sottement,
Préparez-vous à le voir hautement,
Les yeux bouffis d'une fierté nouvelle,
S'en prendre à vous de son peu de cervelle,
Vous reléguer aux Petites-Maisons.
Et n'allez pas, rétif à ses raisons,
Vous aviser de ne point y souscrire;
Car quelle audace oseroit contredire,
Pour disculper l'ingrate vérité,
D'un riche sot l'infaillibilité?
La décisive et hautaine sagesse
Est annexée à la folle richesse :
Midas jugeant le frère des neuf Sœurs,
Transmit son droit à tous ses successeurs.
Que si le ciel sur ces sujets indignes
Voulut verser ses dons les plus insignes,
Consolons-nous; le ciel fait toujours bien;
La raison veut que chacun ait le sien;
Et la fortune, exacte, impartiale,
En ce point seul tient sa balance égale;
Que ne pouvant rendre selon ses vœux
Un sot habile, elle le rend heureux.
. . . .
. . . .

. . . .

. . . .

Mais après tout, ô mon Mécène unique!
De cette gloire, aliment chimérique,
Honneur aride et toujours disputé,
Quel avantage aurois-je remporté,
Si d'un grand roi par vous la grâce acquise
N'eût constaté cette gloire indécise,
Et décoré par ses dons glorieux
De mon exil le reproche odieux?
En vous sans doute une si noble idée
Fut par le ciel conduite et secondée,
Diroit ici, consacrant la grandeur
De vos pareils, cet ami [1] dont l'ardeur
Rapporte au ciel tout acte méritoire,
Toute vertu, toute solide gloire.
Il parle à vous, grands hommes; écoutez :
Dans vos bienfaits si justement vantés,
Si votre cœur ne consulte et n'écoute
Que son penchant, vous êtes grands, sans doute;
Mais ce motif, grand et noble en effet,
Suppose encore un motif plus parfait :
Les actions par le ciel inspirées
Ne sont qu'au ciel dignement référées :
Le vrai grand homme est celui que je voi
De sa grandeur faire hommage à la foi.
Le Paganisme, à dire vrai, réclame

[1] M. ROLLIN.

D'autres héros; mais peut-être en leur âme
Par leurs vertus ces illustres païens,
Sans le savoir, étoient déjà chrétiens.
Devant l'auteur du sincère héroïsme,
Toute vertu tient au christianisme;
Toute vertu, par ses ordres constants,
Comme tout vice, est payée en son temps.
Et que sait-on si ces rayons de gloire
Dont les couvrit l'éclatante victoire,
Si ces lauriers à leur valeur acquis,
Si ces états par leurs armes conquis,
Dons où sur eux la divine Sagesse
Fit éclater son immense largesse,
Ne furent pas le loyer mérité
D'un seul bienfait, payé par sa bonté?
Prix temporel, récompense présente
D'une action pieuse, bienfaisante,
Au gré du ciel pratiquée, et souvent
Faite par eux vingt ans auparavant.

 Ainsi, quand même à l'espoir du salaire
Nous bornerions tout motif de bien faire,
Faisons le bien par ce motif commun,
Sûrs du centuple et de mille pour un.
Rien ne se perd, toute œuvre fructifie,
Tout se retrouve en l'une ou l'autre vie.
Non toutefois qu'à ces félicités
Les dons du ciel se trouvent limités;
Qu'ainsi ne soit : leur salutaire usage

Du prix céleste est souvent le présage;
Ces biens mortels, cette faveur du sort,
Sont un zéphyr qui nous conduit au port.
L'ami du ciel, en terre heureux d'avance,
Ne doit qu'au ciel borner sa récompense;
Mais ce ciel même, objet de ses desirs,
Ne l'exclut pas des vertueux plaisirs :
Et pourroit-il, dans son pèlerinage,
Se proposer un plus noble partage,
Que le bonheur de devenir l'appui
De ceux qui font le voyage avec lui?

 A quelle enseigne, à quelle auguste marque
Distingue-t-on la grandeur d'un monarque?
Est-ce à l'éclat de son front radieux?
Est-ce aux éclairs qui partent de ses yeux?
Est-ce au pouvoir de désoler la terre
Par le ravage et les feux de la guerre?
Non, ce n'est point à ces traits dangereux,
Mais au pouvoir de faire des heureux.
C'est par cet art qu'un citoyen paisible,
Qu'un cœur humain, généreux et sensible,
Par les bienfaits qui partent de ses mains
Se rend, sans crime, égal aux souverains;
Et sur les cœurs, dont sa bonté sublime
Fit la conquête et captiva l'estime,
Peut établir par une douce loi
Sa monarchie, et dire, je suis roi!
Vivez, régnez sur tout ce qui vous aime;

Et, dans ce règne avoué du ciel même,
Aimez toujours, monarque florissant,
De vos sujets le plus obéissant.

ÉPÎTRE II.

AU R. P. BRUMOY,[1]

AUTEUR DU THÉATRE DES GRECS.

Oui, cher Brumoy, ton immortel ouvrage
Va désormais dissiper le nuage
Où parmi nous le théâtre avili [2]
Depuis trente ans semble être enseveli;
Et, l'éclairant de ta propre lumière,
Lui rendre enfin sa dignité première.

---

[1] Pierre BRUMOY, l'un des hommes qui ont le plus contribué à l'illustration littéraire de la société des jésuites, naquit à Rouen, en 1688, et mourut à Paris, en 1742. — Son *Théâtre des Grecs*, complette et sensiblement amélioré par les savants distingués qui en ont donné et en préparent encore de nouvelles éditions, est devenu l'un des plus beaux monuments de la littérature moderne.

[2] Le sentiment qui a dicté cette Épître, entièrement dirigée contre Voltaire, se manifeste ici dans toute son injustice. *OEdipe*, *Brutus* et *Zaïre* n'avoient peut-être pas ajouté beaucoup d'éclat à la scène illustrée par Corneille et Racine ; mais ils étoient loin de l'*avilir*; et l'expression est au moins bien légèrement hasardée. Je ne pense pas non plus que l'*Atrée*, l'*Électre* et le *Rhadamiste* de Crébillon, joués depuis long-temps, quand Rousseau écrivoit cette Épître, aient contribué à l'*avilissement* du théâtre françois.

De ses débris zélé restaurateur,
Et chez les Grecs hardi navigateur,
Toi seul as su, dans ta pénible course,
De ses beautés nous déterrer la source,
Et démêler les détours sinueux
De ce dédale oblique et tortueux,
Ouvert jadis par la sœur de Thalie
Aux seuls auteurs du Cid et d'Athalie;
Mais après eux, hélas! abandonné
Au goût pervers d'un siècle efféminé,
Qui, ne prenant pour conseil et pour guide
Que des leçons de Tibulle et d'Ovide,
Et n'estimant dignes d'être applaudis
Que les héros par l'amour affadis,[1]
Nous a produit cette foule incommode
D'auteurs glacés, qui, séduits par la mode,
N'exposent plus à nos yeux fatigués
Que des romans en vers dialogués;
Et d'un fatras de rimes accolées
Assaisonnant leurs fadeurs ampoulées,
Semblent vouloir, par d'immuables lois,
Borner tout l'art du Theâtre françois
A commenter dans leurs scènes dolentes
Du doux Quinault les pandectes galantes.
 Mais de ce style efflanqué, sans vigueur,

---

[1] L'auteur désigne vraisemblablement ici La Grange-Chancel et Campistron, dont les tragédies ne sont, en effet, que d'insipides *Romans, dialogués* en vers plus insipides encore.

J'aime encor mieux l'insipide langueur,
Que l'emphatique et burlesque étalage
D'un faux sublime enté sur l'assemblage
De ces grands mots, clinquant de l'oraison,
Enflés de vent et vides de raison,
Dont le concours discordant et barbare
N'est qu'un vain bruit, une sotte fanfare;
Et qui, par force et sans choix enrôlés,
Hurlent d'effroi de se voir accouplés.[1]
Ce n'est pourtant que sur ces balivernes,
Qu'un fol essaim d'Euripides modernes,
Creux au-dedans, boursoufflés au-dehors,
S'est mis en droit, prodiguant ses accords,
D'importuner de sa voix imbécille
Et le théâtre, et la cour, et la ville.
Quoi! diras-tu, ce privilége exquis
D'un vœu commun leur seroit-il acquis?[2]
Le goût public auroit-il par mégarde
Reçu sa loi du leur? — Dieu nous en garde!
Il est encor des juges éclairés,
Des esprits sains, et des yeux épurés,
Pour discerner, par un choix équitable,

---

[1] On s'est récrié, avec raison, contre l'incohérence de ces idées métaphoriques, qui, ne se rattachant point à un centre commun d'unité, reproduisent précisément dans les vers du critique, le vice de style qu'il reproche ici à Voltaire et à Crébillon.

[2] C'étoit entrer bien adroitement dans la pensée du savant jésuite, que son admiration pour les tragiques anciens, a quelquefois rendu injuste envers les modernes.

L'or de billon, d'avec l'or véritable;
N'en doutons point : mais, à parler sans fard,
Leur petit nombre extrait et mis à part,
Que reste-t-il? qu'un tas de vains critiques,
D'esprits légers, de cerveaux fantastiques,
Du faux mérite orateurs dominants,
Fades loueurs, censeurs impertinents,
Comptant pour rien justesse, ordre, harmonie;
Et confondant sous le nom de génie
Tout mot nouveau, tout trait alambiqué,
Tout sentiment abstrait, sophistiqué,
Toute morale insipide et glacée,
Toute subtile et frivole pensée;
Du sens commun déclarés ennemis,
Et de l'esprit adorateurs soumis :
Car c'est l'esprit qui surtout ensorcelle
Nos raisonneurs à petite cervelle,
Lynx dans le rien, taupes dans le réel,
Dont l'œil aigu, perçant, surnaturel,
Voyant à plein mille taches pour une
Dans le soleil, n'en voit point dans la lune.
 Voilà quel est le tribunal prudent
De nos prévôts du Pinde ! Cependant,
Si devant eux commençant sa carrière,
D'un jeune auteur la muse aventurière
Vient à s'ouvrir quelque obligeant accès,
Et peut enfin par un heureux succès,
Dans les rayons de ces grands météores,

Faire briller ses débiles phosphores,
Dieu sait l'orgueil où, prompt à se flatter,
Notre étourdi va se précipiter !
C'étoit d'abord un aspirant timide ;
C'est maintenant un docteur intrépide :
Et non content d'inonder tout Paris
D'un océan de perfides écrits,
Et d'étouffer ses libraires crédules
Sous des monceaux de papiers ridicules,
Tels qu'on pourroit, si la cour des neuf Sœurs
Pour la police avoit ses assesseurs,
Ses sanhédrins et ses aréopages,
Le brûler vif dans ses propres ouvrages.[1]
En ses accès, je ne vous réponds pas
Qu'ayant déjà mis le bon sens à bas,
Il n'entreprenne avec la même audace
De renverser tout l'ordre du Parnasse,
Et que la rime, attaquée en son fort,[2]
De la raison n'éprouve aussi le sort.
Et pourquoi non ? N'a-t-il pas ses Alcides ?
Et, sans compter tant d'illustres stupides,
Tant d'aigrefins sur le Parnasse errants,
Et tant d'abbés doctement ignorants,

[1] Ce n'est plus ici de la critique littéraire ; c'est de la diffamation personnelle, que la représaille même ne justifie pas.
[2] Voltaire, il faut en convenir, ne s'est jamais piqué d'un grand scrupule sur l'article de la rime ; et c'est un mérite de moins dans ses ouvrages. Mais étoit-ce un tort assez grave pour s'attirer une pareille leçon de la part de Rousseau ?

Pour s'épauler d'un garant moins indigne,
Ne peut-il pas citer l'exemple insigne
D'un nourrisson du Parnasse avoué,
Qui quelquefois dans son style enjoué
Sut accorder, quoique avec retenue,
Quelque licence à sa muse ingénue?
Oui, j'en conviens; mais pour t'humilier,
Apprends de moi, sourcilleux écolier,
Que ce qu'on souffre, encore qu'avec peine,
Dans un Voiture ou dans un La Fontaine,
Ne peut passer, malgré tes beaux discours,
Dans les essais d'un rimeur de deux jours :[1]
Que la licence humble, abjecte et soumise,
Au rang des lois ne sauroit être admise;
Qu'un sage auteur qui veut se faire un nom,
Peut en user, mais en abuser, non;
Et que jamais, quelque appui qu'on lui prête,
Mauvais rimeur n'a fait un bon poète.

Que La Fontaine ait donc, je le veux bien,
De quelque règle étendu le lien :
Pour abolir toute loi prononcée,
En est-ce assez de l'avoir transgressée?
Et puis, d'ailleurs, par où t'es-tu flatté,
Qu'en l'imitant par son mauvais côté,

---

[1] Ce *rimeur de deux jours* avoit fait alors *la Henriade, OEdipe, Alzire, Mérope, Mahomet* : mais il avoit donné *le Temple du Goût*, où Rousseau est encore plus maltraité, qu'il ne maltraite ici Voltaire. Triste et déplorable exemple, qui n'a que trop été suivi!

Tu tireras de ta chétive muse
Tout l'excellent qui lui tient lieu d'excuse?
Trouveras-tu, raisonnons de sang-froid,
Dans les tiroirs de ton génie étroit
Ces grands pinceaux, dont sa main toujours sûre
Peignit si bien les traits de la nature?
Sauras-tu, dis-je, ayant bien consulté
Son coloris et sa naïveté,
Dans tes tableaux, sous cent nouvelles faces,
Nous présenter toujours les mêmes grâces;
Et comme lui, par cet art enchanteur,
Trouver la clef de l'âme du lecteur?
Bon, dira-t-il, le plaisant parallèle![1]
Le bel emploi pour ma lyre immortelle!
Outre qu'il est d'un maître tel que moi
De ne connoître autre guide que soi,
De s'éloigner des routes anciennes,
Et de n'avoir de règles que les siennes,
J'ai pris un vol qui m'élève au-dessus
De la nature et des communs abus;
Et le bon sens, la justesse et la rime
Dégraderoient mon tragique sublime.

Si ce n'est là sa réponse, du moins
C'est sa pensée; et j'en ai pour témoins

[1] Et il aura raison : Qu'y a-t-il, en effet, de commun entre l'épopée, la tragédie, l'histoire, et le genre où La Fontaine a excellé? C'est rapprocher injustement des choses qui n'ont entre elles aucun point de comparaison.

Ces vers bouffis où sa muse hydropique
Nous développe, en style magnifique,
Tout le phébus qu'on reproche à Brébeuf,
Enguenillé des rimes du Pont-Neuf.
Déjà tout fier de son propre suffrage,
En plein théâtre étalant son plumage,
Il se panade, et voit le ciel ouvert
Dans son azur au grand jour découvert.
Et par hasard si quelque astre propice
Vient s'en mêler, et fait entrer en lice,
Pour l'appuyer, quelque étourneau titré,
Quelque veau d'or par Plutus illustré,
Ou quelque Fée, autrefois sœur professe
Dans Amanthonte, aujourd'hui mère abbesse;
Incontinent vous l'allez voir s'enfler
De tout le vent que peut faire souffler
Dans les fourneaux d'une tête échauffée,
Fatuité, sur sottise greffée.[1]
Ouvrez les yeux, ignorants sectateurs
De mes grossiers et vils compétiteurs.
Ils tirent tous leur lumière debile
Des vains secours d'une étude stérile.
Pour moi, l'éclat dont je brille aujourd'hui,
Vient de moi seul, je ne tiens rien d'autrui:

[1] La colère n'inspire pas heureusement Rousseau; et *la fatuité* qui se *greffe sur la sottise*, pour *souffler* le vent *dans les fourneaux d'une tete*, est le galimatias le plus étrange, le plus complet, dont la critique ait jamais trouvé l'occasion de faire justice.

Mon Apollon ne règle point sa note
Sur le clavier d'Horace et d'Aristote :
Sophocle, Eschyle, Homère ni Platon
Ne m'ont jamais rien appris. — Vraiment non ! [1]
On le voit bien : mais ce qu'on voit encore,
C'est que vos fleurs n'ont vécu qu'une aurore ;
Que votre éclat n'est qu'un feu de la nuit,
Qui disparoît dès que le soleil luit ;
Et qu'un seul jour détruisant vos chimères,
Détruit aussi vos lauriers éphémères.
Car si jamais, de ses erreurs absous,
L'œil du public vient à s'ouvrir sur vous,
Tel, dont jadis les faveurs obtenues
Par vanité vous portoient jusqu'aux nues,
Par vanité mettra tous ses ébats
A vous coiffer du bonnet de Midas,
Et devant lui votre gloire ternie
Ne sera plus qu'un objet d'ironie. [2]

Voilà le sort et le fatal écueil
Où tôt ou tard vient échouer l'orgueil
De tous ces nains, petits géants précoces,
Que leurs flatteurs érigent en colosses,
Mais qu'à la fin le bon sens fait rentrer

---

[1] La tragédie d'*Oreste*, et les belles scènes d'*OEdipe* s'élèvent éloquemment contre la légèreté de cette assertion.

[2] Il y a sans doute un choix à faire dans la volumineuse collection des OEuvres de Voltaire : mais il porte bien moins encore sur les objets de goût, que sur des matières infiniment plus graves.

Dans le néant dont on les sut tirer.
Dans le néant? dira quelqu'un peut-être;
Pourquoi vouloir anéantir leur être?
Lorsqu'un auteur du public abjuré
Voit contre lui tout bon vent déclaré,
Il peut ailleurs, dirigeant sa boussole,
Tenter encor le caprice d'Éole :
Dans la tribune achalander son art,
De la questure arborer l'étendard,
Ou chez un grand par qui tout se gouverne,
Briguer le rang d'important subalterne.
 Oui-dà : je sais qu'un mérite commun,
Par cent moyens, si ce n'est assez d'un,
Peut s'élever au rang qu'on lui dénie :
Je sais de plus que le même génie
Qui dans un art sut nous faire exceller,
Peut dans tout autre encor nous signaler.
Mais une fois que la fureur d'écrire
A, par malheur, établi son empire
Dans le cerveau d'un rimeur aveuglé,
Vide de sens, et de soi-même enflé,
C'est une gale [1], un ulcère tenace,
Qui de son sang corrompt toute la masse,
Endort son âme, et lui rend ennuyeux
Tout exercice honnête et sérieux.
Jouet oisif de son talent futile,

---

[1] Expression ignoble, et que ne sauroit excuser la familiarité même d'une épitre.

N'en attendez rien de bon et d'utile ;
Séduit surtout, et gâté chaque jour
Par l'amidon des parfumeurs de cour :
Car c'est vous seuls, excusez ma franchise,
Messieurs les grands, par qui s'immortalise
Dans son esprit l'incurable travers
Qui l'abrutit [1] dans l'amour de ses vers.
A votre rang mesurant vos louanges,
Il croit parler la langue des Archanges :
Ce don céleste est un sacré dépôt,
Dont il doit compte au public : et bientôt
Nous l'allons voir au sommet du Parnasse,
A chaque auteur distribuant sa place, [2]
Dicter de là ses dogmes étourdis,
Et faire en loi passer tous ses édits,
Homologués, selon sa fantaisie,
Au tribunal de votre courtoisie.
Car pour le peu que quelque trait saillant,
Quelque antithèse, ou quelque mot brillant,
D'un vain éclair de lumière imprévue
Vienne éblouir votre débile vue,
C'en est assez : tout le reste va bien.
Le mot fait tout ; la chose ne fait rien ;
C'est un oracle, un héros, un modèle !
Modèle, soit : mais le public rebelle,

[1] C'est joindre l'inconvenance de la chose à l'impropriété du terme. Qu'est-ce qu'*abrutir dans l'amour ?*
[2] Allusion au *Temple du Goût.*

Examinant votre petit héros
Sur son mérite, et non sur vos grands mots,
Dévoile enfin tout son charlatanisme;
Et ce public, fléau du pédantisme,
N'épargne pas, quand l'écrit est jugé,.
Le protecteur plus que le protégé.
Il vous apprend qu'un ignorant suffrage
N'est pas moins sot qu'un ignorant ouvrage;
Que les grands airs et le ton emphasé
Au sens commun n'ont jamais imposé;
Qu'un courtisan, qu'un magistrat habile,
Qu'un guerrier même, un Hector, un Achille,[1]
En fait de goût n'est pas plus compétent,
Qu'en fait de guerre un auteur éclatant:
Mais que l'orgueil, qu'un mérite suprême
Peut excuser, devient la fadeur même
Dans le babil d'un petit triolet
De marmousets, pédants à poil follet,
Qui, sans savoir, sans règles, sans principes,
Du bel esprit se font les prototypes;
Tranchent sur tout, et veulent à tout prix
Nous enseigner ce qu'ils n'ont point appris.
C'est la leçon que vous fait la critique:
Et pour vous faire un tableau dramatique
Des contretemps, et du sort déplaisant
A quoi s'expose un esprit suffisant,

[1] L'auteur désigne évidemment ici le maréchal de Villars, l'un des plus illustres et des plus zélés partisans de Voltaire.

Qui, soutenu du vent de sa chimère,
Pour s'élever sort de son atmosphère,
Je finirai ce propos ingénu
Par le récit d'un conte assez connu,
Qu'au bon vieux temps, d'un crayon moins profane,
Messer Louis ¹ mit en rime toscane.

Un noble fut dans Venise estimé,
Qui, général de l'état proclamé,
Abandonnant et gondole et chaloupe,
En terre ferme alla joindre sa troupe;
Et fièrement sur un cheval danois
Se fit grimper, pour la première fois.
A peine assis sur le coursier sublime,
Des éperons coup sur coup il s'escrime;
Puis le voyant saillir un peu trop fort,
Retire à lui la bride avec effort.
Dans ce conflit, sans ralentir son zèle,
Notre écuyer voltigeoit sur la selle,
Faisant servir à ses vœux incertains,
Tantôt la botte, et tantôt les deux mains; ²
Tant qu'à la fin l'affligé Bucéphale,
Qui, saccadé par la bride fatale,
Se sent encor diffamer les côtés

---

¹ L'Arioste, sat. IVᵉ :
    So come il Veneziano, a cui il cavallo
    Di Mauritania, in eccellenza buono
    Donato fù dal Re di Portogallo, etc. etc.

²   *E'l buon nocchier più allora preme, e stringe*
    Lo sprone al fianco, aguzzo più che lancia.

Par deux talons de pointes ergotés,
Las de porter un si rude Alexandre,
Et ne sachant des deux auquel entendre,[1]
De l'éperon qui le presse d'aller,
Ou du bridon qui le fait reculer,
Prend son parti ; saute, bondit, s'anime,
Se dresse, et jette à bas l'illustrissime,
Homme et cheval roulant sur les cailloux,
Cheval dessus, et monseigneur dessous.[2]
Ah ! dit-il lors, mon malheur sert d'école
A tout galant, qui, né pour la gondole,
S'expose à mettre un pied dans l'étrier !
Chacun doit faire ici-bas son métier.[3]

---

[1] *Non sa il cavallo a chi ubbidir, o a questo indietro.*
Che'l torna indietro, o a quel che l'urta e spinge.
ARIOST. Sat. IVe.

[2] *Rimane in terra il cavalier, col fianco,*
Con la spalla, col capo rotto, e pesto.
(Ibid.)

[3] *Metiri se quemque suo modulo, ac pede.*
HORAT. lib. I, Ep. VII.

ÉPÎTRE III.

A THALIE.

Si je voulois, ambitieux critique,
Réduire en art la comédie antique,
Et débrouiller ses mystères divers,
J'adresserois ma prière et mes vers
A ce génie, autrefois par Térence
Émancipé, non loin de son enfance;
Puis, tout à coup de son domaine exclus,
Évanoui trois cents lustres et plus.
Mais aujourd'hui que l'art d'un nouveau maître,[1]
Le plus fameux que la scène ait vu naître,
De ce génie abattu de langueur
A rajeuni la force et la vigueur;
Pour expliquer les lois qu'il a tracées,
Partout; hélas! déjà presque effacées,
Et pour venger leur empire abjuré,
De quel flambeau pourrois-je être éclairé,
Que des rayons de la muse elle-même
Qui de son art lui traça le système,
Et l'inspirant lui sut tout à la fois
Faire connoître et pratiquer ses lois?
C'est donc à vous, ô divine Thalie!

[1] Molière.

A m'enseigner comment s'est rétablie,
Sous un mortel guidé par votre main,
L'intégrité du théâtre romain;
Et par quel sort jaloux de notre gloire,
De vos leçons bannissant la mémoire,
Tout de nouveau nous le faisons rentrer
Dans le chaos dont il sut le tirer.
De ce progrès, de cette décadence,
L'effet certain s'offre avec évidence :
Tâchons ici d'en marquer, s'il se peut,
Le vrai principe, et l'invisible nœud.

Tout institut, tout art, toute police
Subordonnée au pouvoir du caprice,
Doit être aussi conséquemment pour tous
Subordonnée à nos différents goûts.
Mais de ces goûts la dissemblance extrême,
A le bien prendre, est un foible problème;
Et, quoi qu'on dise, on n'en sauroit jamais
Compter que deux; l'un bon, l'autre mauvais.
Par des talents que le travail cultive,
A ce premier pas à pas on arrive;
Et le public, que sa bonté prévient,
Pour quelque temps s'y fixe et s'y maintient:
Mais éblouis enfin par l'étincelle
De quelque mode inconnue et nouvelle,
L'ennui du beau nous fait aimer le laid,
Et préférer le moindre au plus parfait.

Par les Romains, chez les Grecs empruntée,

L'architecture, au plus haut point portée,
Fait admirer encor dans ses débris,
Son goût docile à ses maîtres chéris :
Elle sut même enchérir sur leurs grâces ;
Mais ce ne fut qu'en marchant sur leurs traces,
Et sans risquer ses pas aventurés
Dans des sentiers de leur route égarés.
Ainsi par eux s'élevant sur eux-même,
Elle eût toujours joui du rang suprême
Et des honneurs à ses travaux acquis,
Si ce fléau des arts les plus exquis,
Ce corrupteur des sages disciplines,
Cet ennemi des plus pures doctrines,
L'orgueil aveugle, et l'amour entêté
Du changement et de la nouveauté,
Lui présentant ses perfides amorces,
N'eût par degrés miné toutes ses forces,
Et d'un corps mâle et d'embonpoint orné,
Fait un squelette aride et décharné.
On vit dès lors son arrogance énorme
Fronder le goût de l'antique uniforme :
Toujours même art, mêmes dimensions,
Mêmes contours, mêmes proportions ;
Temples, palais, places, maisons privées,
Frises, frontons, colonnes élevées
Sur même plan et sur même niveau ;
Et nul dessin, nul agrément nouveau.
Affranchissons de cette tyrannie,

Il en est temps, notre libre génie.

Cette façade, y compris chaque flanc,
A, dites-vous, cent colonnes de rang?
Varions-la : distinguons-les entre elles
Par cent hauteurs, par cent formes nouvelles.
Ce grand portail d'ornements dégarni,
Plus ouvragé, paroîtra moins uni.
Cet ordre est simple et tout d'une parure?
Entassons-y figure sur figure.
Ce mur avance? il le faut enfoncer.
Ce toit s'élève? il le faut rabaisser.
Il faut enfin dans sa pédanterie
Laisser vieillir la froide symétrie.
Par ce moyen, loin d'être imitateurs,
Nous deviendrons d'illustres inventeurs.

Cette peinture est l'image historique
Des changements de la muse comique.
Telle, en ce siècle aux nouveautés enclin,
Fut sa fortune, et tel est son déclin.
De son génie éteint avec les grâces,
Il ne restoit ni vestiges ni traces,
Avant qu'Armand, heureux à tout tenter,
Eût entrepris de le ressusciter.
Mais ce génie, alors en son enfance,
Dans son berceau dépourvu d'assistance,
Faute d'un maître habile à l'essayer,[1]

Ce maître *habile*, et qui *essaya* heureusement le génie de la

N'avoit encore appris qu'à bégayer;
Lorsque assisté de Térence et de Plaute,
Molière vint, dont la voix ferme et haute,
Lui fit d'abord, par de justes leçons,
Articuler et distinguer ses sons.
Bientôt après sur ses avis fidèles,
S'apprivoisant avec ces grands modèles,
Et dans leur lice instruit à s'exercer,
Il apprit d'eux l'art de les devancer:
Sous ce grand homme enfin la Comédie
Sut arriver, justement applaudie,
A ce point fixe où l'art doit aboutir,
Et dont, sans risque, il ne peut plus sortir.
Ce fut alors que la scène féconde
Devint l'école et le miroir du monde;
Et que chacun, loin d'en être choqué,
Fit son plaisir de s'y voir démasqué.
Là, le marquis figuré sans emblème,
Fut le premier à rire de lui-même;
Et le bourgeois apprit sans nul regret,
A se moquer de son propre portrait.[1]

comédie, se rencontra néanmoins dans le grand *Corneille*, qui eut la gloire de donner à la France sa première comédie, *le Menteur*, comme il lui avoit offert, dans le *Cid*, le premier modèle de la vraie tragédie.

[1] Expressément traduit de Boileau, *Art poétique*, ch. III, 353:

> Chacun peint avec art dans ce nouveau miroir,
> S'y vit avec plaisir, ou crut ne s'y point voir.
> L'avare, des premiers, rit du tableau fidèle

Le sot savant, la docte extravagante,
La précieuse et la prude arrogante,
Le faux dévot, l'avare, le jaloux,
Le médecin, le malade, enfin tous,
Chez une muse en passe-temps fertile
Vinrent chercher un passe-temps utile.
Les beaux discours, les grands raisonnements,
Les lieux communs et les beaux sentiments
Furent bannis de son joyeux domaine,
Et renvoyés à sa sœur Melpomène :
Bref, sur un trône au seul rire affecté,
Le rire seul eut droit d'être exalté.

 C'est par cet art qu'elle charma la ville,
Et que toujours renfermée en son style,
A la cour même, où surtout elle plut,
Elle atteignit son véritable but.
Quand tout à coup la licence fantasque
Levant sur elle un poignard bergamasque,
Vint à nos yeux de ses membres hachés
Éparpiller les lambeaux détachés ;
Et sur la scène, ô honte du Parnasse !
Ressusciter le vieux monstre d'Horace.[1]
Mais non : la muse étoit en sûreté,
Et son nom seul pouvoit être insulté.

D'un avare, souvent tracé sur son modèle ;
Et mille fois un fat, finement exprimé,
Méconnut le portrait sur lui-même formé.

[1] Voyez les premiers vers de la *Poétique* d'Horace.

Que peut contre elle un fantôme stérile,
De l'Italie engeance puérile?
Ce n'est pas lui de qui l'effort jaloux,
Nymphe immortelle, est à craindre pour vous!
Ce que je crains, c'est ce funeste guide,
Cet enchanteur, de nouveautés avide,
Qui ne pensant qu'à vous assassiner,
Du grand chemin cherche à vous détourner,
Et vous conduit à votre sépulture
Par des sentiers de fleurs et de verdure.[1]
C'est lui qui masque et déguise en phébus
Vos traits naïfs et vos vrais attributs:
C'est lui, chez qui votre joie ingénue
Languit captive, et presque méconnue
Dans ces atours recherchés et fleuris
Qui semblent faits pour les seuls beaux esprits,
Et dont tout l'art qu'en bâillant on admire,
Arrache à peine un froid et vain sourire:
Enfin c'est lui qui de vent vous nourrit,
Et qui toujours courant après l'esprit,
De Malebranche élève fanatique,
Met en crédit ce jargon dogmatique,
Ces arguments, ces doctes rituels,
Ces entretiens fins et spirituels,
Ces sentiments que la muse tragique,
Non sans raison, réclame et revendique,

[1] Marivaux, La Chaussée, et Destouches lui-même, sont tour à tour, et collectivement ici, l'objet des traits satiriques du poète.

Et dans lesquels un acteur charlatan
Du cœur humain nous décrit le roman.
   Hé, ventrebleu ! pédagogue infidèle
Décris-nous-en l'histoire naturelle,
Diroit celui par qui l'homme au sonnet
Est renvoyé tout plat au cabinet :
Expose-nous ses délires frivoles
En actions, et non pas en paroles,
Et ne viens plus m'embrouiller le cerveau
De ton sublime aussi triste que beau.
L'art n'est point fait pour tracer des modèles,
Mais pour fournir des exemples fidèles
Du ridicule, et des abus divers
Où tombe l'homme, en proie à ses travers.
Quand tel qu'il est on me l'a fait paroître,
Je me figure assez quel je dois être,
Sans qu'il me faille affliger en public
D'un froid sermon passé par l'alambic.
Loin tout rimeur enflé de beaux passages,
Qui, sur lui seul moulant ses personnages,
Veut qu'ils aient tous autant d'esprit que lui,
Et ne nous peint que soi-même en autrui !
Je puis du moins admettre une folie,
Qui sert de cure à ma mélancolie,
Et m'égayer dans le jeu naturel
D'un Trivelin qui se donne pour tel :
Mais un bouffon, qui, lorsque je veux rire,
Fait le sophiste, et prétend que j'admire

Son beau langage et sa subtilité !
A dire vrai, le bon sens révolté
Perd patience à ce babil mystique,
Et s'accommode encor moins d'un comique
Dont la froideur tient la joie en échec,
Que d'un tragique où l'œil demeure à sec.

Quoi ! dira-t-on, l'esprit, à votre compte,
Ne peut donc plus servir qu'à notre honte ?
C'est un faussaire, un prévaricateur,
De toute règle éternel infracteur,
Et qu'Apollon, suivant votre hypothèse,
Devroit chasser du Pinde ? — A Dieu ne plaise !
Je sais trop bien qu'un si riche ornement
Est de notre art le premier instrument,
Et que l'esprit, l'esprit seul, peut sans doute,
Aux grands succès se frayer une route.
Ce que j'attaque est l'emploi vicieux
Que nous faisons de ce présent des cieux.
Son plus beau feu se convertit en glace,
Dès qu'une fois il luit hors de sa place ;
Et rien enfin n'est plus froid qu'un écrit
Où l'esprit brille aux dépens de l'esprit.
Au haut des airs le vol de ma pensée
Peut m'élever ; mais, sans le caducée
De la raison, cet essor ne me sert
Qu'à prolonger une erreur qui me perd.
Comme un coursier, que le voyageur ivre
A détourné du chemin qu'il doit suivre ;

Plus il est prompt, diligent et soudain,
Plus il s'éloigne et se fatigue en vain.
 N'allons donc plus, déserteurs de nos pères,
Sacrifier à nos propres chimères :
Et, sans risquer un honteux démenti,
Tenons-nous-en, c'est le plus sûr parti,
Au droit chemin tracé par nos ancêtres.
Tel méprisant l'exemple de ses maîtres,
Dans son idée en croit être plus grand,
Qui, dans le fond, n'en est que différent.
Au suc exquis d'un aliment solide
Pourquoi mêler notre sel insipide?
Si le génie en nous se fait sentir,
Et de prison se prépare à sortir,
Laissons agir son naturel aimable,
Sans absorber ce qu'il a d'estimable
Dans une mer de frivoles langueurs;
Dans ce fatras de morale sans mœurs,
De vérités froides et déplacées,
De mots nouveaux, et de fades pensées,
Qui font briller tant d'auteurs importuns,
Toujours loués des connoisseurs communs,
Et, qui pis est, loués par l'endroit même
Qui du bon sens mérite l'anathème!
Car tout novice, en disant ce qu'il faut,
Ne croit jamais s'élever assez haut ;
C'est en disant ce qu'il ne doit pas dire,
Qu'il s'éblouit, se délecte et s'admire;

Dans ses écarts non moins présomptueux
Qu'un indigent superbe et fastueux,
Qui, se laissant manquer du nécessaire,
Du superflu fait son unique affaire.

A nos auteurs ce n'est point, entre nous,
L'esprit qui manque; ils en ont presque tous:
Mais je voudrois, dans ces nouveaux adeptes,
Voir une humeur moins rétive aux préceptes
Qui du théâtre ont établi la loi.
Ils en auroient mieux profité que moi !
Mais tout compté, je crois, Dieu me pardonne,
Que si j'étois pourvu, moi qui raisonne,
D'autant d'esprit qu'ils en ont en effet,
Je ferois mieux peut-être qu'ils n'ont fait.
Encore un mot à ces esprits sévères,
Qui, du beau style orateurs somnifères,
M'allégueront peut-être avec hauteur
L'autorité de cet illustre auteur,
Qui « dans le sac où Scapin s'enveloppe,
» Ne trouve plus l'auteur du *Misanthrope*.[1] »
Non, il ne put l'y trouver, j'en convien :
Mais ce grand juge y retrouva fort bien
Le Grec fameux [2], qui sut en personnages
Faire jadis changer jusqu'aux nuages,

---

[1] Dans ce sac ridicule où Scapin s'enveloppe,
   Je ne reconnois plus l'auteur du *Misanthrope*.
                    BOILEAU, *Art poét.* III, 399.

[2] ARISTOPHANE, dans ses comédies des *Nuées*, des *Oiseaux*, et de *Plutus*.

Un chœur d'oiseaux en peuple révéré,
Et Plutus même en Argus éclairé.
Aristophane, aussi-bien que Ménandre,
Charmoit les Grecs assemblés pour l'entendre;
Et Raphaël peignit, sans déroger,
Plus d'une fois maint grotesque léger.
Ce n'est point là flétrir ses premiers rôles :
C'est de l'esprit embrasser les deux pôles :
Par deux chemins c'est tendre au même but,
Et s'illustrer par un double attribut.[1]

Songez-y donc, chers enfants d'une muse
Qui cherche à rire, et que la joie amuse :
Depuis cent ans, deux théâtres chéris
Sont consacrés l'un aux pleurs, l'autre aux ris :
Sans les confondre, il faut tâcher d'y plaire ;
Si toutefois vous n'aimez pas mieux faire
(Pour distinguer votre savoir profond)
Rire au premier, et pleurer au second.

---

[1] Cette accumulation de métaphores, sans suite et sans liaison, ne fait qu'obscurcir la pensée de l'auteur, au lieu de la mettre dans tout son jour. Et puis qu'est-ce qu'*embrasser les pôles de l'esprit?* et comment s'*illustre-t-on par un attribut?*

ÉPÎTRE IV.

A MONSIEUR ROLLIN.[1]

Docte héritier des trésors de la Grèce,
Qui le premier, par une heureuse adresse,
Sus dans l'histoire associer le ton
De Thucydide à la voix de Platon;
Sage Rollin, quel esprit sympathique
T'a pu guider dans ce siècle critique,
Pour échapper à tant d'essaims divers
D'âpres censeurs qui peuplent l'univers?
Toujours croissant de volume en volume,
Quel bon génie a dirigé ta plume?
Par quel bonheur enfin, ou par quel art,
As-tu forcé le volage hasard,
L'aveugle erreur, la chicane insensée,
L'orgueil jaloux, l'envie intéressée,
De te laisser en pleine sûreté
Jouir vivant de ta postérité;

---

[1] L'un des hommes qui a le plus honoré l'instruction publique en France, et laissé peut-être la mémoire la plus universellement respectée. Mais c'est à l'auteur de l'*Histoire ancienne* et de l'*Histoire romaine*, que Rousseau s'adresse particulièrement ici. Cet excellent homme, ce bienfaiteur de tous les âges et de tous les lieux, puisqu'il enseigna et fit aimer la vertu, étoit né en 1661, et mourut en 1741.

Et de changer, pour toi seul, sans mélange,
Leurs cris d'angoisse en concerts de louange?
  Tout écrivain vulgaire ou non commun
N'a proprement que de deux objets l'un;
Ou d'éclairer par un travail utile,
Ou d'attacher par l'agrément du style :
Car sans cela quel auteur, quel écrit
Peut par les yeux percer jusqu'à l'esprit?
Mais cet esprit lui-même en tant d'étages
Se subdivise à l'égard des ouvrages,
Que du public tel charme la moitié,
Qui très-souvent à l'autre fait pitié.
Du sénateur la gravité s'offense
D'un agrément dépourvu de substance : [1]
Le courtisan se trouve effarouché
D'un sérieux d'agrément détaché.
Tous les lecteurs ont leurs goûts, leurs manies :
Quel auteur donc peut fixer leurs génies?
Celui-là seul qui, formant le projet
De réunir et l'un et l'autre objet,
Sait rendre à tous l'utile délectable,
Et l'attrayant, utile et profitable.
Voilà le centre et l'immuable point
Où toute ligne aboutit et se joint.
Or ce grand but, ce point mathématique,

  Centuriæ seniorum agitant expertia frugis :
  Celsi prætereunt austera poemata Rhamnes.

HORAT. *Art. poet.* 341.

C'est le vrai seul, le vrai qui nous l'indique :
Tout, hors de lui, n'est que futilité,
Et tout en lui devient sublimité. [1]

Sur cette règle, ami, le moindre OEdipe
Peut deviner la source et le principe
De ce succès, qui pour toi parmi nous
Accorde, unit, et fixe tous les goûts.
La vérité simple, naïve et pure,
Partout marquée au coin de la nature,
Dans ton histoire offre un sublime essai,
Où tout est beau, parce que tout est vrai :
Non d'un vrai sec et crûment historique ;
Mais de ce vrai moral et théorique,
Qui, nous montrant les hommes tels qu'ils sont,
De notre cœur nous découvre le fond,
Nous peint en eux nos propres injustices,
Et nous fait voir la vertu dans leurs vices.
C'est un théâtre, un spectacle nouveau,
Où tous les morts, sortant de leur tombeau,
Viennent encor sur une scène illustre [2]

---

[1] C'est délayer bien longuement la substance des sages leçons d'Horace :

Aut prodesse volunt, aut delectare poetæ.
....
Omne tulit punctum, qui miscuit utile dulci,
Lectorem delectando, pariterque monendo.

Et malheureusement rien ne rachète ici la sécheresse didactique de cette suite monotone de préceptes, en vers très-ordinaires.

[2] M. de Laharpe *n'entend pas trop* cette épithète d'*illustre*, et

Se présenter à nous dans leur vrai lustre;
Et du public, dépouillé d'intérêt,
Humbles acteurs, attendre leur arrêt.
Là, retraçant leurs foiblesses passées,
Leurs actions, leurs discours, leurs pensées,
A chaque état ils reviennent dicter
Ce qu'il faut fuir, ce qu'il faut imiter;
Ce que chacun, suivant ce qu'il peut être,
Doit pratiquer, voir, entendre, connoître;
Et leur exemple en diverses façons
Donnant à tous les plus nobles leçons,
Rois, magistrats, législateurs suprêmes,
Princes, guerriers, simples citoyens mêmes,
Dans ce sincère et fidèle miroir
Peuvent apprendre et lire leur devoir.[1]

Ne pense pas pourtant qu'en ce langage
Je vienne ici, préconiseur peu sage,
Tenter ton zèle humble, religieux,
Par un encens, à toi-même odieux :
Rassure-toi : non, j'ose te le dire,

---

trouve qu'elle caractérise *trop vaguement* la scène de l'histoire. Mais *illustre* ne peut, ce me semble, signifier ici, qu'éclairée du grand jour de la vérité; et voilà pourquoi les acteurs s'y montrent dans leur véritable *lustre*, c'est-à-dire, justement appréciés ce qu'ils valent.

[1] Sans être précisément irréprochable dans les détails, ce morceau est l'un des meilleurs que l'on puisse remarquer dans ces dernières Épîtres. Son plus grand mérite est la justesse soutenue de la métaphore.

Ce n'est pas toi, cher Rollin, que j'admire;
J'admire en toi, plus justement épris,
L'auteur divin qui parle en tes écrits,
Qui par ta main retraçant ses miracles,
Qui, par ta voix expliquant ses oracles,
T'a librement, et pour prix de ta foi,
Daigné choisir pour ce sublime emploi :
Mais qui pouvoit sur tout autre en ta place
Faire à son choix tomber la même grâce,
Et jusqu'à moi la laisser parvenir,
S'il m'eût jugé digne de l'obtenir.
Il a voulu montrer par le suffrage
Dont sa faveur couronne ton ouvrage,
Quelle distance il met entre celui
Qui, comme toi, ne se cherche qu'en lui,
Et tout esprit qu'aveugle la fumée
De ce grand rien qu'on nomme renommée :
Fantôme errant, qui, nourri par le bruit,
Fuit qui le cherche, et cherche qui le fuit;
Mais qui du sort enfant illégitime,
Et quelquefois misérable victime,
N'est rien en soi qu'un être mensonger,
Une ombre vaine, accident passager,
Qui suit le corps, bien souvent le précède,
Et bien souvent l'accourcit ou l'excède. [1]

[1] « Cherchez du sens dans ce *plat amphigouri*, » s'écrie magistralement M. de Laharpe! On pourroit y desirer, sans doute, des vers mieux faits ; des images plus poétiquement rendues : quant

C'est lui pourtant, lui dont tous les mortels
Viennent en foule encenser les autels !
C'est cette idole à qui tout sacrifie,
A qui, durant tout le cours de leur vie,
Grands et petits follement empressés
Offrent leurs vœux, souvent mal exaucés.
Non que l'espoir d'un succès équitable
Dans son objet ait rien de condamnable,
Ni que le cœur doive s'y refuser,
Quand le principe est de s'y proposer
Du roi des rois la gloire souveraine,
Ou du prochain l'utilité certaine.

 Mais si l'amour d'un chatouilleux encens
Enivre seul notre esprit et nos sens;
Si, rejetant la véritable gloire,
Nous nous bornons à l'honneur illusoire
De fasciner par nos foibles clartés
D'un vain public les yeux débilités,
Sans consulter par d'utiles prières
L'unique auteur de toutes les lumières :
En quelque rang que le ciel nous ait mis,
Petits ou grands, ne soyons pas surpris,
Qu'au lieu d'encens, le dégoût populaire
De notre orgueil devienne le salaire,
Ou que du moins nos succès éclatants
Soient traversés par tous les contre-temps

---

au *sens*, il ne sauroit échapper à quiconque le cherche ici de bonne foi.

Dont l'ignorance ou l'envie hypocrite
Troublent toujours tout aveugle mérite
Qui, n'écoutant, n'envisageant que soi,
Borne à lui seul son objet et sa loi.
 C'est là peut-être, ami, je le confesse,
(Car c'est ainsi que l'orgueil nous abaisse),
Ce qui du ciel irritant le courroux,
M'a suscité tant d'ennemis jaloux,
Qu'une brutale et lâche calomnie
Acharne encor sur ma vertu ternie,
Et qui toujours dans leurs propres couleurs
Cherchent la mienne, et mes traits dans les leurs.
Triste loyer ! châtiment lamentable
D'un amour-propre, il est vrai, plus traitable,
Et de vapeurs moins qu'un autre enivré,
Mais dans soi-même encor trop concentré ;
Et ne cherchant, dans ses vains exercices,
Qu'à contenter ses volages caprices.
Quelques efforts qu'ait autrefois tenté
De leur courroux l'âpre malignité,
Pour infecter l'air pur que je respire,
J'ai su tirer au moins, ou, pour mieux dire,
Le ciel m'a fait tirer par ses secours
 Un double fruit de leurs affreux discours :
L'un, d'entrevoir, que dis-je ? de connoître
 Dans ce fléau la justice d'un maître,
 Qui ne tolère en eux des traits si faux,
 Que pour punir en nous de vrais défauts ;

L'autre, d'apprendre à ne leur plus répondre
Que par des mœurs dignes de les confondre;
A les laisser croupir dans le mépris
Dont le public les a déjà flétris;
A fuir enfin toute escrime inégale,
Qui d'eux à nous rempliroit l'intervalle :
Car le danger de se voir insulté[1]
N'est pas restreint à la difficulté
De réfuter les fables romancières
De ces fripiers d'impostures grossières,
Dont le venin, non moins fade qu'amer,
Se fait vomir comme l'eau de la mer.
Il est aisé d'arrêter leurs vacarmes,
Et de les vaincre avec leurs propres armes :
Ce n'est pas là le danger capital :
Le vrai péril est le piége fatal
Que leur noirceur tend à notre innocence,
Pour l'engager dans la même licence,
Pour la changer en colère, en aigreur,
En médisance, en chicane, en fureur :
Nous réduisant enfin, pour tout sommaire,
A n'avoir plus nul reproche à leur faire,

---

[1] Tout cela, il faut l'avouer, est fort mal écrit, et devoit révolter un connoisseur aussi délicat que M. de Laharpe; mais étoit-ce une raison suffisante pour calomnier la pensée de Rousseau, et lui faire dire le contraire de ce qu'il dit en effet? Sans doute il n'est que trop aisé de repousser l'insulte par l'insulte; aussi le poète ajoute-t-il immédiatement, que c'est le piége *le plus fatal* que la méchanceté de ses ennemis puisse tendre à l'innocence.

Dès qu'envers nous leurs crimes personnels
Nous ont rendus envers eux criminels.
Qu'arrive-t-il de ces lâches batailles,
De ces défis, embûches, représailles?
C'est qu'en croyant par l'effort de nos coups
Nous venger d'eux, nous les vengeons de nous;
Qu'en travaillant sur de si faux modèles,
Nous devenons leurs copistes fidèles,
Donnant comme eux, ridicules héros,
A nos dépens la comédie aux sots;
Et leur montrant, bassement avilie,
Notre sagesse habillée en folie.
Le bel honneur, d'attrouper les passants
Au bruit honteux de nos cris indécents!
Quelle pitié de prendre ainsi le change!
N'allons donc point, pour blâme ou pour louange,
Dépayser des talents estimés,
Et du public peut-être réclamés,
En détournant leur légitime usage
A des emplois indignes d'un vrai sage;
Et nous vengeant par de plus nobles traits,
Songeons au fruit qu'à de bien moindres frais
Peut retirer un solide mérite
Des ennemis que le sort lui suscite.
Tous ces travaux dont il est combattu,
Sont l'aliment qui nourrit sa vertu.
Dans le repos elle s'endort sans peine:

Mais les assauts la tiennent en haleine.[1]
Un ennemi, dit un célèbre auteur,
Est un soigneux et docte précepteur;
Fâcheux parfois, mais toujours salutaire,
Et qui nous sert sans gage ni salaire :
Dans ses leçons plus utile cent fois,
Que ces amis, dont la timide voix
Craint d'éveiller notre esprit qui sommeille,
Par des accents trop durs à notre oreille.
A qui des deux en effet m'adresser,
Dans les besoins dont je me sens presser?
Est-ce au flatteur qui me loue et m'encense?
Est-ce à l'ami qui me tait ce qu'il pense?
Par tous les deux séduit au même point,
Mon ennemi seul ne me trompe point.
Du foible ami dépouillant la mollesse,
Du vil flatteur dédaignant la souplesse,
Son émétique est un breuvage heureux,
Souvent utile, et jamais dangereux :
Car si celui dont la main le prépare,
D'empoisonneur porte déjà la tare,
Qu'ai-je à risquer? De son venin chétif,

---

[1] Boileau disoit aussi, mais à propos de ses ennemis littéraires :

> Je dois plus à leur haine, il faut que je l'avoue,
> Qu'au foible et vain talent dont l'Europe me loue :
> Leur venin, qui sur moi brûle de s'épancher,
> Tous les jours, en marchant, m'empêche de broncher.
>
> Épît. vii, 59.

Son venin même est le préservatif.
S'il m'a taxé d'une infirmité feinte,
La vérité, du même coup atteinte,
Saura bientôt trouver plus d'un moyen,
Pour rétablir son crédit et le mien.
Mais, par malheur, si du mal véritable
Il trouve en moi le signe indubitable;
S'il m'avertit par ses cris pointilleux
D'un vrai levain, d'un ferment périlleux,
Qui de mon sang altère la substance;
Alors sa haine, et la noire constance
Dont me poursuit son courroux effronté,
Sans qu'il y songe, avancent ma santé.
C'est une épée, un glaive favorable,
Qui, dans ses mains malgré lui secourable,
M'ouvrant le flanc, pour abréger mon sort,
Perce l'abcès qui me donnoit la mort.
Si je guéris, l'intention contraire
De l'assassin ne fait rien à l'affaire :
De son forfait toute l'utilité
Reste à moi seul, à lui l'iniquité.[1]

C'est donc à l'homme envers la Providence
Une bien folle et bien haute imprudence,

[1] Tout cela est plein de raison et de vérité; mais une seule et même pensée, l'utilité des ennemis, s'y trouve reproduite, ressassée avec une monotonie d'autant plus fatigante, que pas un trait fin, spirituel, ou malin, ne s'échappe de cette verbeuse prolixité, pour soutenir, ou réveiller du moins l'attention du lecteur.

D'attribuer à son inimitié
Ce qui souvent n'est dû qu'à sa pitié.
Ces contre-temps, ces tristes aventures
Sont bien plutôt d'heureuses conjonctures
Dont le concours l'assiste et le soutient,
Non comme il veut, mais comme il lui convient.
L'Être suprême en ses lois adorables,
Par des ressorts toujours impénétrables,
Fait, quand il veut, des maux les plus outrés
Naître les biens les plus inespérés.
A quel propos vouloir donc par caprice
Intervertir l'ordre de sa justice,
Et la tenter par d'aveugles regrets,
Ou par des vœux encor plus indiscrets?
O si du ciel la bonté légitime
Daignoit enfin du malheur qui m'opprime,
Faire cesser le cours injurieux!
Si son flambeau dessillant tous les yeux,
A ma vertu si long-temps poursuivie
Rendoit l'éclat dont l'implacable envie
Sous l'épaisseur de ses brouillards obscurs
Offusque encor les rayons les plus purs!
Cette prière innocente et soumise,
Je l'avoûrai, peut vous être permise :
Vous en avez légitimé l'ardeur
Par votre vie et par votre candeur;
Votre innocence inflexible et robuste
N'a point plié sous un pouvoir injuste,

Votre devoir est rempli; tout va bien :
Soyez en paix; le ciel fera le sien.
Il a voulu se réserver la gloire
De son triomphe et de votre victoire,
Et prévenir en vous la vanité,
Qu'en votre cœur eût peut-être excité
Une facile et prompte réussite,
Attribuée à votre seul mérite;
Vous épargnant ainsi le dur fardeau,
Et les rigueurs d'un châtiment nouveau.

Dans nos souhaits, aveugles que nous sommes!
Nous ignorons le vrai bonheur des hommes :
Nous le bornons aux fragiles honneurs,
Aux vanités, aux plaisirs suborneurs;
A captiver l'estime populaire;
A rassembler tout ce qui peut nous plaire;
A nous tirer du rang de nos égaux;
A surmonter enfin tous nos rivaux.
Bonheur fatal! dangereuse fortune,
Et que le ciel, que souvent importune
L'avidité de nos trompeurs desirs,
Dans sa colère accorde à nos soupirs.
Ce n'est jamais qu'au moment de sa chute,
Que notre orgueil voit du rang qu'il dispute
La redoutable et profonde hauteur.
Ce courtisan qu'enivre un vent flatteur,
Vient d'obtenir par sa brigue funeste
La place due au mérite modeste :

Pour l'exalter tout semble réuni;
Il est content. — Dites qu'il est puni.
Il lui falloit cette place éclairée,
Pour mettre en jour sa misère ignorée.
N'allons donc plus, par de folles ferveurs,
Prescrire au ciel ses dons et ses faveurs :
Demandons-lui la prudence équitable,
La piété sincère, charitable :
Demandons-lui sa grâce, son amour;
Et s'il devoit nous arriver un jour
De fatiguer sa facile indulgence
Par d'autres vœux, pourvoyons-nous d'avance
D'assez de zèle et d'assez de vertus,
Pour devenir dignes de ses refus.[1]

---

[1] Telle étoit encore, en 1736, la force des préventions élevées contre Rousseau, depuis plus de vingt-cinq ans, que le sage, le respectable Rollin ne reçut cette honorable Épître qu'avec une sorte de défiance; et mêla dans ses remercîments (lettre du 10 mars) je ne sais quoi d'aigre et de chagrin qui affligea sensiblement Rousseau. Mais le bon recteur ne tarda pas à se le reprocher; et, mieux instruit, s'efforça, dans les lettres suivantes, de réparer ce qu'il appelle lui-même une *imprudence*, une *indiscrétion*. Quel exemple que celui de Rollin, *suppliant* son ami de *jeter sa lettre au feu*, et d'*oublier* tout ce qu'elle contenoit de *téméraire* et *d'injuste!* (Lettre du 29 mai.)

ÉPÎTRE V.[1]

A MONSIEUR L. RACINE.

De nos erreurs, tu le sais, cher Racine,
La déplorable et funeste origine
N'est pas toujours, comme on veut l'assurer,
Dans notre esprit facile à s'égarer;
Et sa fierté, dépendante et captive,
N'en fut jamais la source primitive :
C'est le cœur seul, le cœur qui le conduit,
Et qui toujours l'éclaire, ou le séduit.
S'il prend son vol vers la céleste voûte,
L'esprit docile y vole sur sa route ;
Si de la terre il suit les faux appas,
L'esprit servile y rampe sur ses pas.
L'esprit enfin, l'esprit, je le répète,
N'est que du cœur l'esclave ou l'interprète;
Et c'est pourquoi tes divins précurseurs,

---

[1] Composée en 1738, et après la lecture du poëme de *la Religion*, encore manuscrit. Mais le poëme lui-même ayant été arrêté à l'impression, l'Épître de Rousseau éprouva les mêmes difficultés : ce qu'il attribue (Lettre à M. Boutet, du 27 mars) à la manière dont il s'exprime sur *les petits esprits forts*, « dont la secte, dit-il, *pullule* aujourd'hui si horriblement en France, que devant qu'il soit peu, *si Dieu n'y met la main*, on verra un royaume *tout chrétien, sans christianisme*. »

De nos autels antiques défenseurs,
Sur lui toujours se sont fait une gloire
De signaler leur première victoire.
Oui, cher Racine, et, pour n'en point douter,
Chacun en soi n'a qu'à se consulter.
Celui qui veut de mon esprit rebelle
Dompter, comme eux, la révolte infidèle,
Pour parvenir à s'en rendre vainqueur,
Doit commencer par soumettre mon cœur;
Et, plein du feu de ton illustre père,
Me préparer un chemin nécessaire
Aux vérités qu'Esther va me tracer,
Par les soupirs qu'elle me fait pousser.
C'est par cet art que l'auteur de la Grâce,
Versant sur toi sa lumière efficace,
Daigna d'abord, certain de son succès,
Toucher mon cœur dans tes premiers essais;
Et qu'aujourd'hui consommant son ouvrage,
Et secondant ta force et ton courage,
Il brise enfin le funeste cercueil
Où mon esprit retranchoit son orgueil,
Et grave en lui les derniers caractères
Qui de ma foi consacrent les mystères.

 Quelle vertu, quels charmes tout-puissants
A son empire asservissent mes sens?
Et quelle voix céleste et triomphante
Parle à mon cœur, le pénètre, l'enchante?
C'est Dieu : c'est lui, dont les traits glorieux

De leur éclat frappent enfin mes yeux.
Je vois, j'entends, je crois : ma raison même
N'écoute plus que l'oracle suprême.
Qu'attends-tu donc, toi dont l'œil éclairé
Des vérités dont il m'a pénétré,
Toi dont les chants, non moins doux que sublimes,
Se sont ouvert tous les divins abîmes
Où sa grandeur se plaît à se voiler ;
Qu'attends-tu, dis-je, à nous les révéler,
Ces vérités qui nous la font connoître ?
Et que sais-tu s'il ne te fit point naître
Pour ramener ses sujets non soumis,
Ou consoler du moins ses vrais amis ?

 Dans quelle nuit, hélas ! plus déplorable
Pourroit briller sa lumière adorable,
Que dans ces jours où l'ange ténébreux
Offusque tout de ses brouillards affreux ;
Où, franchissant le stérile domaine
Donné pour borne à la sagesse humaine,
De vils mortels jusqu'au plus haut des cieux,
Osent lever un front audacieux ;
Où nous voyons enfin, l'osè-je dire ?
La vérité soumise à leur empire,
Ses feux éteints dans leur sombre fanal,
Et Dieu cité devant leur tribunal ?
Car ce n'est plus le temps où la licence
Daignoit encor copier l'innocence,
Et nous voiler ses excès monstrueux

Sous un bandeau modeste et vertueux.
Quelque mépris, quelque horreur que mérite
L'art séducteur de l'infâme hypocrite,
Toujours pourtant, du scandale ennemi,
Dans ses dehors il se montre affermi ;
Et, plus prudent que souvent nous ne sommes,
S'il ne craint Dieu, respecte au moins les hommes.
Mais en ce siècle à la révolte ouvert,
L'impiété marche à front découvert :
Rien ne l'étonne ; et le crime rebelle
N'a point d'appui plus intrépide qu'elle.
Sous ses drapeaux, sous ses fiers étendards,[1]
L'œil assuré, courent de toutes parts
Ces légions, ces bruyantes armées
D'esprits subtils, d'ingénieux pygmées,
Qui, sur des monts d'arguments entassés,
Contre le ciel burlesquement haussés,
De jour en jour, superbes Encelades,
Vont redoublant leurs folles escalades ;
Et jusqu'au sein de la Divinité
Portant la guerre avec impunité,
Viendront bientôt, sans scrupule et sans honte,
De ses arrêts lui faire rendre compte ;
Et déjà même, arbitres de sa loi,

---

[1] Ce morceau, classique dans son genre, et cité dans tous les recueils, et par M. de Laharpe lui-même, est un modèle du degré juste de force et d'élévation où peut arriver quelquefois le style didactique, pour orner, sans l'affoiblir, la matière qu'il traite.

Tiennent en main, pour écraser la foi,
De leur raison les foudres toutes prêtes.

Y songez-vous, insensés que vous êtes?
Votre raison, qui n'a jamais flotté
Que dans le trouble et dans l'obscurité,
Et qui, rampant à peine sur la terre,
Veut s'élever au-dessus du tonnerre,
Au moindre écueil qu'elle trouve ici-bas,
Bronche, trébuche, et tombe à chaque pas:
Et vous voulez, fiers de cette étincelle,
Chicaner Dieu sur ce qu'il lui révèle !
Cessez, cessez, héritage des vers,
D'interroger l'auteur de l'univers :
Ne comptez plus avec ses lois suprêmes ;
Comptez plutôt, comptez avec vous-mêmes :
Interrogez vos mœurs, vos passions ;
Et feuilletons un peu vos actions.

Chez des amis vantés pour leur sagesse
Avons-nous vu briller votre jeunesse?
Vous a-t-on vus, dans leur choix enfermés,
Et de leurs mains à la vertu formés,
Chérir comme eux la paisible innocence,
Vaincre la haine, étouffer la vengeance ;
Faire la guerre aux vices insensés,
A l'amour-propre, aux vœux intéressés ;
Dompter l'orgueil, la colère, l'envie,
La volupté, des repentirs suivie?
Vous a-t-on vus, dans vos divers emplois,

Au taux marqué par l'équité des lois
De vos trésors mesurer la récolte,
Et de vos sens apaiser la révolte?
S'il est ainsi, parlez; je le veux bien.
Mais non : j'ai vu, ne dissimulons rien,
Dans votre vie au grand jour exposée,
Une conduite, hélas! bien opposée.
Une jeunesse en proie aux vains desirs,
Aux vanités, aux coupables plaisirs :
Un fol essaim de beautés effrénées,
A la mollesse, au luxe abandonnées.
De faux amis, d'insipides flatteurs,
Furent d'abord vos sages précepteurs :
Bientôt après, sur leurs doctes maximes,
En gentillesse érigeant tous les crimes,
Je vous ai vus, à titre de bel air,
Diviniser des idoles de chair,
Et mettre au rang des belles aventures
Sur leur pudeur vos victoires impures :
Je vous ai vus, esclaves de vos sens,
Fouler aux pieds les droits les plus puissants;
Compter pour rien toutes vos injustices,
Immoler tout à vos moindres caprices,
A votre haine, à vos affections,
A la fureur de vos préventions :
Vouloir enfin, par vos désordres mêmes,
Justifier vos désordres extrêmes;
Et sans rougir, enflés par le succès,

Vous honorer de vos propres excès.
 Mais, au milieu d'un si gracieux songe,
Ce ver caché, ce remords qui nous ronge,
Jusqu'au plus fort de vos déréglements
Vous exposoit à de trop durs tourments :
Il a fallu, parlons sans nulle feinte,
Pour l'étouffer, étouffer toute crainte,
Tout sentiment d'un fâcheux avenir;
D'un Dieu vengeur chasser le souvenir;
Poser en fait, qu'au corps subordonnée,
L'âme avec lui meurt ainsi qu'elle est née :
Passer enfin de l'endurcissement
De votre cœur, au plein soulèvement
De votre esprit : car tout libertinage
Marche avec ordre; et son vrai personnage
Est de glisser par degrés son poison
Des sens au cœur, du cœur à la raison.
De là sont nés, modernes Aristippes,
Ces merveilleux et commodes principes
Qui, vous bornant aux voluptés du corps,
Bornent aussi votre âme et ses efforts
A contenter l'agréable imposture
Des appétits qu'excite la nature.
De là sont nés, Épicures nouveaux,
Ces plans fameux, ces systèmes si beaux,
Qui, dirigeant sur votre prud'hommie
Du monde entier toute l'économie,
Vous ont appris que ce grand univers

N'est composé que d'un concours divers
De corps muets, d'insensibles atômes,
Qui par leur choc forment tous ces fantômes
Que détermine et conduit le hasard,
Sans que le ciel y prenne aucune part.[1]

    Vous voilà donc rassurés et paisibles!
Et désormais, au trouble inaccessibles,
Vos jours sereins, tant qu'ils pourront durer,
A tous vos vœux n'ont plus qu'à se livrer.
Mais c'est trop peu : de si belles lumières
Luiroient en vain pour vos seules paupières;
Et vous devez, si ce n'est par bonté,
En faire part, du moins par vanité,
A ces amis si zélés, si dociles,
A ces beautés si tendres, si faciles,
Dont les vertus, conformes à vos mœurs,
Vous ont d'avance assujetti les cœurs.
C'est devant eux que vos langues disertes
Pourront prêcher ces rares découvertes
Dont vous avez enrichi vos esprits:
C'est à leurs yeux que vos doctes écrits
Feront briller ces subtiles fadaises,

---

[1] Quoique l'un des derniers ouvrages de Rousseau, cette Épître me semble, en son genre, l'un de ses plus beaux titres poétiques. A l'exception d'un très-petit nombre d'endroits, foibles de diction et de pensée, elle se distingue partout ailleurs, par la force du raisonnement, la suite des idées, les formes et les couleurs d'un style heureusement adapté au sujet, qui porte et soutient le poète.

Ces arguments émaillés d'antithèses,
Ces riens pompeux, avec art enchâssés
Dans d'autres riens, fièrement énoncés,
Où la raison la plus spéculative
Non plus que vous ne voit ni fond ni rive.
Que tardez-vous? Ces tendres nourrissons
Déjà du cœur dévorent vos leçons.
Ils comprendront d'abord, comme vous-mêmes,
Tous vos secrets, vos dogmes, vos problèmes;
Et, comme vous, bientôt même affermis
Dans la carrière où vous les aurez mis,
Vous les verrez, glorieux néophytes,
Faire à leur tour de nouveaux prosélytes:
Leur enseigner que l'esprit et le corps,
Bien qu'agités par différents ressorts,
Doivent pourtant toute leur harmonie
A la matière éternelle, infinie,
Dont s'est formé ce merveilleux essaim
D'êtres divers émanés de son sein;
Que ces grands mots d'âme, d'intelligence,
D'esprit céleste, et d'éternelle essence,
Sont de beaux noms forgés pour exprimer
Ce qu'on ne peut comprendre ni nommer;
Et qu'en un mot, notre pensée altière
N'est rien au fond que la seule matière
Organisée en nous pour concevoir,
Comme elle l'est pour sentir et pour voir:
D'où nous pouvons conclure, sans rien craindre,

Qu'au présent seul l'homme doit se restreindre;
Qu'il vit et meurt tout entier; et qu'enfin
Il est lui seul son principe et sa fin.

Voilà le terme où, sur votre parole,
Et sur la foi de votre illustre école,
Doit s'arrêter dans notre entendement
Toute recherche et tout raisonnement :
Car de vouloir combattre les mystères
Où notre foi puise ses caractères,
C'est, dites-vous, grêler sur les roseaux.
Est-il encor d'assez foibles cerveaux,
Pour adopter ces contes apocryphes,
Du monachisme obscurs hiéroglyphes?
Tous ces objets de la crédulité,
Dont s'infatue un mystique entêté,
Pouvoient jadis abuser des Cyrilles,
Des Augustins, des Léons, des Basiles!
Mais quant à vous, grands hommes, grands esprits,
C'est par un noble et généreux mépris,
Qu'il vous convient d'extirper ces chimères,
Épouvantail d'enfants et de grand'mères.[1]
Car aussi-bien, par où se figurer,
Poursuivez-vous, de pouvoir pénétrer
Dans ce qui n'est à l'homme vénérable,

---

[1] L'ironie est aussi fine que justement appliquée; et cette variété de tons, indispensable dans tous les genres de poésie, le devient surtout dans celui dont la sévérité comporte peu les agréments habituels du style.

Qu'à force d'être à l'homme impénétrable?
Quel fil nouveau, quel jour fidèle et sûr
Nous guideroit dans ce dédale obscur?
Suivre à tâtons une si sombre route,
C'est s'égarer, c'est se perdre. — Oui, sans doute,
C'est s'égarer, j'en conviens avec vous,
Que de prétendre, avec un cœur dissous
Dans le néant des vanités du monde,
Dans les faux biens dont sa misère abonde,
Dans la mollesse et la corruption,
Dans l'arrogance et la présomption,
Vous élever aux vérités sublimes
Qu'ont jusqu'ici démenti vos maximes.
Non, ce n'est point dans ces obscurités
Qu'on doit chercher les célestes clartés.

Mais voulez-vous, par des routes plus sûres,
Vous élancer vers ces clartés si pures
Dont autrefois, dont encore aujourd'hui
Tant de héros, l'inébranlable appui
Des vérités par le ciel révélées,
Font adorer les traces dévoilées,
Et tous les jours, pleins d'une sainte ardeur,
Dans leurs écrits consacrent la splendeur?
Faites comme eux : commencez votre course
Par les chercher dans leur première source :
C'est la vertu, dont le flambeau divin
Vous en peut seule indiquer le chemin.
Domptez vos cœurs, brisez vos nœuds funestes :

Devenez doux, simples, chastes, modestes;
Approchez-vous avec humilité
Du sanctuaire où gît la vérité;
C'est le trésor où votre espoir s'arrête.
Mais, croyez-moi, son heureuse conquête
N'est point le prix d'un travail orgueilleux,
Ni d'un savoir superbe et pointilleux.
Pour le trouver ce trésor adorable,
Du vrai bonheur principe inséparable,
Il faut se mettre en règle, et commencer
Par asservir, détruire, terrasser
Dans notre cœur nos penchants indociles;
Par écarter ces recherches futiles
Où nous conduit l'attrait impérieux
De nos desirs follement curieux;
Par fuir enfin ces amorces perverses,
Ces amitiés, ces profanes commerces,
Ces doux liens que la vertu proscrit,
Charme du cœur, et poison de l'esprit.
 Dès qu'une fois le zèle et la prière
Auront pour vous franchi cette barrière,
N'en doutez point, l'auguste vérité
Sur vous bientôt répandra sa clarté.
Mais, direz-vous, ce triomphe héroïque
N'est qu'une idée, un songe platonique.
Quoi! gourmander toutes nos voluptés?
Anéantir jusqu'à nos volontés?
Tyranniser des passions si belles?

Répudier des amis si fidèles ?
Vouloir de l'homme un tel détachement,
C'est abolir en lui tout sentiment ;
C'est condamner son âme à la torture ;
C'est, en un mot, révolter la nature,
Et nous prescrire un effort incertain,
Supérieur à tout effort humain.
 Vous le croyez : mais, malgré tant d'obstacles,
Dieu, tous les jours, fait de plus grands miracles ;
Il peut changer nos glaçons en bûchers,
Briser la pierre, et fondre les rochers.
Tel aujourd'hui, dégagé de sa chaîne,
N'écoute plus que sa voix souveraine,
Et de lui seul faisant son entretien,
Voit tout en lui, hors de lui ne voit rien ;
Qui, comme vous commençant sa carrière,
Ferma long-temps les yeux à la lumière ;
Et qui peut-être envers ce Dieu jaloux
Fut autrefois plus coupable que vous !
 Pour toi, rempli de sa splendeur divine,
Toi qui, rival et fils du grand Racine,[1]
As fait revivre en tes premiers élans
Sa piété, non moins que ses talents,
Je l'avoûrai ; quelques rayons de flamme,

---

[1] Louis Racine joignoit à de grands talents une rare modestie. On sait qu'il s'étoit fait peindre les œuvres de son père à la main, et les yeux fixés sur ce vers d'Hippolyte :

Et moi, fils inconnu d'un si glorieux père !

Que par avance eût versés dans mon âme
La vérité qui brille en tes écrits,
J'en eusse été peut-être moins épris,
Si de tes vers la chatouilleuse amorce
N'eût secondé sa puissance et ta force ;
Et si mon cœur, attendri par tes sons,
A mon esprit n'eût dicté ses leçons.[1]

---

[1] Louis Racine répondit à Rousseau par une Épître, où l'on retrouve tout le talent et les nobles pensées de l'auteur des poëmes de *la Grâce* et de *la Religion*. On y remarque surtout le passage suivant, sur l'unité des principes moraux, dont nous avons déjà fait honneur et hommage aux grands écrivains du siècle de Louis XIV.

> O France, riche alors en âmes si parfaites !
> Oui, la religion captivoit les poètes.
> Faut-il s'en étonner ? L'honneur, la bonne foi,
> L'austère probité fut leur première loi.
> Dans leurs écrits charmants, auteurs inimitables,
> Et dans un doux commerce, hommes toujours aimables,
> Colbert, à double titre épuisant ses faveurs,
> Récompensoit en eux le talent et les mœurs.
> ....
> Vertueux citoyens, amis tendres, leur zèle
> Fit régner, même entre eux, une paix éternelle :
> Leur estime sincère en étoit le lien.
> Qu'aisément, cher Rousseau, l'honnête homme est chrétien ! etc.

ÉPÎTRE VI.

A M. DE BONNEVAL.

Depuis le jour où le triste Hippocrate
S'est asservi ma vieillesse automate,
Et qu'à jamais ses ordres odieux
Ont interdit toute étude à mes yeux,
Cher Bonneval, ton commerce magique
Réveille seul la froideur léthargique
Du sombre ennui que tes lettres et toi
Par la lecture écartent de chez moi :
J'y puise encor dans les sources stoïques
Où s'abreuvoient nos oracles antiques.
De sentiments j'y vois un cœur orné,
Et de bon sens l'esprit assaisonné ;
J'y reconnois leur profonde sagesse
Dans l'art surtout d'instruire la jeunesse
A ne chercher le chemin du bonheur
Que dans celui du véritable honneur ;
A mépriser l'éclat et le faux lustre
De la grandeur que le nom seul illustre.[1]

---

[1] Ces dix-huit vers ne se trouvent point dans les premières éditions de cette Épître : elle y commence ainsi :

>   Oui, tout le monde en convient avec toi,
>   Cher Bonneval, et l'épreuve en fait foi :
>   Pour s'attirer, etc.

Car, je l'avoue, et tout ce que je voi
En tout pays, en tout âge en fait foi :
Pour s'attirer le tribut unanime
D'une sincère et générale estime,
Les hauts degrés, la naissance, et les biens,
Sont les plus prompts et les plus sûrs moyens :
Mais, sans mérite, un si beau privilége
N'est qu'un filet, un invisible piége,
Que la fortune et nos mauvais démons
Le plus souvent tendent aux plus grands noms.
Les dignités n'exigent à leur suite
Que le respect : l'estime est gratuite :
Pour l'obtenir, il faut la mériter ;
Pour l'acquérir, on la doit acheter.
Qui ne fait rien pour cet honneur insigne,
Plus il est grand, plus il s'en montre indigne.
Votre noblesse, enfant de la grandeur,
Est un flambeau rayonnant de splendeur,
Qui, s'il n'épand ses lumières propices
Sur vos vertus, éclaire tous vos vices.
Voulez-vous donc, honorables vainqueurs,
Vous asservir notre estime et nos cœurs ?
Proposez-vous pour règle favorite
De distinguer le vrai du faux mérite ;
Et, ce pas fait, songez pour second point,
Qu'on ne lui plaît qu'en ne se plaisant point ;
En soumettant par des efforts extrêmes
La vanité qui nous cache à nous-mêmes ;

En consultant ce qu'on doit consulter,
En imitant ce qu'on doit imiter,
Des passions réprimant l'incendie,
Et subjuguant la paresse engourdie,
Lâche tyran, qui n'entraîne après lui
Que l'ignorance et le stupide ennui.

Grands de nos jours, cherchez donc vos modèles
Chez des amis éclairés et fidèles,
De qui le nom, l'exemple et les conseils
Puissent servir de phare à vos pareils;
Aimez en eux, quoi qu'elle vous prescrive,
La vérité simple, pure et naïve;
Et loin de vous chassez tout corrupteur,
Tout complaisant, tout stérile flatteur,
Qui le premier en secret prêt à rire
De vos excès et de votre délire,
Approbateur folâtre et décevant,
Vous y replonge encore plus avant.
De l'honnête homme en qui le vrai réside,
La flatterie inhumaine et perfide
Est l'éternelle et capitale horreur.
Quelque dégoût que l'orgueilleuse erreur
Puisse donner de ses fières maximes,
Ce sont pourtant ces fiertés magnanimes
Qui du public, ami de la vigueur,
Gagnent pour lui le respect et le cœur.
La Vérité, soutenant sa querelle,
Combat pour lui, comme il combat pour elle,

En l'honorant dans ses âpres discours.
Assurez-vous aussi de son secours ;
Et, sans chercher une amitié solide
Dans un mérite indulgent et timide,
Attachez-vous, jaloux d'être honorés,
Aux seuls drapeaux du public révérés.
« Mon fils, disoit un maréchal illustre,[1]
» Vous achevez votre troisième lustre ;
» Mais, pour pouvoir noblement figurer
» Dans la carrière où vous allez entrer,
» Souvenez-vous, quoi que le cœur vous dise,
» De ne former jamais nulle hantise
» Qu'avec des gens dans le monde approuvés,
» Chez des amis sages et cultivés.
» Appliquez-vous surtout, c'est le grand livre,
» A vous former dans l'art de savoir vivre :
» Dans ce qu'enseigne un commerce épuré,
» L'esprit toujours trouve un fond assuré.
» Quant au surplus, suivez votre génie ;
» Mais ne marchez qu'en bonne compagnie.
» Souvenez-vous que de toute action
» L'autorité fait l'estimation.
» J'aime mieux voir en compagnie exquise
» Mon fils au bal, qu'en mauvaise à l'église.
» Je ne veux point d'un jeune homme occupé
» Faire un pédant, un docte anticipé,

[1] Le duc de La Feuillade. — Créé maréchal de France en 1675 ; mort en septembre 1691.

» Afin qu'un jour l'épée ou bien la crosse
» Trouvent un sot dans un Caton précoce :
» Mais je prétends qu'un cavalier bien né
» En sache assez pour n'être point berné
» Par l'impudence et l'air de dictature
» Des charlatans de la littérature.
» Si quelque goût par bonheur vous a lui
» Pour la lecture, étudiez celui
» D'un ami sage, et qui puisse vous dire
» Quand, et comment, et quoi vous devez lire.
» Mille savants, jeunes, ne savoient rien ;
» Mais qui sait mal, n'apprendra jamais bien.
» Que vos devoirs soient votre grande étude.
» Tel, pour tout fruit de sa sollicitude,
» Ternit son lustre en voulant trop briller,
» Et se dessèche, à force de s'enfler.
» Toute science enfin, toute industrie
» Qui ne tend point au bien de la patrie,
» Ne sauroit rendre un mortel orgueilleux
» Que ridicule, au lieu de merveilleux.
» Avec raison le sens commun rejette
» L'homme d'état qui veut être poète ;
» Et plus encor ce magistrat flûteur
» Qui de Blavet se fait émulateur ;*
» Et, malgré lui, confus de la misère

* VARIANTE.
 Et plus encor le financier badin,
 Qui pour Rameau s'érige en paladin.

» De se sentir ignorant dans sa sphère,
» Ne songe pas que c'est encor l'outrer,
» Que de savoir ce qu'il doit ignorer.
» Fuyez surtout ces esprits téméraires,
» Ces écumeurs de dogmes arbitraires,
» Qu'on voit, tout fiers de leur corruption,
» Alambiquer toute religion :
» Du pyrrhonisme aplanissant les routes,
» En arguments habiller tous leurs doutes,
» Et convertir, subtils sophistiqueurs,
» Leur ignorance en principes vainqueurs.
» Il ne vous faut que des sages dociles,
» Aimés du ciel, et sur la terre utiles,
» Qui, de l'honneur louablement jaloux,
» Puissent répondre et pour eux et pour vous :
» Quand vous aurez pour vous la voix des sages,
» Les fous bientôt y joindront leurs suffrages. »
 De ces leçons que le bon sens dicta
Qu'arriva-t-il ? Le fils en profita :[1]
De ses talents la beauté soutenue
D'un choix d'amis de vertu reconnue,
Lui fit braver, dès ses jours les plus verts,
Tous les dangers à la jeunesse offerts ;
Le préserva de ces haines qu'attire
La dédaigneuse et mordante satire :
Toujours affable et jamais refrogné,

---

[1] Louis, duc de La Feuillade, né en 1673, fut aussi fait maréchal de France en 1724. — Mort sans postérité, en 1725.

Et quant aux mœurs, sagement éloigné
Dans tous les temps, même en son plus jeune âge,
Du cagotisme et du libertinage.
Aussi bientôt d'un soin officieux,
La Renommée ouvrant sur lui les yeux,
Prit la trompette, et de sa voix féconde,
Fit tout à coup, sur la scène du monde,
A ses vertus prendre un air de hauteur
Qui l'y plaça comme premier acteur;
Et vit enfin tous les rayons du père
Illuminer une tête si chère.
Image simple, emblème familier,
Qui, concluant pour le particulier,
Peut pour le prince également conclure ;
Et lui montrer, tout au moins en figure,
D'un grand renom quel est le vrai chemin ;
Qu'un guide sage y conduit, et qu'enfin
De la vertu par l'exemple formée
Naît la solide et stable renommée.

FIN DES ÉPÎTRES.

ALLÉGORIES.[1]

LIVRE PREMIER.

ALLÉGORIE I.

TORTICOLIS.

C'est de tout temps, que l'erreur adorée
Au genre humain semble être consacrée,
Et que du faux les prestiges subtils
Ont fait des dieux des monstres les plus vils.
Le Nil, fécond en chimères mystiques,
A vu jadis ses peuples fanatiques,
Fous sectateurs de prêtres mensongers,

---

[1] «Vous me prenez par mon endroit sensible (écrivoit Rousseau à un ami, 20 octobre 1725), en approuvant mes *Allégories*, qui sont *le plus grand effort* dont je me sente capable, et dans lesquelles j'ai tâché de jeter une poésie soutenue de force et de solidité, et digne de l'attention des lecteurs sensés et raisonnables.»

M. de Laharpe les trouve mieux écrites, en général, que les Épîtres; mais *mortellement ennuyeuses*; ce qui résulte surtout de l'excessive longueur du plus grand nombre.

L'Allégorie habite un palais diaphane,

a très-bien dit Lemierre; or, cette transparence même ne tarde pas à fatiguer la vue de l'esprit, toujours tendue avec effort à la poursuite d'un objet qu'elle n'entrevoit et ne peut saisir qu'à travers des nuages.

Chercher des dieux jusqu'en leurs potagers;
Pleins de respect, aller dans les gouttières,
Offrir aux chats leur encens, leurs prières;
Et, pour surcroît, joindre à ces dieux hagards
Singes, limiers, crocodiles, renards.[1]
Épris encor d'un zèle plus profane,
L'Inde aujourd'hui voit l'orgueilleux Brachmane
Déifier, brutalement zélé,
Le diable même, en bronze ciselé.
Mais à quoi bon de l'humaine chimère
Chercher si loin une preuve étrangère?
Pourquoi redire en des termes nouveaux
Ce qu'ont écrit Juvénal[2], Despréaux?

---

[1] C'est redire bien foiblement ce que Boileau avoit exprimé avec sa supériorité ordinaire, Sat. VIII, 267 et suiv.

> .... Cent fois la bête a vu l'homme hypocondre
> Adorer le métal que lui-même il fit fondre :
> A vu dans un pays les timides mortels
> Trembler aux pieds d'un singe assis sur leurs autels;
> Et sur les bords du Nil, les peuples imbécilles,
> L'encensoir à la main, chercher les crocodiles.

Voyez aussi la Satire XII, v. 95, où ces mêmes images se représentent, mais tracées d'une main déjà affoiblie par l'âge, et revêtues de couleurs bien moins brillantes.

[2] Juvénal, Sat. XV, 1 :

> *Quis nescit, Volusi Bithynice, qualia demens*
> *Ægyptus portenta colat? Crocodilon adorat*
> *Pars hæc : illa pavet saturam serpentibus Ibin.*
> ....
> *O sanctas gentes, quibus hæc nascuntur in hortis*
> *Numina !* etc.

Du Talapoin la demeure idolâtre
De nos erreurs n'est pas le seul théâtre :
Chaque climat, ainsi que l'Indien,
A ses faux dieux, et l'Europe a le sien.
 De cette idole, à qui tout est possible,
Je connois trop le courroux inflexible ;
Je sais combien elle hait ses portraits ;
Mais s'il me faut en adoucir les traits,
Tâchons au moins, dans un tour historique,
D'en crayonner l'image allégorique.
Osons, du Tasse empruntant le pinceau,
Du sombre empire égayer le tableau,
Et des portraits du hardi Michel-Ange
Renouveler le fantasque mélange.
Des fictions la vive liberté
Peint souvent mieux la fière vérité,
Que ne feroit la froideur monacale
D'une lugubre et pesante morale.
 Lorsque le Ciel par nos maux adouci,
A l'Univers dans sa chaîne endurci
Ayant rendu sa liberté première,
Sur les humains eut versé sa lumière :
On dit qu'un jour le roi des noirs climats
Fit de l'Enfer convoquer les états.[1]
L'ordre donné, la séance réglée,
Et des démons la troupe rassemblée,
Furent assis les sombres députés

[1] Voyez le quatrième Chant de *la Jérusalem délivrée.*

Selon leur ordre, emplois et dignités.
Au premier rang le ministre Asmodée,
Et Belzébut à la face échaudée,
Et Bélial, puis les diables mineurs,
Juges, préfets, intendants, gouverneurs,
Représentants le tiers-état du gouffre.
Alors, assis sur un trône de soufre,
Lucifer tousse, et faisant un signal,
Tint ce discours au sénat infernal :

« Suppôts d'enfer, redoutables génies,
Qui chaque jour peuplez mes colonies ;
Du noir abîme éternels citoyens,
Et de ma fourche invincibles soutiens,
Écoutez-moi. Depuis l'utile trame,
Que contre Adam le serpent et la femme
Surent ourdir pour le mettre en nos fers,
Tous les mortels dévolus aux Enfers,
Humbles vassaux condamnés à nos chaînes,
Venoient en foule accroître nos domaines.
Leur long calcul lassoit mes intendants :
On s'étouffoit dans mes cachots ardents ;
J'élargissois chaque jour nos frontières,
Et le charbon manquoit à mes chaudières.
Quels noirs complots, quels ressorts inconnus
Font aujourd'hui tarir mes revenus ?
Depuis un mois, assemblant mes ministres,
J'ai feuilleté mes journaux, mes registres :
De jour en jour l'Enfer perd de ses droits ;

Le diable oisif y souffle dans ses doigts.
On s'y morfond ; et ma cour décrépite
Aux vieux damnés va se trouver réduite.
Parlez : d'où vient ce terrible fléau,
Par qui périt un royaume si beau ? »

 Ainsi parla le ténébreux pontife.
Chacun se tut. Alors, levant la griffe,
Leviathan, chancelier de l'Enfer,
Prit la parole, et dit à Lucifer :

« Prince enfumé des âmes criminelles,
Ignores-tu que des lois éternelles
Avoient prescrit le temps de ton pouvoir?
Il est venu ce temps : ô désespoir !
Du haut du ciel une fille divine
Est descendue; et jurant ta ruine,
A, malgré nous, aux humains opprimés
Ouvert les cieux tant de siècles fermés.
La connois-tu, cette fille indomptée?
Tremblez, démons : son nom est Philothée [1]
Amour de Dieu. » Lucifer frémissant,
Pâlit d'horreur à ce nom tout-puissant.
« Sortez, dit-il; je connois ma rivale,
C'en est assez. » La brigade infernale
Fuit à ces mots, et le tyran des morts
Court de sa fille implorer les efforts.

 Près de ce gouffre horrible, épouvantable,
Lieu de douleurs, où le triste coupable

---

[1] Des deux mots grecs, Φίλος et Θεός.

Parmi des flots de bitume enflammé
Brûle à jamais, sans être consumé;
Séjour de cris et de plaintes funèbres,
Est l'antre impur des anges de ténèbres;
École antique, où dictant ses leçons,
Le noir Satan forme ses nourrissons.
Tous les démons qui président aux vices,
Sous ce recteur y font leurs exercices.
Lui seul les dresse, et ces monstres divers,
Qui, répandus dans le triste univers,
Ont envahi l'empire sublunaire,
Sont tous sortis de ce noir séminaire:
Tel est l'emploi de ces esprits affreux.
Mais Lucifer, pour les unir entr'eux,
Ayant réglé leur rang hiérarchique,
Mit à leur tête une furie étique:
Monstre, qui seul de tous ces faux démons,
A réuni les exécrables dons.

 Humble au dehors, modeste en son langage,[1]
L'austère Honneur est peint sur son visage.
Dans ses discours règnent l'humanité,
La bonne foi, la candeur, l'équité.
Un miel flatteur sur ses lèvres distille,
Sa cruauté paroît douce et tranquille;
Ses vœux au ciel semblent tous adressés;

---

[1] La tendre Hypocrisie, aux yeux pleins de douceur:
 Le ciel est dans ses yeux; l'enfer est dans son cœur.
      Henriade, ch. VII.

Sa vanité marche les yeux baissés,[1]
Le zèle ardent masque ses injustices,
Et sa mollesse endosse les cilices.
Jadis la Fraude et l'Orgueil fastueux
Mirent au jour cet être monstrueux;
Et, se voyant sans espoir de famille,
Le vieux Satan l'adopta pour sa fille.
On dit qu'alors tout l'Enfer s'assembla,
Et que par choix le conseil l'appela
Torticolis! figure symbolique
De son col tors et de sa tête oblique.[2]

Satan l'aborde, et lui parle en ces mots:
« Fille d'Enfer, si dans mes noirs cachots
Tu tins toujours la plus illustre place;
Si la Fureur, la Vengeance, l'Audace,
La Jalousie et ses tragiques sœurs,
T'ont fait sucer leur lait et leurs noirceurs;
Souffriras-tu qu'une rivale altière
Du genre humain devienne l'héritière?

---

[1] Sa tranquille fureur marche les yeux baissés.
Volt. *Henriade*, ch. v.

[2] Voici le portrait que trace ailleurs le même poète d'un tartufe de son temps :

> Il soupira d'un air sanctifié :
> Puis détournant son œil humilié,
> Courbant en voûte une part de l'échine,
> Et du menton se battant la poitrine,
> D'un pied cagneux il courut chez Fanchon.
> *L'Hypocrisie.*

Que Philothée insultant aux Enfers,
De mes captifs ose briser les fers?
Réveille-toi! venge notre infamie :
Cours détrôner ma superbe ennemie.
Sers mon courroux, ma fille; et montre-toi
Le digne appui d'un père tel que moi. »
　A ce discours, l'infernale harpie
Frémit de rage; et sur sa tête impie
Faisant siffler ses serpens furieux,
Prend son essor vers les terrestres lieux.
O jours! ô temps féconds en saints modèles,
Où tous les cœurs équitables, fidèles,
Ne connoissoient de biens purs et parfaits,
Que l'amitié, la justice et la paix!
Où le vieillard mouroit dans l'innocence;
Où l'opulent signaloit sa puissance
Plus par ses dons que par ses revenus :
Siècles heureux, qu'êtes-vous devenus?
Le pauvre alors contemploit sa misère
Sans nul effroi; le riche étoit son frère.
La Convoitise étoit un monstre affreux.
Sur les débris du foible malheureux
Le plus avare eût tremblé de s'accroître :
La Charité même régnoit au cloître.
Torticolis et ses mensonges vains
Étoient alors ignorés des humains;
Mais l'Univers, martyr de son audace,
A son abord changea bientôt de face;

Et par degrés ce monstre accrédité,
Chassa bientôt et Zèle et Charité.

Elle eut dans peu trouvé son domicile ;
Et commençant par le plus difficile,
Ses premiers soins, au sortir des Enfers,
Furent d'aller de déserts en déserts
Empoisonner ces pieux solitaires,
Des dons du Ciel premiers dépositaires.
« Par quelle erreur, cénobites obscurs,
Livrés en proie aux travaux les plus durs,
Vivre enterrés au fond d'une chaumière,
Loin des humains et loin de la lumière ?
Le Ciel, ce Ciel l'objet de vos amours,
Est-il donc fait pour l'homme ou pour les ours ?
Venez, venez vous montrer dans les villes :
Ne laissez pas vos vertus inutiles ;
Et par l'exemple instruisant les mondains,
Allez peupler les cieux de nouveaux saints. »

Sous cet appât déguisant sa malice,
Elle assembla sa première milice.
Mais c'étoit peu de ces foibles essais ;
Son cœur aspire à de plus hauts succès.
Déjà l'on voit les chefs du sacerdoce
D'elle acheter et la mitre et la crosse :
Des biens du siècle avares moissonneurs,
Suivre à grands flots ses drapeaux suborneurs ;
Et sur l'autel, au pied du sanctuaire,
Ne portant plus qu'un zèle mercenaire,

Faire servir l'arche d'humilité
De marche-pied à leur cupidité.
Dès ce moment, plus d'amour paternelle,
Plus de devoirs, plus d'ardeur, plus de zèle :
Dans leurs pasteurs, les troupeaux innocents
Ne trouvent plus que des loups ravissants.
La vérité du commerce est chassée :
L'équité fuit honteuse et délaissée ;
Et l'intérêt, de son nom revêtu,
Sous l'étendard de la fausse vertu,
Attire enfin à la fille infernale
Tous les sujets qu'avoit eus sa rivale.
 Torticolis voyant tous les mortels
De Philothée abjurer les autels,
Le front paré d'un riche diadème,
Prend son manteau, son sceptre et son nom même.
« Venez à moi, venez, peuples chéris !
Je tiens les clefs du céleste lambris ;
C'est moi qui suis cette vierge sacrée,
Fille du Ciel, des anges adorée.
Voyez ce teint pâle et mortifié,
Ces yeux roulants, ce front sanctifié ;
Cette ferveur, dont les aigres censures
N'épargnent pas les vertus les plus pures ;
Ces fiers sourcils de la joie offensés,
Et ces soupirs en public élancés :
C'est moi, vous dis-je. » A cette fausse pompe
Chacun la croit. Elle-même s'y trompe ;

Et se croyant vrai rejeton des cieux,
Sur les humains baisse à peine les yeux.
Tristes captifs, misérables esclaves,
Nés pour porter mon joug et mes entraves :
Leurs noms, leurs droits, leurs libertés, leurs biens,
Tout est à moi ; leurs états sont les miens.
La voix du ciel, qui pour moi se déclare,
M'a commandé d'usurper la tiare,
D'assujettir l'univers sous mes lois,
Et de donner des fers mêmes aux rois.
Je puis sur eux faire éclater la foudre,
Les condamner, les punir, les absoudre ;
De leurs états disposer à mon gré,
Les dépouiller de leur bandeau sacré :
De leurs sujets armant les mains impures,
Sanctifier leurs fureurs, leurs parjures ;
Et par devoir forcer tous les humains
A violer les devoirs les plus saints.
Tel est l'orgueil de ce monstre sauvage.
L'ambition est son premier partage.
Cent fois la terre a vu, non sans horreur,
Tout ce que peut Tisiphone en fureur
Imaginer d'affreuses tragédies :
Meurtres, poisons, ravages, incendies,
Pères, enfants, l'un par l'autre immolés,
Pour assouvir ses desirs déréglés.
　　Surtout l'objet des traits de sa vengeance
Est la vertu, dont la splendeur l'offense.

Qui lui refuse un idolâtre encens,
Se livre en proie à ses glaives perçants ;
Toute vertu doit être sa vassale.
Mais, pour servir sa dévote cabale,
Il n'est ressorts, intrigues ni détours,
Dont sa chaleur n'emprunte les secours.
Jamais la fable et ses burlesques gloses
N'ont approché de ses métamorphoses.
Il n'est faquin si vil, si délabré,
Qui, par son art, ne soit transfiguré ;
Et qui ? changeant sa mandille en simarre,
Ne puisse atteindre au poste le plus rare.
Il n'est poltron, si connu par le dos,
Qu'elle n'érige en superbe héros.
Un tabarin, mordant, caustique et rustre,
Devient par elle un sénateur illustre ;
Et d'un pédant barbouillé de latin,
Elle fabrique un nouvel Augustin.

 Ainsi de biens et d'honneurs sans limites
Torticolis comble ses prosélytes.
Heureux encor, si ses illusions
N'enfantoient point d'autres confusions ;
Et si, du moins, ses prestiges magiques
Étoient bornés aux seuls êtres physiques !
Mais l'univers n'a rien de si sacré,
Qu'elle ne farde et n'habille à son gré.
On ne sait plus, grâce à ses artifices,
Comment sont faits les vertus ni les vices.

Tout n'est plus rien que problèmes, détours,
Subtilités, sophismes, vains discours ;
Et le plus fin doute, en ce trouble étrange,
Si l'ange est diable, ou si le diable est ange.
Démentez-moi, vous, ses chers favoris,
Lâches flatteurs, au mensonge aguerris,
Qui, chez les grands étalant vos maximes,
Leur enseignez l'art de pécher sans crimes :
Ou qui, cachant vos desirs vicieux
Sous des dehors saintement spécieux,
Par la vertu d'un coup d'œil sophistique
Changez le plomb en or philosophique :
Si vous l'osez, dis-je, démentez-moi !
Mais bien plutôt parlez de bonne foi ;
Et confessez que la nature humaine
Doit tous ses maux à votre infâme reine ;
Que sa fureur presque à tous les humains
Du ciel ouvert a fermé les chemins ;
Et qu'à la fin, de son trône sublime
Ayant chassé leur reine légitime,
L'homme, affranchi du tribut des Enfers,
Par elle seule est rentré dans ses fers.

ALLÉGORIE II.

LA VOLIÈRE.

Qui voudra voir cicognes attroupées,
Doit naviguer sur l'Hèbre thracien :
Qui veut savoir où sont poules jaspées,
Visitera le bord numidien ;
Qui se fera d'Hymette citoyen,
Verra foison d'abeilles et de ruches ;
Et voyageant au pays indien,
L'air trouvera tout peuplé de perruches :
Car en ses lois nature a limité
A chaque espèce un climat affecté.
Mais si quelqu'un de l'espèce emplumée,
Qu'on nomme Amours, a curiosité,
Paris tout seul doit être visité :
Ville ne sais de tant d'Amours semée.
Pour ce seul point croirois qu'on l'a nommée
Paris sans pair. Or, sans obscurité,
Expliquons-nous. C'est qu'en cette cité,
De cent palais, de cent hôtels fournie,
Est un hôtel entre tous exalté,
Non pour loger richesse et vanité,
Lambris dorés, peinture bien finie,
Lits de brocard, ou telle autre manie ;

Mais pour loger la nymphe Vaubanie,
En qui reluit gentillesse, beauté,
Noblesse d'âme, hilarieux génie,
Et don d'esprit, par-dessus l'or vanté.
En ce lieu donc Amours de tout plumage,
De tout pays, de tout poil, de tout âge,
Des bords de l'Elbe et des rives du Tage,
De toutes parts viennent se rallier,
Tels que pigeons volant au colombier.
Il en arrive et de France et d'Espagne,
Et d'Italie et du nord d'Allemagne.
Ceux-là petits, mais alertes et vifs :
Ceux-ci plus grands, mais lourds, froids et massifs ;
Et ce qui plus l'attention réveille,
Quand vous voyez ces petits enfançons,
C'est qu'ils sont tous différents à merveille ;
Car il en vient de toutes les façons :
Amours pimpants, frisques [1] et beaux garçons :
Petits Amours à face rechignée,
Amours marquis et de haute lignée ;
Amours d'épée, Amours de cabinet,
Amours de robe et portant le bonnet,[2]
(D'iceux pourtant est petite poignée)
Tous vont chez elle employer la journée.

---

[1] *Frisque*, pour joli, gentil. Il n'est plus usité, et a toujours appartenu au style burlesque.

[2] Amours *marquis*, amours de *cabinet*, de *robe* et d'*épée*; c'est ce que Boileau eût appelé faire *grimacer ses figures*.

Amours barbons y font même leur cours,
De vieux dictons, logique et beaux discours
Tout hérissés : enfin toute l'année,
Dimanche ou non, s'y tient foire d'Amours.
Comme l'on voit en l'automne première
Feuilles à tas dans l'Ardenne pleuvoir,
Ou bien oiseaux voler par fourmillière
Sur un grand pin, qui leur sert de dortoir :
Ainsi voit-on du matin jusqu'au soir
Petits Amours, oiseaux de sa volière,
Pleuvoir en foule en ce gentil manoir ;
Et fait bon voir, attroupés autour d'elle,
Tous ces oiseaux leur plumage étaler,
Se rengorger, piaffer[1], caracoller,
Toujours sifflant chanson et ritornelle,
Et petits airs, langage de ruelle :
Puis jeux badins, volatile nouvelle,
De gentillesse avec eux disputer,
Voler soupirs, et petits soins trotter[2]
Par le logis, or' fretillant de l'aile,
Or' de la queue ; or' des pieds tricotter,
Danser, baller, tripudier, sauter.

---

[1] *Piaffer*, terme du vieux langage, pour crier, se vanter, faire du bruit et de l'éclat. C'est aujourd'hui un terme de manége, qui signifie *passager* dans une seule et même place, sans avancer ni reculer, etc.

[2] Des petits soins qui *trottent* par le logis, et qui *fretillent* de l'aile ou de la queue, ne rappellent ni la naïveté de Marot, ni le badinage plein de grâce de La Fontaine.

Oncques ne fit le vrai Polichinelle
Semblables tours. Ainsi dans la maison
Joyeusetés, farces, badineries,
Inventions, et telles drôleries,
Hiver, été, sont toujours de saison ;
Momus lui-même, avec ses momeries,[1]
Ne nous rendroit à rire plus enclins :
Car en tout temps ces petits Trivelins
Vont inventant nouvelles singeries,
Et prend la Nymphe, au visage vermeil,
A leurs ébats passe-temps nompareil.

Mais après tout un point me scandalise,
Et suis honteux, s'il faut que je le dise,
De voir comment ces pauvres insensés,
Qui, pour l'honneur d'être ses domestiques,
Ont laissé là leurs meilleures pratiques,
De leur travail sont mal récompensés !
Car ne croyez qu'ils aient gros apanages :
Ains y sont tous très-chichement payés,
Ne gagnant rien, fors quelques arrérages
De mots dorés, ou tels menus suffrages,
Et les croit-on encor salariés
Trop grassement ! maints la servent sans gages :
Maints, la servant, sont bafoués, honnis,

---

[1] Plaisanteries inventées à dessein, pour faire rire, ou pour tromper quelqu'un : affectation ridicule d'un sentiment qu'on n'a pas. Du grec μῶμος, railleur, moqueur ; d'où *Momus*.

Moqués, bernés, traités comme Zanis:[1]
Pour tout guerdon[2] on les pille, on les tance,
Et quelquefois soufflets d'entrer en danse :
Mieux aimerois être esclave à Tunis.
Partant, Amours, qui n'avez point de nids,
Cherchez ailleurs ; mal sûr est cet hospice :
Dehors sont beaux, et beau le frontispice ;
Mais le dedans, autre est la question !
Je m'en irai si l'on me fait outrage,
Me direz-vous. Hé ! pauvre alérion,
Quand une fois on est en cette cage,
On n'en sort plus : c'est l'antre du lion.
Pour échapper de si forte bastille,
Vous chercheriez en vain porte ou guichet :
Tout votre effort seroit pure vétille.
Plus fins que vous sont pris au trébuchet.[3]

[1] *Zani*, personnage bouffon de la Comédie italienne.

[2] Salaire, récompense. De l'italien *guerdone,* tiré lui-même du grec κέρδος.

[3] Il y a, dans ce dernier trait, de la grâce et de la délicatesse; mais c'est à peu près le seul dans cette longue et froide kyrielle de fadeurs usées : Marot, Bernis ou Voltaire n'auroient guère trouvé là qu'un madrigal de quelques vers.

ALLÉGORIE III.

LA LITURGIE DE CYTHÈRE.[1]

Le dieu d'Amour en faisant sa visite,
Comme doit faire un pasteur bien appris,
Voulut revoir sa ville favorite,
Et terminer sa course dans Paris.
Là contemplant le progrès de ses flammes,
Il jette l'œil sur son petit troupeau,
Joyeux, refait, séjourné[2], gras et beau,
Et reconnoît toutes ces bonnes âmes
Qu'il instruisit au sortir du berceau ;
Mais au milieu de ces saintes ouailles,
Il est surpris de voir une beauté
Qu'il ignoroit, et qui dans nos murailles
A depuis peu son séjour transporté.
De toutes parts autour de l'inconnue
Il voit tomber comme grêle menue
Moisson de cœurs, sur la terre jonchés,
Et des dieux même à son char attachés.

---

[1] Cette application allégorique de l'ordre et des cérémonies du culte divin au culte de Cythère, est au moins de mauvais goût, et n'a, par malheur, rien de plaisant ni de gracieux.

[2] *Séjourné*, qui a pris du repos et de l'embonpoint : peu usité, même dans le style familier, auquel il appartient.

« Ouais ! qu'est ceci, dit l'enfant de Cythère !
Ce jeune objet, plus vermeil que corail,
A notre loi voudroit-il se soustraire?
Oh ! par Vénus nous verrons cette affaire. »
   Si s'en retourne aux cieux dans son sérail,
En ruminant comment il pourra faire
Pour attirer la brebis au bercail.
Or, il advint que la Nymphe, en goguettes,
Et ne sachant, comme on dit, rien de rien,
En disputant sur certaines sornettes,
Que quelques-uns appuyoient mal ou bien,
Fit de sa bouche échapper par fortune
Un certain mot.... Comment dire ceci?
Un mot.... Ce mot que le dévot Neptune
N'acheva pas [1], vous m'entendez d'ici.
La belle alors de rougeurs infinies
Se colora ; mais du plus haut des cieux
Amour l'ouït, et cria tout joyeux :
« Bon, la voilà qui dit nos litanies !
Elle est à nous; voilà les propres mots
Que de tout temps dame Vénus ma mère
A consacrés à ce joyeux mystère,
Que l'on célèbre à Cythère et Paphos.
Jeune beauté, par qui je vois reluire
D'un feu nouveau mes antiques autels,
Je veux toujours te protéger, t'instruire :

---

[1] Allusion un peu forcée, et plus qu'allégorique, au fameux *Quos ego !....* de Neptune, dans l'*Énéide.*

Je t'apprendrai de quel ton il faut dire
Ces autres mots graves et solennels
Qui sont marqués dans mes saints rituels;
Et si déjà le pouvoir de tes armes
Force des dieux à te faire leur cour,
Que ne doit-on attendre de tes charmes,
Quand tu seras instruite par l'Amour? »

ÉCLAIRCISSEMENTS
DE L'AUTEUR
SUR L'ALLÉGORIE SUIVANTE.

Cette pièce fut composée au mois de décembre de l'année 1713. Les prophéties allégoriques de Merlin sembloient alors toucher d'assez près à leur accomplissement; et le prince qui en fait le sujet [1] n'avoit pas d'autre nom que celui de roi dans le pays où je suis né : mais comme les choses ont pris maintenant une face très-différente, peut-être n'aurois-je point songé à publier un ouvrage qui ne sauroit plus être du goût de tout le monde, si ce même ouvrage n'avoit déjà été rendu public par les copies qui en ont couru dans le temps qu'il fut fait. Je le donne ici tel qu'il est, persuadé qu'il y a encore plus de honte à désavouer ce qu'on a une fois écrit, que de prudence à s'en dédire.

Le reproche qu'on peut me faire d'avoir mal deviné, m'est commun avec tous ceux qui jugeoient alors comme moi; et je ne pense pas qu'on puisse m'en faire d'autres, n'étant jusqu'à présent lié par aucun engagement contraire à mes premières idées; et mon principal soin ayant été, comme on le peut voir, d'éviter tout ce qui peut blesser le respect dû aux puissances, et en particulier à une nation composée de tant de personnes également recommandables par l'élévation de leur courage et la profondeur de leur génie. Rousseau.

[1] Il s'agit de Jacques III, frère de la reine Anne, et si connu dans l'Europe sous le nom de *Chevalier Saint-Georges*, ou du *Prétendant*. Edit.

ALLÉGORIE IV.

LA GROTTE DE MERLIN.[1]

Cette île noble, antique et renommée,
Qui de Neptune à tel point fut aimée,[2]
Qu'un de ses fils voulut s'y renfermer
Et de son nom Albion la nommer,
Mainte merveille en son sein fait reluire,
Qu'en ces vers-ci je ne prétends déduire
Par le menu; les chroniqueurs passés
En leurs recueils les déduisant assez.
Pour le présent, suffit d'en citer une,
Une sans plus; mais qui peut mieux qu'aucune
Passer pour rare, et que je garantis
Sur le rapport de ces recueils gentils.
Ce sont ces rocs, autrement gonds de pierre,

---

[1] J'ai changé le titre de Roches de Salisbury, sous lequel cette Allégorie a été d'abord donnée dans le monde. Ces roches passent pour une des merveilles de l'Angleterre : on les appelle *Gonds* ou *Portes de pierre*, comme je l'ai marqué plus bas; parce qu'il s'en trouve en effet quelques-unes qui ont la figure d'une porte. La fable veut que Merlin les ait transportées d'Irlande au lieu où elles sont : c'est ce qui m'a donné l'idée de placer en cet endroit la grotte de cet enchanteur.   R.

[2] La tradition fabuleuse veut qu'un fils de Neptune, appelé Albion, ait le premier régné dans l'île de Bretagne, à laquelle il donna son nom.   R.

Qu'on voit semés en cette noble terre,
Tout à travers d'un champ verd et fleuri,
Que gens du lieu nomment Sarisbery;
Et que Merlin jadis par son génie
Fit transporter des Marches d'Hybernie :
Car tels rochers ne sauroient bonnement
Se trouver là, fors par enchantement.
Or, noterez qu'entre ces roches nues,
Qui, par magie, en ce lieu sont venues,
S'en trouvent sept, trois de chacune part,
Une au-dessus; le tout fait par tel art,
Qu'il représente une porte effective,
Porte vraiment bien faite et bien naïve :
Mais c'est le tout; car qui voudroit y voir
Tours ou châtels, doit ailleurs se pourvoir;[1]
Et ne sait-on encor pour quel office
Ce haut portail est là sans édifice.

Mais ces secrets arcanes et sacrés,
Jà ne sont faits pour être pénétrés,
Fors de ceux-là, que vaillance autorise
A pourchasser vertueuse entreprise :
L'épée au poing, fendant jusqu'aux talons
Traîtres géans, Endriaques félons,
Tant que par eux soit mis hors de servage
Quelque empereur ou roi de franc lignage.

---

[1] Voltaire traite quelque part ces vers de *détestables;* et il faut convenir que ce n'étoit pas la haine qui portoit alors ce jugement. ÉDIT.

Entre ceux-là furent prisés jadis
Agésilan, Florisel ¹, Amadis,
Et maints encor, de qui Dieu par sa grâce
Jusqu'en nos jours a conservé la race :
Témoin cettui que je vais publier,
Sage entre tous et discret chevalier,
Qui mérita pour sa force invincible
D'être introduit dans la grotte invisible;
Et que l'on tient issu selon la chair,
De Palmerin, le chevalier sans pair. ²
Icelui preux vers les roches décrites, ³
Alloit chantant les vertus et mérites
Du prince Artus, des bons tant regretté;⁴
Et récitoit, sur son luth argenté,

¹ Ce sont deux chevaliers très-célèbres, dans le douzième tome du roman des *Amadis*. R.

² Le roman de *Palmerin d'Angleterre* est assez connu. Voyez l'éloge que Michel Cervantes en fait dans le premier volume de *Don Quichotte*. R.

³ Il est aisé de voir de qui j'entends parler, pour peu qu'on ait de connoissance de l'histoire du temps. R.

⁴ Le roi Artus (ou Arthur) est le Charlemagne des Anglois, et le grand héros de leurs romans, comme celui-ci l'a été des nôtres. On peut voir dans Lancelot du Lac, une partie des merveilles que la fable a ajoutées à l'histoire pour illustrer ce prince : elle prétend même qu'il n'est point mort, qu'il n'a fait que disparoître, et qu'il doit venir un jour régner encore une fois sur l'Angleterre et y ramener le siècle d'or. Ce qui est de vrai, c'est que son règne fut très-glorieux, et qu'il défit les Saxons en beaucoup de combats. J'ai cru que le style que j'ai choisi m'autorisoit à faire descendre de ce héros le prince dont je parle; d'autant

Ce lai plaintif! « O rives britanniques !
» O roi, dompteur des Saxons tyranniques !
» Si, comme on dit, par don surnaturel
» Tu dois revoir ce monde temporel,
» Et revenir chasser hors de nos terres
» Rebellions, débats, troubles et guerres;
» Que tardes-tu ? viens revoir ton palais !
» Viens de prison tirer la douce Paix,
» Qui las, hélas ! désolée et chétive,
» Chez faction languit toujours captive ![1] »
 Ainsi chantoit le chevalier dolent.
Lors lui sembla qu'une voix l'appelant
Par son vrai nom, lui parla de la sorte:
« Si les esprits qui gardent cette porte
» En paroissant n'effarouchent tes yeux,
» Tu peux entrer. » Le paladin joyeux,
A qui frayeur n'entra jamais dans l'âme,
Prend son écu, se commande à sa dame,
Approche, arrive, et démons de hurler,

---

mieux que cette imagination est assez vraisemblablement fondée sur l'histoire, comme on le verra dans la suite. R.

—Arthur vivoit au commencement du sixième siècle. L'écrivain qui a mis le plus de soin à éclaircir son histoire, Withaker, dérive son nom de *Arth-uir*, ou souverain des Silures. Il fut enterré à Glassenbury; et son tombeau, découvert en 1189, sous le règne de Henri II, étoit décoré d'une petite croix de plomb, sur laquelle on lisoit ces mots : *Hic jacet inclytus rex Arturius, in insula Avalonia.* Edit.

[1] On entend assez que je veux parler des deux fameux partis qui divisent aujourd'hui l'Angleterre. R.

De tempêter, crier, siffler, voler,
Mais pour néant : car sans crainte ni doute,
Le champion poursuit toujours sa route.
Si qu'eussiez-vu tous ces diables cadets,
Larves, Lutins, Lémures, Farfadets,
Spectres volants, Ténébrions, Génies,
En moins de rien cesser leurs litanies,
Et s'éclipser à tout leur carillon,
Comme étourneaux devant l'émérillon.
Eux départis, ô merveille imprévue !
La terre s'ouvre, et ne s'offre à la vue
Qu'un antre sombre, enfumé, caverneux,
Où d'un brandon l'éclat fuligineux
Semble éclairer par ses lueurs funèbres
L'affreux manoir du prince des ténèbres.
A la clarté du flambeau stygial,
Par cent degrés le chevalier loyal
Descend au creux de la spélonque obscure,
Et trouve enfin, pour l'histoire conclure,
Un huis fermé, qui s'ouvre sur l'instant,
Et lui découvre un palais éclatant :
Palais, non pas ; mais grotte émerveillable,
Telle que l'œil n'en vit onc de semblable,
Et que jamais sage n'obtint pour don
Telle demeure, hormis Apollidon. [1]
Car c'est illec que la troupe des Gnômes,

---

[1] Voyez la description du palais d'Apollidon, dans le second et le quatrième livre des Amadis.   R.

Dominateurs des terrestres royaumes,
A rassemblé, pour leur prince honorer,
Tout ce qui peut son séjour décorer;
Ambre, corail, ivoire, marguerites,
Perles, saphirs, jacinthes, chrysolites;
Riches métaux, azur corinthien,
Jaspe, porphyre, et marbre phrygien;
Sans oublier mainte fine escarboucle,
Et diamants proprement mis en boucle
Tout à l'entour, de qui l'éclat riant
Pâlir feroit le soleil d'Orient.
Or, entendez qu'en ce lieu de lumière,
Où l'art encor surmonte la matière,
Brille surtout, de rubis étoilé,
Un siége d'or finement ciselé,
Où reposoit le très-noble prophète,
Qui cette grotte a choisi pour retraite,
Et fut jadis sous le roi Pendragon [1]
Des enchanteurs clamé le parangon.
Bien paroissoit être icelui prud'homme,
Prince de ceux que sages on renomme, [2]
Tant à le voir sembloit homme de bien,
Vieillard honnête et de noble maintien!

---

[1] Utter Pendragon étoit le père du roi Artus; et Merlin vivoit dans le cinquième siècle, sous ces deux rois, et sous Vortiger, leur prédécesseur.   R.

[2] Merlin est le plus ancien aussi-bien que le plus considérable de tous les enchanteurs dont les romans fassent mention.   R.

Si qu'eux voyant seulement son visage
Eussent pour chef accepté cettui sage,
Qui tout à l'heure en son séant dressé
Ayant trois fois éternué, toussé,
Les yeux luisants comme deux girandoles,
Au damoisel adressa ces paroles :

« Je suis Merlin, qu'en vulgaire sermon
Vos vieux conteurs prêchent né du démon,[1]
Attribuant, par malice grossière,
L'extraction des enfants de lumière
A la vertu de cet esprit vilain,
Qui de l'Enfer fut créé châtelain.
J'ai visité là-haut vos colonies,
Suivant les us de nous autres génies,
Et fus long-temps prophète en Albion,
Dont je plorai l'inique oppression,
Quand Vortiger[2] dans le sein Britannique
Eut attiré le serpent Teutonique.[3]
O mon pays ! ô Bretons redoutés !
Défiez-vous dès peuples allaités

---

[1] On a dit que Merlin étoit né d'un démon incube et d'une princesse angloise, religieuse à Kaer-Merlin. R.

[2] Ce fut ce prince qui attira les Saxons en Angleterre ; et on prétend que Merlin lui fit voir par ses enchantements, que ces nouveaux venus lui ôteroient la couronne et la vie. R.

[3] Les Anglo-Saxons qui usurpèrent la Grande-Bretagne, venoient de la Basse-Germanie, où ils habitoient le long des bords de l'Elbe et du Weser, autrefois la demeure des Cimbres et des Teutons. R.

Loin de vos bords ! fuyez leur parentage;
Car c'est d'iceux qu'est né votre esclavage.
Je disparus en ce conflict amer;
Et par mon art transportai d'outre-mer
Les hauts rochers qui servent de barrière
A cette grotte, où, bornant ma carrière,
Démogorgon notre roi souverain,[1]
M'a fait seigneur du peuple souterrain.
C'est cette gent dont l'esprit tutélaire[2]
Va parcourant votre monde polaire,
Où je l'envoie en invisibles corps
Examiner les troubles et discords,
Qui par l'engin du père d'impostures,
Vont affligeant mortelles créatures.
Par eux adonc m'ont été rapportés
Tous vos débats, maux et calamités,
Qui, par révolte et ruses infernales,
Ont affolé vos provinces natales,
Si que la paix oncques n'y peut mûrir,
Tant qu'y verrez iniquité fleurir :
Car ne croyez pouvoir par artifice

---

[1] Démogorgon est le prince des Génies et des Fées. Voyez ce qu'en dit Arioste dans son quarante-sixième Chant. R.

[2] Les visions de la cabale et de la fable moderne ne sont qu'une extension vicieuse des principes de la philosophie des Anciens, et de la religion même, qui reconnoît entre Dieu et l'homme des intelligences moyennes, lesquelles observent tout ce qui se fait sur la terre, et examinent toutes les actions des hommes. R.

Paix rétablir, sans l'aide de justice.
Par quoi d'abord détruire vous convient
L'enchantement où Fraude la détient;
Fraude, sans qui rebelle Félonie
N'eût engendré superbe Tyrannie,
Et Faction, mère de tous les maux,
Qui sont sortis des paluds infernaux.
Or, puisqu'en toi n'est encore effacée
La souvenance et mémoire passée
Du prince Artus, la merveille des rois,
Je veux du sort t'interpréter les lois,
Et t'expliquer les divins caractères
Qui sont enclos au livre des mystères. »

Ces mots finis, le vieillard s'arrêta,
Puis se signant, quelques mots marmota
En feuilletant son grand antiphonaire,
Où, par comment et glose interlinaire,
Se touche au doigt et se montre éclairci
Tout l'avenir; lors poursuivit ainsi :

« Ce brave Artus, de qui l'ardente épée
Au sang Germain tant de fois fut trempée,
De ses hauts faits le monde récréant,
Usurpateurs eût mis tous à néant,
Si d'Atropos la colère félonne
N'eût d'Albion renversé la colonne.
Ah! male mort, tes larronnesses mains
Nous l'ont tollu, le plus grand des humains !
Et rien n'y font ceux-là, dont le bon zèle

Dans les hauts cieux, comme Énoch le récèle;
D'où quelque jour, à les ouïr narrer,
Il reviendra son pays bienheurer.
Tous ces rébus d'antiques prophéties
Ne sont qu'amas de vieilles facéties,
Dont le droit sens et mystère caché
Est, sans emblème, en ce livre épluché. »
« De ce bon roi l'héroïque lignée, [1]
Au fond des bois réduite et consignée,
Donna long-temps aux fidèles Gallois
Chefs souverains et magnanimes rois ;
Tant qu'une sœur de ces généreux princes [2]
Dont le Germain détenoit les provinces,
Le grand Walter en ses flancs enfanta,
Qui leur vrai sang chez les Pictes porta.
Ici d'Artus la tige est mi-partie
Entre les rois de l'antique Scotie;
Puis se rejoint dans le sang bien aimé [3]

---

[1] Tout ce qui suit est fondé sur la vérité de l'histoire. Les descendants d'Artus poursuivis par les Saxons, se réfugièrent dans les montagnes du pays de Galles, où ils fondèrent un huitième royaume, indépendant des sept autres, qui partageoient l'Angleterre sous la domination saxonne. R.

[2] Vers le milieu du onzième siècle, Fléante, fils de Banco, s'étant réfugié dans le royaume de Galles, pendant que le tyran Machet régnoit en Écosse, y épousa la sœur du roi, et en eut le fameux Walter ou Gaultier, le premier des Stwarts, de qui sont descendus les rois qui ont régné depuis en Écosse et en Angleterre. R.

[3] Henri VII, surnommé le Sage, étoit petit-fils d'Aventider,

Du bon Henri, le Sage surnommé,
Qui, s'unissant à la royale race
Du preux Walter, fait revivre la trace
Des rois Bretons, dans la douce union
De l'Albanie ¹ au règne d'Albion. ²
Or, entends-moi. Quoique maint docte livre
Conte qu'un jour Artus doive revivre
Pour les destins de votre île amender,
Si ne devez ce discours regarder
Que comme un type, ou sermon prophétique,
Qui vous décrit l'avénement mystique
D'un jeune roi de son sang descendu,
Qui par justice à son peuple rendu,
Doit extirper discordes intestines,
Guerres, débats, scandales et rapines;
Si que pourrez par lui revoir encor
En Albion triompher l'âge d'or,
Et retourner prospérité, richesse,
Dilection, paix, amour et liesse.

seigneur du pays de Galles, issu par Cadovallare des souverains qui avoient régné sur cette principauté depuis que les descendants d'Artus s'y furent retirés. Marguerite, fille de Henri, épousa Jacques IV, roi d'Écosse; et c'est en vertu de cette alliance que les Stwarts ont hérité de la couronne d'Angleterre. R.

¹ C'est ainsi que l'Écosse est souvent nommée par les anciens auteurs. L'Albanie n'est plus qu'une province particulière, avec le titre de duché, qui a été quelquefois donné aux fils aînés des rois d'Écosse. R.

² On sait que le mot de *règne* en vieux langage, se prend souvent pour royaume, comme *regnum* en latin. R.

Il, de vos bords en naissant disparu,
Terres et mers dès l'enfance a couru,
Et s'est appris, par épreuve importune,
A supporter l'une et l'autre fortune,
Afin qu'un jour, par son exemple instruit
De tout le mal qu'iniquité produit,
Justice et droit à tous il sache rendre,
Aider le foible, et l'opprimé défendre.
La noble Fée, et le sage Devin
Qui de ce prince ont par vouloir divin
Jusqu'à ce jour régi la destinée,
Jà dès long-temps sa naissance ont ornée,
L'une, des dons qui le corps font chérir;
L'autre, de ceux qui font l'âme fleurir :
Tant qu'à le voir nul presque ne peut dire,
Lequel en lui plus de tendresse inspire,
Grâce ou vertu, ne qui réussit mieux
A l'admirer, ou le cœur ou les yeux.
Déjà le Dieu qui des combats décide,
De près a vu comment ce jeune Alcide
Sait manier les instruments de Mars,
Écus, hauberts, lances et braquemarts,
Et mépriser dans le champ des batailles,
Repos oisif, périls et funérailles ;
Dont aisément se peut imaginer
Comme en son temps il saura gouverner
Ses ennemis, si quelqu'un s'en escrime :
Non pas les siens; car son cœur magnanime

Ne connoîtra pour ses vrais ennemis
Que ceux du peuple en sa garde remis.
Aussi dans peu ce peuple réfractaire
Réparera sa coulpe involontaire ;
Et pour bientôt faction enterrer,
Le jeune roi n'aura qu'à se montrer.
Car quel esprit, tant soit-il intraitable
Et fort issu du manoir délectable
D'entendement, pourroit, à son aspect,
N'être saisi d'amour et de respect ?
Est-il lion, tigre ou serpent d'Afrique
Qui, contemplant le regard héroïque,
Le noble éclat et la douce fierté
Qui, sur ce front rempli de majesté,
Marque si bien ce qu'il est et doit être,
Ne s'amollît et ne connût son maître ?
Partant, croyez qu'encontre ses regards
Point ne tiendront les gentils léopards,[1]
(Point n'y tiendroient ogres anthropophages)
Tous seront bons, tous seront beaux et sages :
Antiques mœurs, il ressuscitera,
Gloire et vertu triompher il fera.
Que dirai plus ? il fermera le temple
Du vieux Janus ; et sera son exemple,
Des bons l'amour, et des méchants l'effroi.
Finalement ce légitime roi
Fera partout fleurir paix et justice :

---

[1] Ce sont les armes d'Angleterre.   R.

Justice et paix, mères de tout délice,
Sans qui richesse, honneur, prospérité
Font plus de mal, que honte et pauvreté.
Alors banquets et festins domestiques,
Danses, chansons, épinices¹ rustiques,
Tournois, béhourds² et tous autres ébats
Retourneront francs de noise et débats,
Et durera cette joie établie
En Albion, jusqu'au retour d'Élie.
O de tout bien principe et fondement !
O lors en terre, et non point autrement,
Repos, douceur, allégresse, innocence,
Déduit, soulas, desirs et jouissance !
Levez vos cœurs et tendez vos esprits,
Peuples heureux, à ces ordres prescrits
Par le vouloir de la Fée immortelle,
Qui vos destins a pris en sa tutelle. »

A tant se tut le vieillard nompareil.
Lors s'inclina le chevalier vermeil,
Qui, méditant, en extase profonde,
Ce grand oracle et mystère, où se fonde
Tout gentil cœur ami de son devoir,
Fut transféré par magique pouvoir
Dans le palais de la haute pairie,³

---

¹ Chants de victoire.

Béhourd, combat, exercice guerrier.

³ La chambre haute ou la chambre des pairs. Le chevalier dont il est parlé, est un des pairs que la reine Anne créa dans les deux dernières années de son règne.   R.

Palais où gît tout l'art de faérie,
Comme celui qui fait par sa splendeur
De toute l'île admirer la grandeur;
Mais qui pourtant, quoiqu'il joigne et rassemble
De ce climat les sages tous ensemble,
Si ne reluit et n'a d'éclat en soi,
Que par le trône, et les yeux de leur roi.[1]

ALLÉGORIE V.

MIDAS.[2]

Du dieu Plutus tâchez d'être chéri,
Des autres Dieux vous serez favori;
Le coup est sûr. Mais si l'impertinence

---

[1] Il faut presque deviner l'intention du poète, qui est de caractériser ici l'accord et l'action des trois pouvoirs, base fondamentale de la constitution angloise. Voici comme Voltaire avoit rendu ces mêmes idées :

> Aux murs de Westminster, on voit paroître ensemble
> Trois pouvoirs, étonnés du nœud qui les rassemble :
> Les députés du peuple, et les grands et le roi,
> Divisés d'intérêts, réunis par la loi;
> Tous trois membres sacrés de ce corps invincible,
> Dangereux à lui-même, à ses voisins terrible.
> *Henriade*, ch. 1.

Il faut en convenir, si toutes les Allégories de Rousseau ressembloient à celle-ci, elles justifieroient complètement le jugement sévère qu'en portoit M. de Laharpe.

[2] On ignore quel est l'homme de finances que désigne cette Allégorie satirique.

Par supplément se joint à la finance,
Malaisément tromperez-vous les yeux
Du genre humain, plus malin que les Dieux :
Car le brillant d'une fortune illustre
A vos défauts sert de phare et de lustre ;
Et de ces Dieux la faveur, entre nous,
N'est fort souvent qu'un piége pour les fous.
　A ce sujet il faut que je rapporte
L'exemple antique ou moderne, il n'importe,
D'un Phrygien riche et bien emplumé,
Mais de son temps le fou le plus pommé.
Plus d'un Calot, fameux dans la Phrygie,
S'est égayé sur sa plate effigie,
Et nul encor n'a manqué son portrait.
Il est partout figuré trait pour trait :
L'air affairé, le regard sombre et fixe,
La barbe rare et le menton prolixe ;
Un large nez de boutons diapré,
De petits yeux, un crâne fort serré ;
Le pied rentrant, la jambe circonflexe,
Le ventre en pointe et l'échine convexe ;
Quatre cheveux flottant sur son chignon ;
Voilà quel est en bref le compagnon.
Au demeurant, assez haut de stature,
Large de croupe, épais de fourniture ;
Flanqué de chair, gabionné de lard ;
Tel, en un mot, que la nature et l'art,
　En maçonnant les remparts de son âme,

Songèrent plus au fourreau qu'à la lame ;
Trop négligents à polir les ressorts
De son esprit, plus charnu que son corps.
Bien est-il vrai qu'ils mirent à sa suite
Deux assistants chargés de sa conduite,
Dont les bons soins lui firent concevoir
Qu'il savoit tout, même sans rien savoir.
L'un fut l'Orgueil, champion d'Ignorance,
Grand ferrailleur, et brave à toute outrance ;
Et l'autre fut l'Opiniâtreté,
Dame d'atour de la Stupidité.

Or, je ne sais si notre destinée
Par quelque étoile est sans nous dominée ;
Ou si les sots, pour venir à leurs fins,
Ont des secrets inconnus aux plus fins ;
Mais le fait est que, sans travail ni peine,
Il plut au Dieu nourrisson de Silène,
Qui, pour tenter peut-être sa vertu,
Lui dit : Garçon, que me demandes-tu ?
Un honnête homme auroit dit, la sagesse.
Notre galant demanda la richesse.
Il devint riche, et fit de beaux statuts
Pour gouverner les trésors de Plutus,
Les divisant en deux portioncules,
Dont la première entroit dans ses locules,
Et le restant s'administroit si bien,
Qu'en fin de compte, on ne trouvoit plus rien :
Car sous couleur d'apaiser les murmures,

Et de venger les torts et les injures,
Les vexateurs, ainsi que les vexés,
Furent, sans rire, également pincés.
Il les fauchoit de la même faucille,
Les étrilloit avec la même étrille,
Frappant sur eux, comme sur seigle vert,
Sûr de son fait, et bien clos et couvert,
En qualité d'écumeur titulaire
Des écumeurs du menu populaire.

Le voilà donc de trésors regorgeant,
Roulant sur l'or, vautré sur son argent;
Gonflé d'orgueil, boursoufflé d'insolence,
Et se mirant dans sa vaste opulence;
Palais pompeux, ameublements exquis,
Terres, châteaux sur l'orphelin conquis;
Chez ses amis, un vrai roi de théâtre,
Chez les Phrynés, agréable et folâtre;
Toujours prodigue, et jamais épuisé,
Par conséquent d'un chacun courtisé.
Environné de clients mercenaires,
D'admirateurs, amis imaginaires,
Qui, tout le jour, lui baisant le genou,
Surent le rendre enfin tout-à-fait fou.
L'un de son corps vante l'air héroïque;
L'autre, les dons de son âme angélique.
Pour l'achever, un maniveau d'auteurs [1]

---

[1] Petit plateau d'osier, vulgairement appelé *éventaire*, et que

Vient l'étourdir de concerts séducteurs.
A le chanter lui-même il les anime :
Allons, faquins, il me faut du sublime !
Et violons aussitôt de ronfler,
Voix de glapir, chalumeaux de s'enfler.
Tout le fretin des petits dieux terrestres
Forme pour lui mille petits orchestres :
On n'entend plus que chants et triolets.
Faunes, Sylvains, prennent leurs flageolets :
Leur chef lui-même à le chanter s'occupe.
Mais qui l'eût cru ? Phébus en est la dupe.
Le grand Phébus, le divin Apollon,
Pour ce falot monta son violon.

Il fit bien plus : il eut la déférence
De l'établir juge de préférence
Entre sa lyre, et les grossiers pipeaux
Du dieu lascif qui préside aux troupeaux.
Il s'en croit digne, et d'un ton de coq-d'inde :
Çà commençons, dit-il au dieu du Pinde.
Phébus commence ; et devant ce limier,
La lyre en main, prélude le premier.[1]
A ses accords les chênes reverdissent,
A ceux de Pan, leurs feuilles se flétrissent :

portent appliqué devant elles les revendeuses de fruits et de légumes. *Maniveau* se prend aussi pour le contenu de l'*éventaire*.

[1] .... *Tum stamina docto*
Pollice sollicitat : quorum dulcedine captus
Pana jubet Tmolus citharæ submittere cannas, etc.
OVID. *Metam.* XI, 169.

Mais par Midas, malgré ce préjugé,
Au dieu cornu le prix fut adjugé.
Le châtiment tomba sur ses oreilles,[1]
Qui tout à coup s'allongeant à merveilles,
Par leur figure et leur mobilité,
Servent d'enseigne à sa fatuité.
Depuis ce temps, leur ridicule signe,
Pour tel qu'il est, le note et le désigne.
Grands et petits, par un rire excessif,
Rendent hommage à son esprit massif :
Brocards sur lui tombent, Dieu sait la joie !
Chacun le court, chacun se le renvoie,
Comme un chevreuil traqué dans les taillis,
Et mieux lardé qu'un lapin de Senlis.
Mais ce mépris du profane vulgaire
Ne trouble point son repos : au contraire,
Il s'extasie ! il admire les Dieux
Dans les talents, dans l'esprit radieux
Qu'il a reçu de leur grâce infinie ;
Et s'il savoit que le premier génie
De l'univers fût de mort menacé,
Son testament d'abord seroit dressé.
Le pis de tout, c'est qu'avec son air buffle,
Il porte un cœur aussi noir qu'une truffle :
Bas et rampant, quand tout ne va pas bien ;

---

[1] *...... Partem damnatur in unam !*
Induiturque aures lente gradientis aselli.

OVID. *Metam.* XI, 178.

Fier et hardi, dès qu'il ne craint plus rien :
Se retranchant sur ses prééminences,
Sur son crédit, enfin sur ses finances ;
Et, convaincu que le monde ébranlé
Pourroit tomber, sans qu'il fût accablé.[1]

Je n'en crois rien. C'est chose très-commune
Qu'un grand revers ! La maligne Fortune
Sut attraper au fond de son palais
L'heureux Crésus, à qui Dieu fasse paix.
Il la soutint en homme de courage :
Devenant pauvre, il devint homme sage,
Et corrigea dans les calamités,
Le fol abus de ses prospérités.[2]
L'exemple est dur, et l'avarice en gronde :
Mais les Midas, semés en ce bas monde,
Feroient beaucoup pour eux et pour autrui,
S'ils devenoient malheureux comme lui !

[1] *Si fractus illabatur orbis,*
Impavidum ferient ruinæ.
HORAT.
[2] Voyez Hérodote, liv. 1, ch. 26 et suiv.

ALLÉGORIE VI.

LE TEMPS.

Que par amour, fretillante déesse,
Comme Vénus, ou telle autre jeunesse,
Coure les champs, je le conçois très-bien :
Age le veut, dignité n'y fait rien.
Mais voir Cybèle, honorable matrone,
Mère des Dieux, descendre de son trône
Pour un garçon; je la respecte fort,
C'est mon devoir : mais je crois qu'elle a tort.
Aussi le crut son vieil mari Saturne,
Prince du Temps, qui dans l'ombre nocturne
La découvrit (le Temps découvre tout)
Avec Atys, autrement que debout.
Grand altercas, grand bruit dans le ménage !
L'amant s'enfuit; le Dieu mugit de rage :
Ah, safranière ! ah, vieille lourpidon ! [1]
De ma franchise est-ce là le guerdon ?
Mais d'autre part, sur ses ergots haussée,
Cybèle crie et hurle en insensée,
Tant et si bien, que l'époux déplaisant

---

[1] Voilà qui gâte tout ! le poète avoit si heureusement débuté ! mais que ne défigureroient pas de pareilles expressions, empruntées du dictionnaire de la canaille ?

Demeura court. Cupidon là présent
A leur requête en arbitre s'érige,
Peu sagement ; car, en fait de litige
Et de procès entre femme et mari,
Perrin Dandin perd toujours le pari.
Un tiers ne doit entrer dans leurs sornettes;
Tirésias en perdit ses lunettes.
Le bon Amour, comme il est quelquefois
Impertinent, et sans égard aux lois
De chasteté ni de foi d'hyménée,
Sans hésiter donna cause gagnée
A la Déesse ; et le Dieu suranné
Se vit encore aux dépens condamné.
Pauvres maris ! tel est votre salaire.

    Le bon vieillard fut fâché : mais qu'y faire?
En appeler ? Il eût perdu l'appel.
Il fit bien mieux ; et son bonheur fut tel,
Qu'en peu de mois, par le seul privilége
De Dieu du Temps, sans autre sortilége,
Il se vengea très-magnifiquement
De tous les trois ; et fit premièrement,
Qu'Atys, lassé de sa sempiternelle,
Un beau matin fut prendre congé d'elle,
La régalant, pour dernier paroli,
D'un beau sermon *de fuga sæculi* :
Dont il advint que la vieille lamproie
D'un fer tranchant le priva de sa joie,[1]

---

[1] Voy. le beau poëme de Catulle sur Atys et Cybèle. *Carm.* LXIII.

Et le rendit, au défaut du pourpoint,
Un Origène accompli de tout point.
  — « Je suis déjà vengé de mes parties,
Dit le vieillard, et les voilà loties
A mon souhait; le juge aura son tour. »
  Et dit et fait : le maupiteux Amour
Depuis alors, sans espoir d'allégeance,
Du dieu chronique a senti la vengeance,
Toujours vexé sans trêve ni demi :
En quelque lieu qu'il se trouve affermi,
Pour bien qu'il soit, il faut changer de gîte,
Et sans tarder : car s'il ne part bien vite,
Le Temps le suce, et le rend si chétif,
Que fort souvent, pour tout confortatif,
On vous le met dehors à l'improviste,
Nu comme un ver, et gueux comme un chimiste.
Vingt fois Amour a demandé repos ;
Toujours le Temps a dit : *Nescio vos.*
Il est écrit qu'aux cieux, comme sur terre,
Qu'Amour et Temps seront toujours en guerre,
Et ne verront, de trente jubilés,
Par bon accord finir leurs démêlés.
  Mais tous ces tours ne sont que bagatelle,
Près de celui qu'il a joué chez celle
Que j'aimois tant. Oncques ne vit séjour
Où tant se plut le joli dieu d'Amour.
Las! rien ne sert que je le dissimule :
Ce beau soleil n'est plus qu'un crépuscule.

Ses yeux charnus ont perdu leur clarté ;
Son sein flétri prêche l'humilité :
Bref, ce n'est plus qu'un corps de demi-toise,
Ratatiné dans sa taille chinoise :
Et le faux dieu du Temps s'en est saisi,
Pour l'enlaidir en diable cramoisi.
Le pauvre Amour, quelque temps par morale,
A tenu bon ; mais en somme finale,
Il s'est enfui, pied chaussé, l'autre nu,
Et Dieu sait, las! ce qu'il est devenu. [1]

[1] Ce joli conte allégorique, comparable dans ce genre aimable aux meilleures épigrammes de l'auteur, et de Marot lui-même, se termine aussi heureusement qu'il avoit commencé : mérite qui n'en rend que plus choquantes encore quelques disparates de ton et de style, que nous avons cru devoir indiquer.

ALLÉGORIE VII.

L'OPÉRA DE NAPLES.

Quand le Seigneur vit que l'Esprit immonde
Par l'Opéra séduisant tous esprits,
Étoit plus fort que dogmes ni qu'écrits,
Et dans l'abîme entraînoit tout le monde ;
Il résolut d'abolir un lieu tel,
Source de vice et de péché mortel ;
Et se servant même du ministère
De Satanas, de tout péché le Père,
Dans un cachot mit le déterminé.
Cachot de chair, et dans un corps tanné
Vous l'emboîta ; puis lui mit sur l'échine
Manteau d'abbé [1] : bref, l'accoutra si bien,
Que de ce troc nul ne soupçonna rien,
Et que chacun le crut homme à la mine.
Or voilà donc le diable en sa machine,
Enveloppé d'organes tant épais,
Que diable aucun si sot ne fut jamais.
Dans cet état s'en va trouver Manchine : [2]
Car Dieu l'avoit sur terre mis exprès

---

[1] L'abbé Pic, dont il sera plus d'une fois question dans les Épigrammes.
[2] Francine, alors directeur de l'Opéra de Paris.

Pour le dessein que vous verrez après.
Manchine est là, qui lui dit : Versifie
Pour mon théâtre. Ainsi fit le vilain.
Versifia, chatouillé par le gain.
Mais admirez en ceci, je vous prie,
Combien profonds sont les ordres du Ciel !
Car l'Opéra, ce temple d'Uriel,
Où s'attroupoient tant de femmes coquettes,
Où se tramoient tant d'intrigues secrètes,
Est depuis lors plus vide et moins hanté,
Qu'un Lazaret de scorbut infecté.

ALLÉGORIE VIII.

LE MASQUE DE LAVERNE.[1]

Près d'un palais dont Naples fut ornée
Par un Édile à veste satinée,
Il est un lieu de Mimes habité,
Et de badauds en tout temps fréquenté ;
Où pour réaux, ducatons et pistoles

---

[1] Nous ne chercherons point à soulever le voile que Rousseau a jeté lui-même sur cette Allégorie. De quelques torts, d'ailleurs, que se fût rendue coupable envers lui la personne si injurieusement désignée dans cette odieuse satire, toutes les bornes sont passées : ce n'est pas seulement l'abus, c'est le délire de la haine et de la vengeance.

Sont trafiqués doux sons et caprioles.
Là plus d'un chantre à cet effet renté
Vient en public prêcher l'impureté.
Là sous l'argent, le brocard, la dorure,
Gît l'impudence, et brille la luxure;
Et sont illec reçus grands et petits
A marchander des crimes à tout prix.
Le directeur de ce bureau de joie
Est un ribaud des plus francs qu'il se voie,
Pipeur, escroc, sycophante, menteur,
Fléau des bons, des méchants protecteur;
Ne connoissant foi, loi, dieux ni déesses,
Fors celle-là qui préside aux souplesses,
Au vol furtif, aux fourbes en un mot.
A cette sainte il fut long-temps dévot:
Là célébroit par gentilles chapelles,
Par menus dons, robes neuves, chandelles,
Finalement tant au soir qu'au matin
Lui récitoit d'un ton de théatin
Cette Oraison : «O Laverne sacrée! [1]
» O des Larrons déesse révérée!
» Toi, qu'à Bayeux implore le Normand,
» Apprends-moi l'art de tromper dextrement.
» Fais qu'à fourber nul fourbe ne me passe,

---

[1] . . . . *Pulchra Laverna,*
Da mihi fallere : da justo sanctoque videri!
Noctem peccatis, et fraudibus objice nubem.

HORAT. lib. I, Ep. XVI, 60.

» Et qu'en fourbant, honneur et los j'amasse ;
» Si qu'exerçant mon talent de vaurien,
» Je sois tenu pour un homme de bien.
» O ma patrone! ô ma dive concierge!
» Je te promets, outre le don d'un cierge,
» De te fonder, si tu me condescens,
» Tous les matins un déjeuné d'encens. »
   Tels vœux faisoit : car de belles promesses
Le faux glouton fait volontiers largesses.
Il en fit tant, qu'enfin par une nuit
A ses regards la sainte se produit ;
Lui montre un masque, et l'étend sur sa face.
O rare effet! ô merveille efficace!
Au même instant, orgueil, déloyauté,
Outrecuidance, et sotte vanité,
Astuce enfin et fraude au regard louche,
Vice hideux, distillants sur sa bouche,
Peints dans ses yeux et sur son front gravés,
Comme poussière en furent enlevés.
Tout au moyen de la sainte fallace
Nous diparut ; et vit-on à leur place
Front découvert, doux accueil, beau maintien,
Honnête abord, et joyeux entretien.
Que dirai plus? Voilà mon bon apôtre
Par beaux semblants trompant l'un, pillant l'autre,
Du bien d'autrui devenu gras à lard.
Qu'arrive-t-il? Sitôt que le paillard
Voit son vaisseau poussé d'un vent propice,

Il méconnoît d'abord sa bienfaitrice.
Nulle chandelle à la divinité,
Nul brin d'encens, rien ne fut présenté,
Rien ne parut. Car entre tous ses vices
L'ingratitude, et l'oubli des services
Tient le haut bout : c'est son lot affecté,
Comme au faucon l'est la légèreté,
La course aux cerfs, le venin aux vipères,
A l'ours la force, et la rage aux panthères.
Or de l'oubli de telle impiété
Ne se piqua la noire Déité.
Trop bien s'en fut, de dépit possédée,
Prendre Mégère à la face ridée,
Et Némésis, germaine de Pluton,
Et Tisiphone, et la fière Alecton ;
Et de ce pas s'en vont les damoiselles
Trouver le sire, à qui visites telles,
Comme croyez, ne plurent autrement.
Lors le troupeau saisit le garnement,
Qui par raisons et par art oratoire
Pensa d'abord fléchir la bande noire.
Les fières sœurs le laissèrent prêcher,
Aux bras du lit l'allèrent attacher,
De leurs serpents la peau lui flagellèrent,
De leurs flambeaux les sourcils lui brûlèrent ;
Et tout leur soûl l'ayant berné, hué,
Croquignolé, souffleté, conspué,
Pour dernier trait, son masque lui reprirent,

Et le visage à nu lui découvrirent,
Dont maintenant ses vices démasqués
Sont de chacun clairement remarqués ;
Et n'est aucun depuis cette aventure,
Qui de ses mœurs et perverse nature
Ne soit instruit, si qu'un simple estafier
Ne s'y voudroit d'une épingle affier.
Par quoi privé du don de gabatine, [1]
Son gagnepain, l'espoir de sa cuisine,
Du créancier sans cesse muguetté,
Et du sergent le plus souvent guetté,
La peur le suit, et lui semble à toute heure
Voir les archers investir sa demeure,
Et leur exempt transférer sa maison
A l'hôpital, ou bien à la prison.

[1] Du talent de tromper, d'abuser par de fausses promesses.

FIN DU PREMIER LIVRE.

LIVRE SECOND.

ALLÉGORIE I.

SOPHRONYME.[1]

Dieux souverains des demeures profondes,[2]
Que le Cocyte arrose de ses ondes ;
Pâles tyrans de ces lieux abhorrés,
Que l'œil du jour n'a jamais éclairés ;
Chaos, Érèbe, Euménides, Gorgones,
Styx, Achéron, Parques et Tisiphones !
Terrible Mort, effroi de l'univers ;
Et si Pluton souffre encore aux enfers
Quelque puissance aux mortels plus fatale,
Que tardez-vous ? Venez, troupe infernale !
Puisque le ciel a remis en vos mains
Le châtiment des coupables humains ;

---

[1] Platon lui-même, dans une des lettres qu'on lui attribue, et qu'il adresse à Denys-le-Tyran, s'exprime ainsi : « Si j'étois obligé de m'expliquer en présence de la multitude, sur le premier auteur de toutes choses, sur l'origine de l'univers, et sur la cause du mal, je serois forcé de parler par énigmes. »

[2] *Dii, quibus imperium est animarum, umbræque silentes;*
  Et Chaos, et Phlegeton, loca nocte silentia late, etc.
                                                    Eneid. vi, 264.

Venez plonger leur race criminelle
Dans les horreurs de la nuit éternelle.
Car ce n'est plus ce temps, cet heureux temps,
Qui de la terre a vu les habitants
Faire fleurir, sous l'empire de Rhée,
Les saintes lois de Thémis et d'Astrée !
Ces déités, loin des terrestres lieux,
Avoient déjà pris leur vol vers les cieux ;
Et dès long-temps, par l'Envie exilée,
Dans les déserts la Vertu désolée,
Loin des cités rebelles à sa loi,
Avoit caché la Justice et la Foi :
Lorsque le Dieu qui lance le tonnerre,
Prit, par pitié, le sceptre de la Terre ;
Et vint enfin, terrible en sa fureur,
A la licence opposer la terreur.
Alors du moins à la triste Innocence
Ce Dieu permit l'espoir de la vengeance ;
Et ses carreaux, sur le crime éprouvés,
Ne furent point impunément bravés.
Vous le savez, orgueilleux Salmonées,
Porphyrions, Eurytes, Capanées !
Mais aujourd'hui ses foudres émoussés,
Au gré des vents sur la terre poussés,
Loin de servir les vengeances célestes,
Frappent souvent de leurs flammes funestes
Les temples même [1], où ce Dieu languissant

---

[1] *In sua templa furit.* Luc. Phars. 1, 155.

Reçoit encor les vœux de l'innocent.
L'humble Vertu, fugitive et tremblante,
Implore en vain sa justice indolente.
La Vérité, sans secours, sans appui,
N'ose élever sa voix jusques à lui:
Son cœur pour elle est devenu de glace;
Et cependant le Mensonge et l'Audace
Jusqu'à ses yeux stérilement ouverts,
Le bras levé, gourmandent l'univers.
O justes Dieux! qui sur les rives sombres
Faites trembler tout le peuple des ombres:
Puisque le ciel n'a plus de tribunaux,
Ouvrez, ouvrez vos gouffres infernaux;
Faites sortir de vos brûlants abîmes
Ces feux vengeurs, allumés pour les crimes:
Anticipez les tourments éternels,
Que le Tartare apprête aux criminels;
Et prévenez par de nouveaux spectacles,
Ce feu du ciel prédit par tant d'oracles,
Dont à la fin l'univers enflammé
Doit être un jour détruit et consumé.[1]

Ainsi, non loin de ces rives fécondes,
Où l'Aar épand ses libérales ondes,
Au fond d'un bois, dont le nom révéré
Au jeune Atys est encor consacré,

---

[1] *Esse quoque in fatis reminiscitur affore tempus,*
Quo mare, quo tellus, correptaque regia cœli
Ardeat.
MÉTAM. I, 256.

LIVRE II.

Les yeux au ciel, le triste Sophronyme
Injurioit le destin qui l'opprime.
Il étoit seul. Ces asiles secrets,
Ne souffrent point de témoins indiscrets.
Les Zéphyrs même, écartés dans la plaine,
Faisoient au loin murmurer leur haleine;
Et du soleil les regards curieux
En respectoient l'abord mystérieux :
Quand tout à coup, (ô merveille insensible
A tout esprit, qui du monde invisible
Ne connoît point les célestes ressorts,
Et qui ne voit que par les yeux du corps!)
Une lumière éclatante, imprévue,
Frappe, saisit, épouvante sa vue :
Ces noirs cyprès, à la nuit consacrés,
Semblent noyés dans les flots azurés
D'un océan de clartés immortelles,
D'où, soutenu par le vent de ses ailes,
Un jeune Dieu prend son vol jusqu'à lui. [1]
Car ce grand nom de tout temps fut celui
De ces esprits de nature éthérée,
Qui, revêtus de substance aérée,
Daignent souvent aux terrestres mortels
Communiquer les secrets éternels.
Telle, en ces bois voisins des murs d'Élise, [2]

[1] Voltaire s'est servi d'une fiction à peu près semblable, dans son Discours en vers, sur la nature et l'usage de la liberté morale.
[2] *Énéide*, liv. 1ᵉʳ, v. 318.

Vénus surprend les yeux du fils d'Anchise;
Et tel Ulysse, au fort de ses malheurs,
Voit par Minerve apaiser ses douleurs.[1]

« C'est trop long-temps, lui dit l'esprit céleste,
Nous fatiguer d'un reproche funeste,
Et ravaler, par des discours ingrats,
L'ordre éternel que tu ne connois pas.
O vils mortels, qui nous livrez la guerre!
Esprits rampants et courbés vers la terre,
Hommes charnels, levez, levez les yeux,
Et contemplez dans les décrets des Dieux
De vos destins les immuables causes :
Entends-moi donc, et plains-toi si tu l'oses.

» Cet univers, dont l'immense grandeur
Enferme tout en sa vaste rondeur;
Ces éléments de la sphère du monde,
Le feu léger, l'air, et la terre et l'onde,
Dont le mélange, en des cieux différents,
Fait subsister tant de globes errants :
Cette âme enfin dans leurs corps répandue,
Qui fait mouvoir leur masse suspendue;
Et pour descendre aux spectacles offerts,
Et sur la terre et dans le sein des mers,
Ces doctes jeux de la sage Nature,
Ces animaux de diverse structure,
L'homme, en un mot, le seul être ici-bas
Doué d'une âme exempte du trépas;

---

[1] *Odyssée*, liv. XIII.

Tout cet amas d'éclatantes merveilles,
Dont le récit étonne tes oreilles,
Ne fut jamais l'ouvrage de ces dieux
Subordonnés au monarque des cieux,
Et dont l'erreur appuyant les faux titres,
De l'univers fit jadis les arbitres.
Dans le néant, dont vous êtes sortis,
Tous ont été, comme vous, engloutis. [1]
Quoique immortels, ils ont commencé d'être;
Quoique puissants, ils révèrent un maître,
Source de vie et d'éternels bienfaits,
Qui fit tout naître et ne naquit jamais.
Par sa vertu tout se meut, tout opère;
Il est lui seul, et son fils, et son père. [2]
Les yeux du corps jamais n'ont su le voir :
L'œil de l'esprit ne peut le concevoir.
L'amour lui seul, l'amour a la puissance
De s'élever à sa divine essence,
Et de percer la sainte obscurité
Qui le dérobe à notre infirmité.
Tel est cet Être invisible, ineffable,
Ame de l'âme, éternel, immuable,

---

[1] *Timée* de Locres, *de l'âme du monde.* Voyez la traduction de Le Batteux.

[2] « Centre de toutes les perfections, source intarissable de l'intelligence et de l'être, avant qu'il eût fait l'univers, avant qu'il eût déployé sa puissance au dehors, il étoit; car il n'a point eu de commencement; il étoit en lui-même, il existoit dans les profondeurs de l'éternité. » PLAT. dans le *Cratyle* et dans le *Timée.*

Qui de nos jours règle tous les instants,
Et dont la voix créa l'être et le temps.
 » Mais lorsque enfin sa parole féconde
Eut enfanté la matière du monde,
Quand de l'accord des éléments divers
Il eut formé ce brillant univers,
Et varié la pompe sans égale
Des ornements que la nature étale :
Alors, prodigue en miracles nouveaux,
Pour animer tous ces riants tableaux,
Il produisit les invisibles causes,
Dont la vertu pénètre toutes choses,
Et mit en eux ces ressorts ignorés,
A l'étendue unis, incorporés,
Qui, procréant en elle un second être,
La font mouvoir, vivre, sentir, renaître.
Mais ce concours de principes mouvants,
Qui donnent l'âme à tant d'êtres vivants;
Cette chaleur agissante, invisible,
De la matière esprit indivisible,
Et dont le corps est la base et l'appui,
Fut condamnée à périr avec lui.
 » Il fallut donc, ô Sagesse profonde!
Que ton pouvoir créât un nouveau monde,
De la matière et des sens dégagé,
D'intelligence et d'amour partagé,
Qui, de ta gloire incorruptible image,
Sut dans son être admirer ton ouvrage;

Et pour toi seul uniquement élu,
Prît sur les corps un empire absolu.
Dans ce dessein ta lumière suprême
Fit avant tout éclore d'elle-même
Ces purs esprits, ombres de sa splendeur,
Nés pour connoître et chanter ta grandeur.
Ce fut ainsi qu'exerçant sa puissance,
Ta volonté créa l'intelligence.
L'homme et les dieux de ton souffle animés,
Du même esprit diversement formés,
Furent doués, par ta bonté fertile,
D'une chaleur plus vive ou moins subtile,
Selon les corps, ou plus vifs, ou plus lents,
Qui de leur feu retardent les élans.
Par ces degrés de lumière inégale,
Tu sus remplir le vide et l'intervalle
Qui se trouvoit, ô magnifique roi,
De l'homme aux dieux, et des dieux jusqu'à toi ;
Et dans cette œuvre éclatante, immortelle,
Ayant comblé ton idée éternelle,
Tu fis du ciel la demeure des Dieux,
Et tu mis l'homme en ces terrestres lieux,
Comme le terme et l'équateur sensible
De l'univers invisible et visible.[1]

[1] Rien de plus riche, de plus poétique que ce tableau de la Création de l'univers, et de la distribution graduelle des êtres, dans le système de Platon. Mais c'est dans son ensemble qu'il faut admirer cette grande et belle conception : quelques citations détachées n'en donneroient qu'une idée trop imparfaite.

» Apprenez donc, vains mortels que séduit
Ce foible éclair de raison qui vous luit;
Apprenez tous que dans l'ordre des êtres,
Si parmi ceux dont le ciel vous fit maîtres,
Votre noblesse a pris le premier pas,
Vous ne tenez que le rang le plus bas
Entre tous ceux que l'arbitre suprême
Voulut créer semblables à lui-même;
Et que sur vous d'irrévocables droits
Les font régner, selon les mêmes lois
Qu'aux animaux soumis à votre empire
Votre puissance est en droit de prescrire.
» Car dès le jour que naquit l'univers,
Après avoir assemblé dans les airs
Ces légions célestes, épurées,
Du nom de Dieux sur la terre honorées,
L'Être suprême en ces mots paternels,
Leur annonça ses ordres solennels :[1]
O vous, esprits, que ma toute-puissance
A revêtus d'une immortelle essence,
Sachez quel est le glorieux emploi
Que vous prescrit mon éternelle loi.
Je vous choisis pour instruire la terre
Des volontés du maître du tonnerre;
Et vous serez chez les frêles humains
De mes décrets ministres souverains.
Chacun de vous à son devoir fidèle,

---

[1] Voyez le *Timée* de Platon.

De chacun d'eux embrassant la tutelle,
Sera chargé de lui servir d'appui,
De le conduire, et d'agir avec lui,
Non en suivant ses passions brutales,
Mais selon l'ordre et les lois générales.
Dont j'ai réglé l'invariable cours,
Et que je veux maintenir pour toujours.
Souvenez-vous, interprètes sincères,
De leur donner les secours nécessaires
Pour pratiquer les lois de l'équité,
Et pour chérir en moi la vérité;
Afin qu'un jour, la mort frappant leurs têtes,
Ils soient admis dans le rang où vous êtes;
Ou que celui qui méprise vos soins,
De son forfait ait vos yeux pour témoins,
Quand vous serez appelés l'un et l'autre
Au tribunal de son juge et du vôtre.
» Ainsi parla le souverain des cieux.
Vous donc, mortels, qui censurez les Dieux,
Quand les arrêts de leur lente justice
Ne suivent pas votre aveugle caprice,
Cessez, cessez, orgueilleux scrutateurs,
D'en accuser vos sacrés conducteurs.
Ne jugez point l'obscure Providence
Suivant les lois de l'humaine prudence;
Et sans vouloir de ses décrets profonds
Sonder en vain les abîmes sans fonds,
Contentez-vous, admirateurs modestes,

D'apprendre ici que les esprits célestes
Ne sont point faits pour consulter vos vœux,
Mais pour vous luire, et pour vous rendre heureux;
Que ce bonheur, l'objet de votre envie,
N'est point le fruit des douceurs de la vie;
Que les travaux, les pénibles vertus,
Par des sentiers escarpés, peu battus,
Seules ont droit de diriger vos âmes
Vers le séjour des immortelles flammes;
Et qu'en un mot, ce désordre apparent,
Dont ici-bas le chaos vous surprend,
Est un nuage, un voile nécessaire,
Qui, confondant votre orgueil téméraire,
Cache à vos yeux, de ténèbres couverts,
L'ordre réglé qui régit l'univers.[1]
Vous concevrez ces merveilles cachées,
Quand de vos sens vos âmes détachées
Auront enfin dans le séjour des Dieux
Repris leurs droits et leur rang glorieux.
Vous connoîtrez qu'à la gloire où nous sommes,
L'humble Vertu peut élever les hommes,
Lorsque la Mort allumant leur flambeau,
A démoli leur terrestre tombeau.

[1] Ainsi c'est dans Platon que Pope avoit puisé le germe si admirablement développé dans son *Essai sur l'Homme*, et qui se trouve renfermé dans ce vers, qui est le précis de tout l'ouvrage :

All partial evil, is a general good.
Tout mal particulier est un bien général.

» Moi-même, avant que mon âme exilée
Dans sa patrie eût été rappelée,
Foible mortel, je naquis d'Ariston ;
Et chez les Grecs, sous le nom de Platon,
Déjà rempli d'une flamme divine,
Je publiai cette sainte doctrine.
Je leur appris à respecter la main
Et les arrêts d'un juge souverain,
Qui quelquefois permet à la licence
De triompher de la foible innocence,
Pour aveugler l'orgueilleux abruti,
Ou réveiller le juste ralenti :
Que c'est ainsi que ses lois équitables
A ses desseins font servir les coupables ;
Mais qu'à la fin, si leur iniquité
Fut l'instrument de sa sévérité,
Leur faux triomphe et leurs vaines délices
Sont tôt ou tard celui de leurs supplices.
Je leur appris [1] que le Ciel outragé
Ne s'adoucit qu'après qu'il est vengé ;
Que les ennuis, le trouble et les souffrances
Sont réservés pour les moindres offenses,
Dont l'homme, épris d'une sincère ardeur,
Peut sur la terre effacer la laideur ;
Mais que le crime, ami de la fortune,
Libre du joug d'une crainte importune,
N'est expié, dans les grands criminels,

[1] Dans le dialogue intitulé *Her l'Arménien*, ou *l'autre vie*.

Que par l'horreur des tourments éternels,
Dont à jamais en ses cavernes sombres
L'Enfer punit les infidèles ombres.
Là, sans retour, dans les fers, dans les feux,
Sont tourmentés tous ces monstres affreux,
Dont le venin préparé par l'Envie
Osa noircir la Vertu poursuivie.
Là, sont plongés les juges transgresseurs,
De l'innocence infâmes oppresseurs,
Qui, profanant un pouvoir légitime,
Se sont voués à protéger le crime,
Et dont l'orgueil, aveugle en sa fureur,
Par l'impudence a consacré l'erreur.
Tous ceux enfin, qui, pour couvrir leur rage,
De la Justice ont emprunté l'image,
Et qui, cachés sous un voile pieux,
A leur vengeance ont fait servir les cieux,
Sont à leur tour, dans ces gouffres funestes,
Le juste objet des vengeances célestes.
Faites donc trêve à vos cris indiscrets;
Et, plus soumis aux éternels décrets,
Sachez enfin, créatures mortelles,
Que tout l'éclat des grandeurs temporelles
N'est qu'un faux bien, dont le Ciel irrité
Punit souvent l'aveugle impiété;
Et que toujours les maux qu'il vous dispense,
Sont des effets de sa juste clémence. »
 Ces mots finis, plus prompt que les éclairs,

Le jeune Dieu s'éclipsa dans les airs;
Et le mortel, tout plein de sa lumière,
Ayant repris sa fermeté première,
Depuis ce jour, insensible aux douleurs,
Attend en paix la fin de ses malheurs.

 Héros toujours présent à ma pensée,
Prince [1], dont l'âme, aux vertus exercée,
Fit de ces Dieux, dont vous tenez le jour,
Le plus doux charme et le plus tendre amour;
Ce fut le soin d'assurer votre gloire,
Qui, dans les champs où règne la victoire,
Leur fit sans cesse attacher à vos pas
L'heureux démon qui préside aux combats.
Ces mêmes Dieux embrasèrent votre âme
De ce beau feu, de cette noble flamme
Qui, tant de fois, au prix de votre sang,
Justifia l'honneur de votre rang.
Mais cette ardeur, ce courage d'Achille,
N'égale point le courage tranquille
Qui, si long-temps de vos destins vainqueur,
A su contre eux munir votre grand cœur;
Et qui, bravant leur attaque importune,
A vos vertus asservit la fortune.
D'un vrai héros, d'un mortel généreux,
Prince, c'est là l'effort le plus heureux;
Et c'est un don que les Dieux tutélaires
N'accordent point aux héros populaires.

---

[1] Le prince Eugène.

De leurs faveurs le glorieux trésor
Vous fut ouvert : ils vous l'ouvrent encor.
C'est à leurs soins, c'est à leur assistance,
Que vous devez cette rare constance,
Ce noble calme et cette illustre paix
Qui de l'envie affronte tous les traits ;
Présent du ciel, grandeur vraiment solide,
Et mieux vertu, que les vertus d'Alcide.

Ainsi, guidés par de plus doux penchants,
Consolons-nous du bonheur des méchants;
De leur fureur tôt ou tard les victimes,
Ils auront beau voir triompher leurs crimes,
Leur vain succès, leur triomphe n'est rien : [1]
S'il est des Dieux, nos affaires vont bien. [2]

[1] . . . . *Tolluntur in altum,*
Ut lapsu graviore ruant.

CLAUD. *in Rufin*, 1, 22.

[2] « Que cet ouvrage est foible et languissant! s'écrie Voltaire, à propos de cette Allégorie. Ce n'est ni de la poésie, ni de la philosophie : il ne prouve ni ne peint. » Il y a, dans ce jugement, plus d'humeur que de justice et de raison. Il ne manque certes pas de *philosophie* dans un ouvrage presque tout entier emprunté de Platon; et il y a de la *poésie* dans l'exécution de détail. On est presque honteux de se trouver, en fait de goût et de poésie, d'un autre avis que Voltaire; mais on n'est que juste, et il étoit passionné.

ALLÉGORIE II.

LE JUGEMENT DE PLUTON.[1]

Quand les humains dépouillés de leurs marques,
Viennent s'inscrire au registre des Parques,
Et, réservés à des destins nouveaux,
De l'Achéron boire les froides eaux :
De leur prison leurs âmes dégagées,
Après la mort sont encore ombragées
D'un corps nouveau, qui de leurs premiers corps
Retient toujours la forme et les dehors ;
Mais qui n'est plus qu'une image subtile,
Un foible voile au mensonge inutile,
Dont tous les fils transparents, entr'ouverts,
Laissent voir l'âme et ses replis divers.
Si la vertu fut jadis son partage,
Elle y paroît dans tout son avantage ;
Mais si le crime a souillé sa candeur,
Il brille aussi dans toute sa laideur.
Les mouvements, les secrètes pensées,

---

[1] Comme Rousseau, et pour des causes à peu près semblables, *Clément Marot* avoit encouru et subi des peines criminelles. Il s'en vengea comme Rousseau, par la satire de ses juges ; et son *Enfer* (Opuscule VII.) peut avoir donné à Jean-Baptiste l'idée de cette Allégorie.

Les actions présentes et passées,
Tout s'y découvre, et rien n'échappe aux yeux.
O privilége aux mortels précieux,
Si Prométhée, à l'homme plus fidèle,
En le créant, eût suivi ce modèle !
Mais des enfers le monarque jaloux
Ne souffre point un partage si doux.
Juge éternel de tous tant que nous sommes,
Le seul Pluton lit dans le cœur des hommes.
C'est le plus grand, le plus beau de ses droits ;
Et c'est par là qu'il prévint autrefois
Un grand désordre, et peut-être le pire
De tous les maux soufferts dans son empire.

 Depuis long-temps par l'âge appesanti,
Dans le repos ce vieux prince abruti,
A ses flatteurs, comme tant d'autres princes,
Laissoit régir ses obscures provinces.
Entretenu dans son stupide ennui
Par une cour aussi morne que lui,
Vous eussiez cru qu'une vapeur magique
Eût assoupi son âme léthargique ;
Quand tout à coup ranimant sa vigueur :
 « C'est trop, dit-il, oui, c'est trop de langueur.
Assez long-temps une lâche mollesse
A de mon rang démenti la noblesse.
Suis-je donc roi, pour croupir enchanté
Dans l'indolence et dans l'oisiveté ?
Quoi ! sous son nom le monarque des Mânes

Verra régner des ministres profanes,
Du bien public ravisseurs affamés,
Ivres du sang des peuples opprimés,
Et qui, tyrans de mes royaumes sombres,
Semblent formés pour dégraisser les ombres?
Non, non; je veux reprendre enfin mes droits,
Voir par mes yeux, et parler par ma voix.
De ce pas même il faut que je visite
Tous les états qu'entoure le Cocyte.
Partons. » Il dit : l'Enfer frémit d'effroi.
Les noires Sœurs marchant devant leur roi,
A la clarté de leurs torches funèbres
Marquent sa route au travers des ténèbres.
Son char s'éloigne ; et des vastes enfers
Ayant franchi les lugubres déserts,
Arrive enfin dans le séjour tranquille,
Du doux repos inviolable asile,
Où les mortels de Jupiter chéris,
De leurs vertus vont recevoir le prix,
Lorsque Atropos, à ses lois asservie,
Tranche le fil de leur mortelle vie.
Un ciel plus pur, des astres plus sereins,[1]
Furent créés pour ces champs souterrains.
Ils ont aussi leur soleil, leurs étoiles :
La nuit pour eux n'a point de tristes voiles;

---

[1] *Largior hic campos æther et lumine vestit*
Purpureo; solemque suum, sua sidera norunt.
ENEID. VI, 640.

Dans des forêts de lauriers toujours verds,[1]
Sur des gazons de fleurs toujours couverts,
Parmi les jeux, ces ombres fortunées
Coulent en paix leurs saintes destinées.
Là, dans les nœuds d'un amour fraternel,
Elles goûtoient un bonheur éternel,
Lorsqu'aux enfers, non encore affoiblies,
Les saintes lois par les Dieux établies
Distribuoient aux morts épouvantés
Les châtiments ou les dons mérités.
La vertu seule aux âmes généreuses
Ouvroit alors ces demeures heureuses.
Mais à la fin Rhadamante et Minos,
Las du travail, et voués au repos,
Ayant remis la balance infernale
Entre les mains d'une troupe vénale
D'ombres sans noms, de citoyens obscurs,
Tout se vendoit sous ces juges impurs.[2]
Leur tribunal, autrefois si rigide,

---

[1] *Inter odoratum lauri nemus.*
ENEID. VI, 658.

[2] Marot, dans son Épître à François Ier, écrite de sa prison de Chartres, en 1535.:

> Je sais tant de juges corrompables
> Dedans Paris, que par pécune prinse,
> Ou par amis, ou par leur entreprinse,
> Ou en faveur et charité pieuse
> De quelque belle humble solliciteuse,
> Ils sauveront la vie orde et immunde
> Du plus meschant et criminel du monde, etc.

LIVRE II.

N'étoit plus rien qu'une banque sordide ;
Et l'équité, leur ayant dit adieu,
Dans les enfers n'avoit ni feu, ni lieu.

   Pluton aborde en cette île chérie.
Mais ce n'est plus la tranquille patrie
Des purs esprits, des mortels glorieux,
Dont les travaux, du temps victorieux,
De l'avenir perçant la nuit profonde,
Ont fait l'honneur et l'exemple du monde.

   Dans ces beaux lieux aux seuls héros promis,
Il cherche en vain ses antiques amis,
Ceux qui jadis par des lois équitables
Ont adouci des peuples intraitables,
Ou qui cherchant la guerre et les hasards,
Pour leur pays sont morts au champ de Mars.[1]
Il cherche en vain tous ceux dont la mémoire
S'est consacrée au temple de la Gloire
Par des écrits après eux admirés,
Ou par des arts avant eux ignorés.
Quel changement! quelle horreur pour sa vue!
Il ne voit plus qu'une foule imprévue
De charlatans, de héros inconnus,
Par la cabale en ces lieux soutenus ;
De courtisans dévorés par l'envie,
De vils flatteurs, flattés pendant leur vie,
D'ambitieux d'un faux honneur frappés,

---

[1] *Hic manus, ob patriam pugnando vulnera passi.*
                      ENEID. VI, 660.

Et d'imposteurs au Tartare échappés.
Ceux-là cherchant leur gloire dans leurs crimes,
Pour maintenir des droits illégitimes,
Brigands réels sous le nom de héros,
Du monde entier ont troublé le repos :
Ceux-ci, payés de leur zèle hypocrite
Par mille biens obtenus sans mérite,
Ont de leurs rois par un plus lâche orgueil
Trahi la cendre et souillé le cercueil.
Comment décrire et nombrer les intrigues,
Les noirs complots, les monstrueuses ligues,
Qui, dans ce lieu d'innocence et de paix,
Ont par la brigue introduit les forfaits ?
L'un trafiquant sa couche aliénée,
A sa fortune a vendu l'hyménée :
L'autre abjurant ses amis malheureux,
Ne s'est haussé qu'en s'élevant contre eux ;
Ce flagorneur doucereux et perfide,
Du faux mérite encenseur insipide,
Pour avoir su le vice fétoyer,
De son miel fade a reçu le loyer.
Ce monstre enfin, plus noir qu'une momie,
Chargé d'opprobre et couvert d'infamie,
A trouvé l'art, aveuglant ses censeurs,
De se blanchir, à force de noirceurs.
 A ces objets, à ce spectacle infâme,
Le Dieu qui voit dans les plis de leur âme
De tant d'excès l'inconcevable horreur :

« Ah ! c'en est trop ; je cède à ma fureur :
Vengeons, dit-il, la gloire de mon trône.
Venez, Mégère, Alecton, Tisiphone !
Venez punir l'attentat odieux
De ces Typhons, masqués en demi-dieux.
Changez leur joie en supplices terribles :
Ouvrez pour eux vos cavernes horribles ;
Et par des feux, trop long-temps retardés,
Justifiez mes arrêts éludés.
Vous subirez, ombres abominables,
La peine due au bonheur des coupables.
Mais avant tout, du sénat infernal
Examinons l'insolent tribunal :
Je veux savoir quels honteux artifices
Dans l'Élysée ont installé les vices.
Guerre mortelle à ces juges pervers :
Et soient, comme eux, au plus creux des enfers
Précipités, tous ceux dont la licence
A confondu le crime et l'innocence. »

Dans un recoin des royaumes obscurs,
Non loin du Styx, se présentent les murs
D'un vieux palais tout peuplé d'ombres noires,
Qui dans ce lieu tenant leurs auditoires,
A tous les morts jugés par leur scrutin
Font acheter les arrêts du destin.
Au centre ouvert de ce fameux Dédale,
Séjour sacré du trouble et du scandale,
S'offre d'abord un portique enfumé,

De la Discorde asile renommé,
Où chaque jour sous ses lois enrôlées,
Viennent mugir les ombres désolées,
Qu'attire en foule en ce triste manoir
La froide crainte ou le douteux espoir.
Tout à l'entour sont les sombres cavernes
Des noirs Griffons, écumeurs subalternes,
Par qui les morts, dépouillés et séduits,
Sont à grands frais au sénat introduits.
Par les détours de cent routes obscures
On entre enfin sous ces voûtes impures,
Où des enfers l'Aréopage assis
Fait retentir ses oracles concis.
Un long tableau des misères publiques
Fait l'ornement de leurs murs symboliques :
Les sénateurs y lisent en tout temps
De leur emploi les devoirs importants.
La Calomnie et l'infâme Parjure,
L'Impiété, le Blasphème, l'Injure,
Légitimés en cet antre hideux,
Incessamment frémissent autour d'eux :
L'aveugle Erreur à leurs côtés préside;
Et par leur voix le Mensonge y décide.

C'est dans ce gouffre, à l'audace frayé,
Que le monarque, interdit, effrayé,
Voit, de la pourpre insolemment parée,
L'Iniquité pompeuse et révérée,
De la Justice usurpant le pouvoir,

Fouler aux pieds les lois et le devoir.
Il voit placés au rang le plus sublime
Des malheureux élevés dans le crime,
Enfants impurs de pères diffamés;
Qui du limon dont ils furent formés,
Ne sont sortis que par le brigandage,
L'exaction, le vol et le pillage;
Par leurs forfaits illustrés et connus,
Et par l'opprobre aux honneurs parvenus.
Voilà des Dieux les arbitres augustes,
Les protecteurs toujours saints, toujours justes,
De l'équité confiée en leurs mains!
C'est devant eux que les pâles humains
Doivent répondre à la fin de leur course,
Pour être absous ou punis sans ressource!
Le bien, le mal, également prisés,
Le vrai, le faux, avec art déguisés,
Par le censeur de la troupe damnée,
Sont mis au fond d'une urne empoisonnée,
Où, par l'effort de son subtil savoir,
Tout noir blanchit, et tout blanc devient noir.

Ce fier démon, l'effroi de l'innocence,
Au nom du Dieu, prend de tout connoissance:
Porte sur tout ses regards ambigus,
Et des enfers est le public Argus.
D'un zèle ardent sa fureur prétextée
Dans ses excès est toujours respectée.
Sa haine aveugle est un amour du bien;

Son fade orgueil est un grave maintien ;
Son impudence une noble franchise,
Et sa malice une sagesse exquise.

 Pluton l'observe, en son parquet assis,
Tout entouré de parchemins noircis.
« O des enfers la plus damnable peste,
Dit le monarque, et d'autant plus funeste,
Qu'une hypocrite et trompeuse douceur
De ses forfaits cache à tous la noirceur !
Déchiffre-nous ces pancartes difformes :
Voyons, voyons les jugements énormes
Dont tu salis tes papiers clandestins.
Lisons. » Il lit : *Oracles des Destins.*
« Voici les noms et les gestes insignes
» Des criminels qui nous ont paru dignes
» De recevoir, à fond examinés,
» De nos faveurs les gages fortunés.
» Leurs lâchetés ont fait rougir la terre ;
» Ils ont cent fois mérité le tonnerre ;
» Mais à la cour ils étoient les plus forts ;
» Ils gouvernoient Plutus et ses trésors :
» Ce Dieu sur nous a versé sa rosée;
» C'en est assez. Conclu pour l'Élysée.

 » Voici tous ceux qui, fidèles aux lois,
» Du devoir seul ont écouté la voix.
» D'impureté leurs âmes préservées
» Sont aux enfers sans reproche arrivées :
» Mais ils n'avoient, pour toute sûreté,

» Que l'innocence et la simple équité;
» Ou, tout au plus, le mérite bizarre
» De leurs vertus. Renvoyés au Tartare. » [1]

« Quoi! scélérats! quoi! monstres insolents!
Poursuit le Dieu, les yeux étincelants,
C'est donc ainsi, traîtres, qu'en mon absence,
Vous exercez mes droits et ma puissance?
Je verrai donc par vos noirs attentats,
Bouleverser l'ordre de mes états?
Ah! Némésis, jadis si vigilante,
Mais aujourd'hui déesse nonchalante,
Pourquoi, pourquoi me cacher si long-temps
L'impiété de ces nouveaux Titans?
J'aurois d'abord, exterminant leur race,
Par leur supplice arrêté leur audace;
Et leurs forfaits, au comble parvenus,
Seroient déjà punis ou prévenus. »

« Roi des enfers, monarque inaccessible,
Répond alors la déesse inflexible,
Si les excès dont tu te prends à moi
Te sont cachés, n'en accuse que toi.
Quel cri perçant, quelle voix formidable
Peut aborder un trône inabordable,

---

[1] De pareils arrêts ne sont malheureusement pas sans exemple; mais que les motifs s'en trouvent énoncés en termes semblables, dans les registres d'aucune cour de justice, voilà certes ce qui est sans exemple, et surtout aux enfers. C'est dénaturer l'objet, c'est passer les bornes de la satire, dont le sel s'évapore, prodigué à dose pareille.

Où de flatteurs le prince environné,
Par leurs douceurs nuit et jour suborné,
N'est attentif qu'à bannir et distraire
Tous les objets qui pourroient lui déplaire?
La Vérité viendra-t-elle à ses yeux
Offrir en vain son visage ennuyeux,
Et l'affliger, au milieu de sa gloire,
Par des récits qu'il ne voudra pas croire ?
Mais, à vrai dire, un mal plus dangereux
A pris racine en ce royaume affreux :
Et tu le sais. Sous l'heureux ministère
Du vieux Éaque et de Minos son frère,
De Jupiter, tous deux fils adorés,
Et tous deux rois sur la terre honorés,
La vertu seule et la haute naissance
Étoient en droit de régir ta balance.
Car quel emploi requiert plus de splendeur,
De dignité, de gloire et de grandeur,
Que le pouvoir de rendre ses semblables,
Par un seul mot, heureux ou misérables ?
Chacun alors, maintenu dans ses droits,
Étoit pesé suivant son propre poids :
Point de retour, point de ruse subtile,
Point de présents. Autre temps, autre style.
Tout est changé, depuis que l'équité
Fut dévolue à la vénalité.
Un vil amas d'ombres intéressées,
Parmi le peuple au hasard ramassées,

Souilla bientôt d'un air contagieux
Le tribunal de ces enfants des Dieux,
Et crut avoir, en payant leur office,
Acquis le droit de vendre la justice.
Tout triomphant de ce titre usurpé,
Leur noir essaim d'un sot orgueil pipé,
Ose oublier sa première bassesse,
Et contester un pouvoir qui les blesse,
Aux demi-dieux, dont le suprême rang
N'est dû qu'aux droits du mérite et du sang.
Pour attendrir cette troupe barbare,
De son bon droit vainement on se pare :
Si l'équité n'emprunte le secours
De quelque intrigue, ils sont muets et sourds ;
Nulle vertu n'émeut leur cœur farouche.
Il faut, il faut pour leur ouvrir la bouche,
Que l'intérêt ou les suggestions
Fassent parler ces noirs Amphictyons.
Que si quelqu'un, plus juste et plus fidèle,
Pour l'équité montre encor quelque zèle,
Ce vain gloseur, tristement rebuté,
Fait bande à part, et n'est point écouté.
Tel est l'esprit de leur cour infernale.

« Entends-moi donc. Veux-tu de leur cabale
Punir enfin les complots turbulents,
Et garantir tes états chancelants
De toute injuste et maligne entreprise ?

Fais appeler le juge de Cambyse; [1]
Il est ici, cet esprit malheureux.
Tes yeux verront dans son supplice affreux
De ma justice un témoin sans reproche. »
Oui, je le veux, dit Pluton : qu'il approche.

    A ce discours, un cadavre souillé,
Couvert de sang, et de chair dépouillé,
S'offre à sa vue, et d'une horreur soudaine
Fait frissonner la troupe souterraine.
Pluton le voit; et de couleur changé,
« Quel est ton nom ? — Sizame l'affligé.
— Ta qualité ? — Juge, indigne de l'être.
— Et ton pays ? — La Perse m'a vu naître.
— Mais qui t'a mis en ce tragique état ?
— Ce fut le roi : ce juste potentat
Me fit subir cette peine équitable ;
Et, pour laisser un monument capable
D'intimider tout ministre vénal,
Fit de ma chair couvrir le tribunal
Où, par mes mains, la justice vendue
Après ma mort devoit être rendue. »

    C'en est assez, reprit le Dieu content :
Par cet exemple, à mon peuple important,
Faisons trembler l'audace et l'injustice ;
Même forfait requiert même supplice.
Marchez, Démons; et vous, fille d'Enfer,

---

[1] Voyez Hérodote, liv. III. — Justin, liv. I. ch. 9.

Exécutez sur ces âmes de fer
Une sentence à leurs crimes trop due ;
Et que leur peau, sur ces bancs étendue,
A l'avenir consacrant leurs noirceurs,
Serve de siége à tous leurs successeurs. [1]

ALLÉGORIE III.

LA MOROSOPHIE. [2]

A contempler le monde et ses richesses,
Et ces amas de fécondes largesses,
Que, jour et nuit, la mère des humains
Sur ses enfants répand à pleines mains ;
Qui ne croiroit que la tendre Nature,
En pétrissant l'homme sa créature,
Ne l'a tiré du néant ténébreux,
Que pour le rendre infiniment heureux ?
Mais, d'autre part, ces fléaux innombrables

---

[1] Le ressentiment est héréditaire, dans les grandes corporations, comme dans les petites ; et Rousseau ne l'éprouva que trop, lorsqu'il fut question de son rappel en 1738. Ses torts sembloient oubliés depuis long-temps ; et vingt-six ans d'exil devoient les avoir complétement effacés. Mais le parlement se ressouvint du *Jugement de Pluton*, et ne le pardonna pas plus à Rousseau, que les juges de Marot ne lui avoient pardonné son *Enfer*, en 1535.

[2] La folle sagesse, le vain desir de tout savoir, de tout connoître. Du grec μωρὸς, fou, insensé ; et σοφία, la sagesse.

Accumulés sur nos jours misérables,
Tristes mortels, nous font regarder tous
Comme l'objet de son plus noir courroux.
D'où peut venir ce mélange adultère
D'adversités, dont l'influence altère
Les plus beaux dons de la terre et des cieux ?
L'antiquité nous mit devant les yeux
De ce torrent la source emblématique,
En nous peignant cette femme mystique,[1]
Fille des Dieux, chef-d'œuvre de Vulcain,
A qui le ciel prodiguant par leur main
Tous les présents dont l'Olympe s'honore,
Fit mériter le beau nom de Pandore.
L'urne fatale où les afflictions,
Les durs travaux, les malédictions
Jusqu'à ce temps des humains ignorées,
Avoient été par les Dieux resserrées,
Pour le malheur des mortels douloureux,
Fut confiée à ses soins dangereux.
Fatal desir de voir et de connoître !
Elle l'ouvrit ; et la terre en vit naître
Dans un instant tous les fléaux divers,
Qui, depuis lors, inondent l'univers.

Quelle que soit, ou vraie ou figurée,
De ce revers l'histoire aventurée,

---

[1] Pandore. Voyez Hésiode, dans le Poëme des *Travaux* et des *Jours*; et l'imitation de cette ingénieuse Allégorie, par Voltaire, *Questions Encyclopédiques*, art. *Épopée.*

N'en doutons point : la curiosité
Fut le canal de notre adversité.
Mais de ce mal déterrons la racine,
Et remontons à la vraie origine
De tant d'ennuis, dont le triste concours
De notre vie empoisonne les jours.

Avant que l'air, les eaux et la lumière,[1]
Ensevelis dans la masse première
Fussent éclos par un ordre immortel
Des vastes flancs de l'abîme éternel,
Tout n'étoit rien[2]. La nature enchaînée,
Oisive et morte avant que d'être née,[3]
Sans mouvement, sans forme, sans vigueur,
N'étoit qu'un corps abattu de langueur;
Un sombre amas de principes stériles,
De l'existence éléments immobiles.
Dans ce chaos (ainsi par nos aïeux
Fut appelé ce désordre odieux),
En pleine paix sur son trône affermie,
Régna long-temps la Discorde ennemie,
Jusques au jour pompeux et florissant
Qui donna l'être à l'Univers naissant;
Quand l'Harmonie, architecte du monde,
Développant dans cette nuit profonde

---

[1] *Ante mare et terras, etc.*
OVID. *Metam.* I.

[2] On a fait remarquer depuis long-temps l'énergique concision de cet hémistiche.

[3] *Nec quicquam, nisi pondus iners.* OVID. *Metam.* I.

Les éléments pêle-mêle diffus,
Vint débrouiller leur mélange confus;
Et variant leurs formes assorties,
De ce grand tout animer les parties.
Le Ciel reçut en son vaste contour
Les feux brillants de la nuit et du jour:
L'air moins subtil assembla les nuages,
Poussa les vents, excita les orages :[1]
L'eau vagabonde, en ses flots inconstants
Mit à couvert ses muets habitants :[2]
La terre enfin, cette tendre nourrice,
De tous nos biens sage modératrice,
Inépuisable en principes féconds,
Fut arrondie, et tourna sur ses gonds,
Pour recevoir la céleste influence
Des doux présents que son sein nous dispense.
 Ainsi des Dieux le suprême vouloir
De l'harmonie établit le pouvoir.
Elle éteignit par ce sublime exorde,
Le règne obscur de l'affreuse Discorde;
Mais cet essai de ses soins généreux
Eût été peu, si son empire heureux
N'eût consommé l'ouvrage de la terre,
Par le bonheur des êtres qu'elle enserre.
Aux mêmes lois elle les soumit tous:

---

[1]   *Illic et nebulas, illic consistere nubes*
   Jussit.   Ovid. *Metam.*

[2]   *Cesserunt nitidis habitandæ piscibus undæ.*   Ibid.

Le foible agneau ne craignit point les loups,
Et sans péril il vit paître sur l'herbe
Le tigre et l'ours, près du lion superbe.
Entretenus par les mêmes accords,
Tous les mortels ne formèrent qu'un corps,
Vivifié par la force infinie
D'un même esprit et d'un même génie,
Et dirigé par les mêmes concerts,
Dont la cadence anime l'univers.

Par le secours de cette intelligence,
Riches sans biens, pauvres sans indigence,
Ils vivoient tous également heureux,
Et la nature étoit riche pour eux.
Toute la terre étoit leur héritage,[1]
L'égalité faisoit tout leur partage.
Chacun étoit et son juge et son roi;
Et l'amitié, la candeur et la foi
Exerçoient seuls, en ce temps d'innocence,
Les droits sacrés de la toute-puissance.
Tel fut le règne à la terre si doux,
Que l'harmonie exerça parmi nous.
Du vrai bonheur nous fûmes les symboles,
Tandis qu'exempt de passions frivoles,
Le genre humain dans les sages plaisirs
Sut contenir ses modestes desirs.

---

[1] *In medium quærebant : ipsaque tellus*
Omnia liberius, nullo poscente, ferebat.

VIRG. *Georg.* I.

Mais cependant la Discorde chassée,
Chez les mortels furtivement glissée,
Comme un serpent se cachoit sous les fleurs;
Et par l'esprit empoisonnoit les cœurs.
Chacun déjà s'interrogeant soi-même,
De l'univers épluchoit le système.
Comment s'est fait tout ce que nous voyons?
Pourquoi ce ciel, ces astres, ces rayons?
Quelle vertu dans la terre enfermée
Produit ces biens dont on la voit semée?
Quelle chaleur fait mûrir ses moissons,
Et rajeunir ses arbres, ses buissons?
Mais ces hivers, dont la triste froidure
Gerce nos fruits, jaunit notre verdure,
Que servent-ils? Et que servent ces jours
Tous inégaux, tantôt longs, tantôt courts? [1]
Ah! que la terre en seroit bien plus belle,
Si du printemps la douceur éternelle
Faisoit régner des jours toujours réglés!

Ainsi parloient ces mortels aveuglés,
Qui, pleins d'eux-même, et sortant des limites
Par la nature à leur être prescrites,
Osoient sonder, scrutateurs criminels,
La profondeur des secrets éternels.
Folle raison, lumière déplorable,

---

[1] *Quid tantum oceano properent se tingere soles*
Hyberni, vel quæ tardis mora noctibus obstet.
VIRG. *Georg.* II.

Qui n'insinue à l'homme misérable
Que le mépris d'une simplicité,
Si nécessaire à sa félicité !
Par ce succès la Discorde amorcée,
Conçut dès lors l'orgueilleuse pensée
D'exterminer l'harmonie et ses lois ;
Et rassemblant, à sa fatale voix,
Ces insensés prêts à lui rendre hommage,
Prit la parole, et leur tint ce langage :
« Eh quoi, mortels, c'est donc assez pour vous
De contenter vos appétits jaloux ;
Et le bonheur des animaux sauvages
Sera le seul de tous vos avantages ?
Car dans quel sens êtes-vous plus heureux ?
Comme pour vous, le monde est fait pour eux.
Mêmes desirs, mêmes soins vous inspirent :
Vous respirez le même air qu'ils respirent ;
L'astre du jour comme vous les chérit ;
Et comme vous, la terre les nourrit.
Répondez donc : Quel bien, quelle opulence
De votre rang peut fonder l'excellence ?
Notre raison, direz-vous ? J'en conviens :
C'est le plus grand, le plus doux de vos biens.
Mais ce trésor, cette flamme sacrée,
Quelle lumière en avez-vous tirée ?
L'invention de quelques arts, dictés
Par l'embarras de vos nécessités.
La faim cruelle inventa la culture

Des champs marqués pour votre nourriture :
Vous ne devez qu'aux rigueurs des saisons
L'art d'élever vos paisibles maisons ;
Et le besoin d'un commerce facile
A rendu l'onde à vos rames docile.
Votre raison ne vous a rien appris,
Qu'à captiver l'essor de vos esprits ;
A regarder cet univers sensible,
Comme l'objet d'une étude impossible ;
Ou, tout au plus, en voyant ses attraits,
A respecter les Dieux qui les ont faits.
Mais si ces Dieux, auteurs de tant de choses,
Avoient voulu vous en cacher les causes,
Vous auroient-ils inspiré ces élans,
Ce feu divin, ces desirs vigilants,
Et cette ardeur d'apprendre et de connoître,
Qui constitue et distingue votre être?
Souffrez qu'enfin vos yeux soient dessillés,
Et servez-vous des feux dont vous brillez.
Pour seconder en vous un si beau zèle,
J'amène ici ma compagne fidèle :
MOROSOPHIE est son titre adopté,
Et son vrai nom, la CURIOSITÉ.
Recevez-la. Sa lumière divine
Vous apprendra votre vraie origine.
Vous connoîtrez le principe et la fin
De toute chose; et vous serez enfin,
En lui rendant vos soins et votre hommage,

Pareils aux dieux, dont vous êtes l'image. »
　A ce discours qui charme les humains,
Tout applaudit de la voix et des mains.
Morosophie en tous lieux approuvée,
Et sur un trône en public élevée,
Dicte de là ses oracles menteurs,
Ses arguments, ses secrets imposteurs ;
Et dans le monde, inondé d'aphorismes,
De questions, de doutes, de sophismes,
A la sagesse on vit en un clin d'œil
Substituer la folie et l'orgueil.
Mais pour servir sa perfide maîtresse,
Le grand secret de sa trompeuse adresse
Fut de remplir les hommes divisés
De sentiments l'un à l'autre opposés ;
D'embarrasser leurs esprits téméraires
D'opinions et de dogmes contraires ;
Et d'ennoblir du nom de vérités,
Ce fol amas de contrariétés.
　De cette mer agitée, incertaine,
Sortit alors la Dispute hautaine,
Les yeux ardents, le visage enflammé,
Et le regard de colère allumé :
Monstre hargneux, superbe, acariâtre,
Qui, de soi-même orateur idolâtre,
Combat toujours, ne recule jamais,
Et dont les cris épouvantent la Paix.
D'elle bientôt naquirent les scandales,

Les factions, les brigues, les cabales.
A son erreur chacun assujetti,
Ne songea plus qu'à former son parti,
Pour s'appuyer de la foule et du zèle
Des défenseurs de sa secte nouvelle;
Et les mortels, sous divers concurrents,
Suivirent tous des drapeaux différents.
En cet état, il n'étoit plus possible
Que cette race orgueilleuse, inflexible,
Vécût long-temps sous une même loi.
Ainsi chacun ne songeant plus qu'à soi,
On eut besoin, pour prévenir les guerres,
De recourir au partage des terres;
Et d'un seul peuple, on vit dans l'univers
Naître en un jour mille peuples divers.

 Ce fut ainsi que la folle Sagesse,
Chez les humains souveraine maîtresse,
Les séparant d'intérêts et de biens,
De l'amitié rompit tous les liens.
Mais des trésors dont la terre est chargée,
La jouissance avec eux partagée
Leur fit sentir mille besoins affreux.
Il fallut donc qu'ils convinssent entre eux
D'un bien commun, dont l'utile mélange
Des autres biens facilitât l'échange;
Et l'or, jadis sous la terre caché,[1]

---

[1] *Quasque recondiderat, stygiisque admoverat umbris,*
Effodiuntur opes, irritamenta malorum.   Metam. 1, 139.

L'or, de ses flancs par leurs mains détaché,
Fut, par leur choix et leur commun suffrage,
Destiné seul à ce commun usage.
Mais, avec lui, sortit du même sein
De tous nos maux le véritable essaim :
L'insatiable et honteuse Avarice,
Du genre humain pâle dominatrice,
Chez lui reçue avec tous ses enfants,
Rendit partout les vices triomphants.
Sous l'étendard de cette reine impure,
Les trahisons, le larcin, le parjure,
Le meurtre même, et le fer, et le feu,
Tout fut permis, tout ne devint qu'un jeu.
L'intérêt seul fut le Dieu de la terre :
Il fit la paix, il déclara la guerre;
Pour se détruire arma tous les mortels,
Et des Dieux même attaqua les autels.

Pour mieux encore établir son empire,
Morosophie inventa l'art d'écrire,
Des longs procès instrument éternel,
Et du mensonge organe criminel,
Par qui la fraude, en prestiges fertile,
Sème en tous lieux sa doctrine subtile,
Et chez le peuple, ami des nouveautés,
Change en erreurs toutes les vérités.
Mille autres arts, encor plus détestables,
Furent le fruit de ses soins redoutables;
Et d'eux naquit, à ses ordres soumis,

Le plus mortel de tous nos ennemis,
Le luxe, ami de l'oisive mollesse,
Qui, parmi nous signalant sa souplesse,
Introduisit par cent divers canaux
La pauvreté, le plus dur de nos maux.
　Ainsi l'aimable et divine harmonie
De tous les cœurs par degrés fut bannie :
Mais en partant pour remonter aux cieux,
Elle voulut, dans ses derniers adieux,
De sa bonté pour la race mortelle
Laisser encore une marque nouvelle :
　« Si vos esprits étoient moins prévenus,
Et si vos maux vous étoient mieux connus,
J'aurois, dit-elle, encor quelque espérance
De réussir à votre délivrance !
Mais la Discorde éblouissant vos yeux,
Vous a rendu son joug trop précieux,
Pour me flatter que vos clartés premières
Puissent renaître à mes foibles lumières,
Et présumer qu'une seconde fois
L'affreux chaos se débrouille à ma voix.
Pour être heureux vous reçûtes la vie,
Et ce bonheur fit ma plus chère envie :
Aux immortels j'osai ravir pour vous
Ce feu du ciel, dont ils sont si jaloux,
Cette raison, dont la splendeur divine
Vous fait sentir votre vraie origine.
Qu'avez-vous fait d'un partage si doux ?

C'est elle, hélas! qui vous a perdus tous.
Par votre orgueil, corrompue, altérée,
Dans votre cœur elle a donné l'entrée
Aux vanités, aux folles visions,
Germe éternel de vos divisions;
Et s'échappant du cercle des idées
A vos besoins par les Dieux accordées,
Elle a porté ses regards élevés
Jusqu'aux secrets pour eux seuls réservés.
Funeste essor, malheureuse chimère,
Qui vous ravale au-dessous de la sphère
Des animaux les plus défectueux!
D'autant plus vils que, plus présomptueux,
Vous ne suivez, au lieu de la nature,
Qu'une ombre vaine, une fausse peinture;
Et qu'à vos yeux, trompés par cet écueil,
Votre misère est un sujet d'orgueil.
Adieu. Je pars, de vos cœurs exilée,
Et sans espoir de m'y voir rappelée.
Mais ma pitié ne peut vous voir périr;
Et si mes soins n'ont pu vous secourir,
Si mon pouvoir sur tout ce qui respire
N'a pu sur vous conserver son empire,
Pour vous du moins j'entretiendrai toujours
L'ordre constant, et l'immuable cours
Qu'à l'univers, en lui donnant naissance,
Sut imposer ma suprême puissance.
Vous jouirez toujours par mes bienfaits

De tous les dons que le ciel vous a faits ;
Et cette terre, à vos vœux si facile,
Sera pour vous un éternel asile,
Jusqu'au moment prévu par vos aïeux,
Qui confondra la terre avec les cieux,
Lorsque la flamme en ravages féconde,
Viendra saper les fondements du monde,
Pour reproduire, en ses vastes tombeaux,
De nouveaux cieux et des hommes nouveaux. »

Ainsi parla l'immortelle déesse ;
Et dès l'instant, fidèle à sa promesse,
Elle quitta ce terrestre séjour,
Et prit son vol vers la céleste cour.
Depuis ce temps, la Discorde sauvage
Vit les humains nés pour son esclavage,
De l'harmonie oubliant les concerts,
Courir en foule au-devant de ses fers ;
Et, désormais maîtresse de la terre,
Y fit régner, au mépris du tonnerre,
Vengeur tardif de nos impiétés,
Tous les malheurs par le vice enfantés.

ALLÉGORIE IV.

MINERVE.

Foibles humains, si fiers de vos grandeurs,
De votre sort vantez moins les splendeurs.
Des immortels si vous êtes l'ouvrage,
Les animaux ont le même avantage :
La même main qui forma votre corps,
De leur machine assembla les accords.
Ainsi sur eux l'honneur de la naissance
N'eût jamais dû fonder votre puissance,
Si la raison, par un secours heureux,
N'eût établi votre empire sur eux;
Et soumettant la force à la foiblesse,
De votre rang distingué la noblesse.
Mais ce rayon parmi vous si vanté
N'est rien en soi, qu'ombre et qu'obscurité.
L'usage seul en fait un bien suprême;
Et cet usage est la sagesse même,
Le plus divin, le plus beau, le plus doux
De tous les biens, mais qui n'est point en vous :
Des Dieux du ciel c'est le grand héritage.
Les animaux ont l'instinct pour partage :
De sa raison l'homme est plus glorieux;
Mais la sagesse est la raison des Dieux.

Sans ses clartés, la nôtre dégradée
Est toujours foible et toujours mal guidée;
Et, par malheur, nul n'obtient son secours
Que rarement, et jamais pour toujours.
La main des Dieux la donne et la retire,
Selon les lois qu'elle veut se prescrire :
Mais nul ne peut compter sur ses conseils,
Ni plus long-temps, ni plus que ses pareils;
Et c'est pourquoi dans l'enfance du monde,
Lorsque le Ciel, par sa vertu féconde,
Eut fait sortir l'univers de ses flancs,
Le vieux Saturne, aîné de ses enfants,
Ayant connu qu'étant tels que nous sommes,
L'homme n'est point né pour régir les hommes,
Donna la terre, indigente d'appui,
A gouverner à des dieux comme lui.

Cet ordre heureux fit régner la justice,
Et fut pour nous l'époque et le solstice
Du vrai bonheur, qui, depuis ces beaux jours,
Fut de la terre exilé pour toujours,
Quand Jupiter, usurpateur sévère,
Changeant les lois prescrites par son père,
Pour maintenir son empire odieux,
Mit les humains à la place des dieux.
De tous nos maux ce mal ourdit la trame.
Le premier règne étoit celui de l'âme :
Mais le nouveau fut le règne des sens;
Et son auteur, des mortels trop puissants

Faisant par là germer l'orgueil suprême,
Les trahit tous, et se trahit lui-même :
Car les géants, fiers d'avoir de leurs mains
Forgé des fers au reste des humains,
Et de se voir par la force et la guerre
Vainqueurs du monde et tyrans de la terre,
A Jupiter par de nouveaux excès,
Firent encor redouter leurs succès ;
Et leur orgueil s'élevant une route
Pour le détruire, ils l'eussent fait sans doute,
Si tous les Dieux, par lui-même bannis,
Pour le sauver ne s'étoient réunis,
Et renversant les masses entassées,
Par ces ingrats jusqu'aux cieux exhaussées,
N'eussent enfin sous ces monts embrasés
Enseveli leurs restes écrasés.
Le haut Olympe en ses antres humides
Vit bouillonner le sang des Aloïdes : [1]
Sous Pélion Mimas fut abîmé ;
Et dans le creux de son gouffre enflammé,
Le mont, voisin de l'amante d'Alphée, [2]
S'ébranle encore aux fureurs de Typhée.

Mais votre cœur facile à s'irriter,
Dieux outragés, ne put se contenter

---

[1] Othus et Éphialte, fils de Neptune et d'Iphimédie : ils furent nommés *Aloïdes*, parce que le géant Alœus, le mari de leur mère, se chargea du soin de les élever. Voyez HOMÈRE, *Iliade*, liv. v.

[2] Le mont Etna.

D'une pénible et douteuse victoire,
Où le péril fut plus grand que la gloire.
Des immortels le redoutable roi,
Jupiter même avoit pâli d'effroi ;
Et ce monarque aussi puissant que juste,
Vous assemblant devant son trône auguste,
En ce discours conforme à vos souhaits,
Vous fit à tous entendre ses décrets :
 « Enfants du ciel, assemblée immortelle,
Dont le courage intrépide et fidèle
Contre l'effort d'un complot insolent
Vient d'affermir mon trône chancelant :
Par vos efforts soutenus du tonnerre,
Les attentats des enfants de la terre
Viennent enfin de retomber sur eux ;
Et les horreurs d'un châtiment affreux
Ont expié l'audace forcenée
Contre les cieux si long-temps mutinée.
Mais un affront par les Dieux enduré,
Bien que puni, n'est jamais réparé ;
Et je ne puis mettre en oubli l'injure
Faite à mon rang par leur race parjure,
Qu'en m'éloignant d'un séjour détesté,
Théâtre impur de leur impiété.
Suivez-moi donc : venez, troupe choisie,
Goûter en paix la céleste ambroisie,
Loin d'une terre importune à nos yeux ;
Et chez le Ciel, père commun des Dieux,

Allons chercher dans un plus noble étage,
Notre demeure et notre vrai partage. »

   A ce discours, chacun fait éclater
Son allégresse; et sans plus consulter,
Tout ce grand Chœur, qu'un même zèle anime
A se rejoindre à son auteur sublime,
Part, vole, arrive; et semblable à l'éclair,
Ayant franchi les vastes champs de l'air,
Au firmament, demeure pacifique
Du Dieu des cieux, reprend sa place antique.
Le Ciel les voit inclinés devant lui;
Et d'un souris, garant de son appui,
Rendant le calme à leur âme incertaine:

   « Je sais, dit-il, quel motif vous amène;
Et je consens à régler entre vous
Le grand partage où vous aspirez tous.
Dans mes états, comme aîné de ma race,
Saturne aura la plus illustre place:
Un vaste globe élevé jusqu'à moi
Est le séjour dont je l'ai nommé roi.
Entre les Dieux, nés pour lui rendre hommage,
Trois seulement auront leur apanage:
Le reste, en cercle autour de lui placés,
A le servir ministres empressés,
Lui formeront une cour sans égale,
Digne d'un Dieu que ma faveur signale.
Au second rang Jupiter et sa cour,
Plus loin de moi, mais plus voisins du jour,

Établiront leur règne et leur puissance ;
Et près de lui, postés pour sa défense,
Quatre grands Dieux marchant sous ses drapeaux,
Lui serviront de garde et de flambeaux.
Mars et Vénus, et Mercure son frère,
Iront, comme eux, régir chacun leur sphère.
Phébus enfin de mes feux éclairé,
Phébus, l'honneur de l'Olympe sacré,
Ira sur vous, sur la nature entière,
Dans le soleil répandre sa lumière.
Telle est, pour vous, la faveur de mes lois :
Jouissez-en. Partez. Mais toutefois,
En vous donnant de si pompeux domaines,
Ne croyez pas que j'adopte vos haines ;
Ni que je veuille, au gré de vos chagrins,
Abandonner la terre à ses destins.
Aux Dieux créés les passions permises
Sont devant moi tremblantes et soumises ;
Le Ciel, auteur de tant d'êtres semés,
N'obéit point aux sens qu'il a formés.
Je prétends donc que l'unique déesse,
Qui, sous mes lois, préside à la sagesse,
Minerve, dis-je, appui de mes autels,
Au lieu de vous, reste près des mortels,
Pour éclairer de ses vives lumières
L'obscurité de leurs foibles paupières.
Allez, ma fille, allez chez les humains
Faire observer mes ordres souverains.

Guidez leurs pas, soutenez leur foiblesse;
Dans leurs esprits versez votre richesse :
Daignez enfin dans les terrestres lieux
Leur tenir lieu de tous les autres Dieux.
Ils trouveront en vous leur bien solide :
Nul Dieu ne manque où Minerve réside. »

Il dit : Minerve, attentive à sa voix,
Sans répliquer, se soumet à ses lois;
Vient sur la terre, et cherchant un asile
Où ses clartés puissent la rendre utile
Au bien commun de tous ses habitants,
Choisit la cour de ces rois éclatants,
Race des Dieux, que le Ciel par sa grâce,
Voulut choisir pour régner en sa place.
Dans ces conseils, dont les directions
Font le destin de tant de nations,
Elle s'avance, et cherchant à leur luire :

« Je viens, dit-elle, ici-bas vous instruire
A rendre heureux tous les peuples divers,
Qui sous vos lois remplissent l'univers.
Vous apprendrez sous mes ordres suprêmes
A les régir, à vous régir vous-mêmes.
Je suis Minerve : Écoutez mes leçons.
Quoi ! vous fuyez, et méprisez mes sons !
Ah, je le vois ; la politique injuste
A déjà pris chez vous ma place auguste !
Hélas, mortels, je pleure votre sort.
L'autorité n'est point de mon ressort;

Et je ne puis de mes célestes flammes,
Malgré vous-même, illuminer vos âmes.
Allons chercher au séjour de Thémis
D'autres mortels, plus doux et plus soumis. »

    Mais, juste ciel! quelle Gorgone horrible
Tient son empire en cet antre terrible!
C'est la Chicane! autour d'elle assemblés,
De sa fureur cent ministres zélés
Viennent tous d'elle apprendre la science
De devenir fourbes en conscience,
Doux sans douceur, justes sans équité,
Et scélérats avec intégrité.
Fuyez, déesse, un gouffre si profane,
De l'injustice abominable organe!
Votre sagesse, ô divine Pallas!
Ne doit point être, où l'équité n'est pas.
Chez les humains cherchez d'autres asiles;
Et dans des lieux plus nobles, plus tranquilles,
Allez trouver ces sages épurés,
De vos rayons par l'étude éclairés,
Qui, dans le sein de la philosophie,
A vous chercher ont consumé leur vie:
Mortels divins, qui n'aspirant qu'à vous,
Méritent seuls vos regards les plus doux.

    Minerve y court; mais, ô soin inutile!
De ses vapeurs la Chimère subtile,
Reine absolue, avoit déjà surpris
Ces vains mortels d'illusions nourris;

Qui, sur la foi de leurs foibles systèmes,
Connoissant tout, sans se connoître eux-mêmes,
Cherchent hors d'eux, privés des vrais secours,
La Vérité qui les fuira toujours.

Ainsi, partout, dans les cours, dans les villes,
Ne trouvant plus que des âmes serviles,
De foibles cœurs, esclaves enchantés
Des passions, leurs seules déités,
L'humble Minerve, au bout de sa carrière,
Choisit enfin, pour retraite dernière,
Ces lieux divins, ces temples fortunés,
A la Sagesse asiles destinés,
Où chaque jour du ciel même son père
Portant sur eux l'auguste caractère,
De ses autels les ministres sacrés
Viennent dicter ses ordres révérés.
Mais elle y voit l'Ambition perfide
Fouler aux pieds la Piété timide :
La Piété, son unique soutien,
Sans qui vertus, sagesse, tout n'est rien.

Après ce coup, la retraite céleste
Est désormais la seule qui lui reste.
Le Ciel lui-même approuve son dessein :
« Venez, ma fille, et rentrez dans mon sein;
Soyez, dit-il, ma compagne éternelle.
L'homme a trahi ma bonté paternelle;
Il a rendu mes bienfaits superflus !
Mais, c'en est fait : il n'en jouira plus.

Tous les mortels ont mérité ma haine;
Et si jamais ma bonté souveraine
Sur quelqu'un d'eux daigne répandre encor
De vos clartés le précieux trésor,
Je veux, du moins, que ce rayon de gloire
Ne soit pour lui qu'un secours transitoire;
Et qu'il n'en ait, au gré de ma bonté,
Que l'usufruit, sans la propriété. »

ALLÉGORIE V.

LA VÉRITÉ.

Au pied du mont où le fils de Latone
Tient son empire, et du haut de son trône
Dicte à ses sœurs les savantes leçons,
Qui de leurs voix régissent tous les sons,
La main du Temps creusa les voûtes sombres
D'un antre noir, séjour des tristes ombres,
Où l'œil du monde est sans cesse éclipsé,
Et que les vents n'ont jamais caressé.[1]
Là, de serpents nourrie et dévorée[2]
Veille l'Envie honteuse et retirée,
Monstre ennemi des mortels et du jour,

---

[1] *Sole carens, non ulli pervia vento.*
OVID. *Metam.* II, 762.

[2] *Carpitque et carpitur una.* Ibid. 781.

Qui de soi-même est l'éternel vautour ;
Et qui, traînant une vie abattue,
Ne s'entretient que du fiel qui le tue.
Ses yeux cavés, troubles et clignotants,[1]
De feux obscurs sont chargés en tout temps :
Au lieu de sang, dans ses veines circule
Un froid poison qui les gèle et les brûle,
Et qui, de là porté dans tout son corps,
En fait mouvoir les horribles ressorts :
Son front jaloux et ses lèvres éteintes
Sont le séjour des soucis et des craintes :
Sur son visage habite la pâleur ;[2]
Et dans son sein triomphe la douleur,
Qui, sans relâche, à son âme infectée
Fait éprouver le sort de Prométhée.

Mais tous les maux dont sa rage s'aigrit,
N'égalent point le mal qu'elle souffrit
Lorsqu'au milieu des nymphes du Parnasse
L'humble Vertu venant prendre sa place,
Le front couvert des lauriers d'Apollon,
Parut au haut de leur double vallon.
« Quoi ! dans des lieux où j'ai reçu naissance,
Où, de tout temps, j'exerce ma puissance,
Une étrangère, au mépris de mes droits,

---

[1] *Nusquam recta acies ; livent rubigine dentes :*
Pectora felle virent ; lingua est suffusa veneno.

Metam. 11, 776.

[2] *Pallor in ore sedet.*

Ibid. 775.

Viendra régner, et m'imposer des lois !
Ah ! renonçons au titre d'immortelle,
Et périssons, ou vengeons-nous, dit-elle. »
De sa caverne elle sort à l'instant ;
Et de sanglots le cœur tout palpitant,
Devant la Fraude impie et meurtrière
Hurle en ces mots sa dolente prière :
« Ma chère sœur (car dans ses flancs hideux
L'obscure Nuit nous forma toutes deux),
Ton ennemie, insultant à nos haines,
Va pour jamais nous charger de ses chaînes,
Si tu ne viens par d'infaillibles coups
Prêter main-forte à mon foible courroux,
Par ton maintien si tranquille et si sage,
Par la douceur de ton humble langage,
Par ton sourire et par tes yeux dévots,
Enfin, ma sœur, pour finir en deux mots,
Par ce poignard qui sous ta vaste robe
A tous les yeux se cache et se dérobe.
Du temps qui vole employons les moments ;
Joins ton adresse à mes ressentiments ;
Et prévenons, par notre heureuse audace,
Le déshonneur du coup qui nous menace. »
« A te servir je cours me préparer, »
Reprend la Fraude. Et sans plus différer,
La nuit éclose, elle assemble autour d'elle
Les Trahisons, sa légion fidèle,
Et le Mensonge aux regards effrontés,

Et le Désordre aux bras ensanglantés,
Qui, secondés du Silence timide,
Volent au temple où la Vertu réside.

 Dans un désert éloigné des mortels,
D'un peu d'encens offert sur ses autels,
Et des douceurs de son humble retraite,
Elle vivoit contente et satisfaite.
Là, pour défense et pour divinité,
Elle n'avoit que sa sécurité :
L'aimable Joie à ses règles soumise,
La Liberté, l'innocente Franchise,
L'Honneur enfin, partisan du grand jour,
Faisoient eux seuls et sa garde et sa cour.
En cet état, imprudente, endormie,
Contre les traits de sa noire ennemie
Sur quel secours appuyer son espoir ?
On prévient mal ce qu'on n'a su prévoir.
Bientôt l'effort de la troupe infernale
Sans nul péril contre elle se signale.
Pour tout appui, ses compagnes en pleurs
Avec ses cris confondent leurs douleurs.
On lui ravit encor tout ce qu'elle aime,
On les dissipe, on la chasse elle-même.
De son bandeau, de ses voiles sacrés,
Ses oppresseurs pompeusement parés,
Chez les humains courant de place en place,
Font en tous lieux respecter leur grimace.
Mais c'est trop peu de cette seule erreur,

Pour assouvir leur maligne fureur :
De ses habits par leurs mains dépouillée,
Des leurs encore elle se voit souillée;[1]
Et l'univers, simple et peu soupçonneux,
Les hait en elle, et la chérit en eux.

   Ainsi partout, solitaire, bannie,
Traînant sa peine et son ignominie,
De tant de dons il ne lui reste plus
Que la constance et des vœux superflus.
Alors la Fraude, encor plus enflammée,
S'en va trouver la folle Renommée,
Le plus léger de ces oiseaux pervers,
De qui la voix afflige l'univers.
« Obéis-moi : pars, vole, lui dit-elle;
Cours en tous lieux chez la race mortelle
Envenimer les esprits et les cœurs
Contre l'objet de mes chagrins vengeurs.
Va : devant toi marchera mon génie. »

   A ce discours, l'infâme Calomnie,
Peinte des traits de l'Ingénuité,
Remplit l'oiseau de son souffle empesté;
Et de concert ces deux monstres agiles
Vont de leurs cris épouvanter les villes.

---

[1] Ainsi, dans *la Henriade*, chant IV, la Discorde et la Politique surprennent la Religion, *leur auguste ennemie*.

   Ces monstres, dont toujours elle a souffert l'injure,
   De ses voiles sacrés couvrent leur tête impure;
   Prennent ses vêtements respectés des humains,
   Et courent dans Paris accomplir leurs desseins.

L'étonnement, le trouble, les clameurs,
Le bruit confus, les secrètes rumeurs,
Les faux soupçons, et les plaintes amères
Du peuple, ami des absurdes chimères,
Étourdissant l'esprit et la raison,
Lui font, sans peine, avaler le poison;
Et la Vertu, victime de l'Envie,
Abandonnée, errante, poursuivie,
Sans nul espoir à ses malheurs permis,
Éprouve enfin, qu'entre les ennemis
Que l'intérêt ou la colère inspire,
Les plus cruels sont ceux qu'elle s'attire.

Mais à l'excès ce désordre porté
Réveille enfin la juste Vérité.
Du haut des cieux découvrant les cabales,
Et les forfaits de ses sombres rivales,
L'œil enflammé, le dépit dans le sein,
Elle descend, son miroir à la main.
De ses attraits l'éclatant assemblage
Se montre à tous, sans ombre et sans nuage:
D'un vol léger la Victoire la suit,
Le Jour l'éclaire, et le Temps la conduit.[1]
« Disparoissez, dit la vierge céleste,

---

[1] La Foi, d'un pas certain, devant elle chemine :
L'Espérance, au front gai, l'appuie et la conduit,
Et, la bourse à la main, la Charité la suit.
Boil. Lut. ch. vi.

Voiles trompeurs, ajustement funeste,
Dont si long-temps le Crime déguisé
Trompa les yeux du vulgaire abusé :
Dans son vrai jour, de sa troupe suivie,
Laissez enfin reparoître l'Envie ;
Et de ce monstre impur et détesté,
Ne cachez plus l'affreuse nudité.
Voici le temps, fantômes détestables,
De vous montrer sous vos traits véritables ;
Dépouillez-vous de vos faux ornements !
Et toi, reprends tes premiers vêtements,
Humble Vertu ; tes honteux adversaires
S'offrent déjà sous leurs vrais caractères :
Pour achever d'abattre leurs soutiens,
Il en est temps, produis-toi sous les tiens.
Tous les objets veulent qu'on les compare ;
A l'œuvre enfin l'ouvrier se déclare.
Relève-toi. Tous ceux dont la raison
Est le vrai guide et l'unique horizon,
Par une illustre et glorieuse estime,
Te vengeront de la haine du Crime.
Par eux bientôt, sur sa tête fanés,
Reverdiront tes lauriers fortunés ;
Et tes rivaux, perdant leur avantage,
N'oseront plus te prêter leur visage.
Mais de ton sort l'infaillible bonheur
Sera surtout l'inestimable honneur

D'avoir su plaire à ce prince adorable,[1]
A ce héros généreux, secourable,
Le plus zélé de mes adorateurs,
Et le plus grand de tous tes protecteurs.
Sous cet appui, ton triomphe est facile,
Noble Vertu; son cœur est ton asile.
C'est dans ce temple où la noble Candeur,
La Dignité, la solide Grandeur,
La Foi constante et l'Équité suprême,
La Vérité, je me nomme moi-même,
Viennent t'offrir un tribut immortel,
Et nuit et jour encensent ton autel.
C'est là qu'on trouve, au milieu des alarmes,
Une âme libre et sourde au bruit des armes,
Toujours active et toujours en repos,
Et l'homme encor plus grand que le héros.
A ces couleurs tu dois le reconnoître :
Ce trait suffit. Le temps viendra peut-être
Où je pourrai te peindre ses exploits,
Ses ennemis terrassés tant de fois,
Ce long amas de palmes entassées
Sur les débris de cent villes forcées,
Ses grands destins, et ceux de tant d'états,
Le fruit certain de tant d'heureux combats.
Dans ce moment, quelle vaste carrière
Vient de s'ouvrir à sa valeur guerrière !
Ce fier rempart du trône des sultans,

[1] Le prince Eugène.

Qui, défendu par vingt mille Titans,[1]
Sembloit devoir braver Jupiter même,
Rend son hommage au sacré diadème
Du potentat[2] le plus chéri des cieux,
Dont l'univers ait rendu grâce aux Dieux.
Pour son secours, cette Numance altière
A vu l'Europe armer l'Asie entière.
Vain appareil d'un impuissant effort !
Leurs légions, victimes de la mort,
D'un sang impur ont arrosé les herbes ;
Tout meurt ou fuit ; et leurs restes superbes
Vont annoncer au Bosphore incertain
Sa délivrance et son bonheur prochain. »

[1] Allusion au siége et à la prise de Belgrade, par le prince Eugène, en 1716.

[2] L'empereur d'Allemagne, Charles VI. — Né en 1685; mort en 1740.

FIN DES ALLÉGORIES.

ÉPIGRAMMES.

LIVRE PREMIER.

ÉPIGRAMME I.[1]

Le Dieu des vers sur les bords du Permesse
Aux deux Vénus m'a fait offrir des vœux :
L'une à mes yeux fit briller la sagesse ;
L'autre les ris, l'enjoûment et les jeux.
Lors il me dit : Choisis l'une des deux ;
Leurs attributs Platon te fera lire.
Docte Apollon, dis-je au Dieu de la lyre,
Les séparer, c'est avilir leur prix :
Laissez-moi donc toutes deux les élire :
L'une pour moi, l'autre pour mes écrits.

[1] La plupart de ces petites pièces galantes ou érotiques ne sont point indignes de la comparaison avec Marot : mais on y regrette toujours ce charme de naïveté, cet abandon aimable et facile, cette simplicité de tour et d'expression, qui sont ici le premier caractère, comme le mérite principal du genre. C'est l'esprit et le travail qui font tous les frais des Épigrammes de Rousseau ; le cœur a dicté presque toutes celles de Marot ; et l'on reconnoît en lui le poète vraiment inspiré par l'amour.

II.

Ce traître Amour prit à Vénus sa mère
Certain bijou, pour donner à Psyché :
Puis dans les yeux de celle qui m'est chère,
S'enfuit tout droit, se croyant bien caché.
Lors je lui dis : Te voilà mal niché,
Petit larron ; cherche une autre retraite ;
Celle du cœur sera bien plus secrète.
Vraiment, dit-il, ami, c'est m'obliger ;
Et pour payer ton amitié discrète,
C'est dans le tien que je me veux loger.

III.

Prêt à descendre au manoir ténébreux,
Jà de Caron j'entrevoyois la barque,
Quand de Thémire un baiser amoureux
Me rendit l'âme, et vint frauder la Parque.
Lors de son livre Éacus me démarque,
Et le nocher tout seul l'onde passa.
Tout seul ? Je faux : mon âme traversa
Le fleuve noir ; mais Thémire, Thémire,
En ce baiser dans mes veines glissa
Part de la sienne, avec quoi je respire. [1]

[1] Nous avons parlé de la naïveté de Marot dans le genre éro-

IV.

Le bon vieillard [1] qui brûla pour Bathylle,[2]
Par amour seul étoit ragaillardi :
Aussi n'est-il de chaleur plus subtile
Pour réchauffer un vieillard engourdi.
Pour moi qui suis dans l'ardeur du midi,
Merveille n'est que son flambeau me brûle ;
Mais quand du soir viendra le crépuscule,
Temps où le cœur languit inanimé,
Du moins, Amour, fais-moi bailler cédule
D'aimer encor, même sans être aimé.[3]

tique : c'est le cas d'en donner un exemple ici.

ÉPIGRAMME CLIV.

Dès que m'amye est un jour sans me voir,
Elle me dit que j'en ai tardé quatre :
Tardant deux jours, elle dit ne m'avoir
Veu de quatorze, et n'en veut rien rabattre.
Mais pour l'ardeur de mon amour abattre,
De ne la voir ay raison apparente :
Voyez, amants, notre amour différente !
Languir la fais, quand suis loing de ses yeux :
Mourir me fait, quand je la vois présente.
Jugez lequel vous semble aimer le mieux !

[1] Anacréon. [2] Voyez les Odes XXII et XXIX.

[3] « Il n'y a là de *marotisme* que ce qu'il en faut. *Aussi n'est-il de chaleur*, est une construction très-commode pour resserrer dans la mesure du vers cette phrase, trop longue dans le style soutenu, *aussi n'est-il point de chaleur*, etc. *Merveille n'est*, est vif et

V.

Quels sont ces traits qui font craindre Caliste
Plus qu'on ne craint Diane au fond des bois?
Quel est ce feu qui brûle à l'improviste,
Ravage tout, et met tout aux abois?
Seroit-ce feu Saint-Elme, ou feu Grégeois?
Nenni. Ce sont flèches, ou je m'abuse.
Encore moins. C'est donc feu d'arquebuse?
Non. Et quoi donc? Ce sont regards coquets,
Jeux de prunelle en qui flamme est incluse,
Qui brûle mieux qu'arquebuse et mousquets.

VI.

Sur ses vieux jours la déesse Vénus
S'est retirée en un saint monastère;
Et de ses biens propres et revenus,
Ainsi que vous, m'a nommé légataire.
Or, de ce legs, signé devant notaire,
L'exécuteur fut l'aîné de ses fils.

rapide, au lieu de, *il n'est pas étonnant*, ou *ce n'est pas merveille. Fais-moi bailler cédule*, est une vieille locution, mais que tout le monde entend, et qui, signifiant autrefois une obligation, un engagement, est ici d'un choix très-heureux. »

LAHARPE, *Cours de Littérature.*

Mais le matois n'en prit point son avis,
Et se laissa corrompre par vos charmes.
Il vous donna les plaisirs et les ris,
Et m'a laissé les soucis et les larmes.

VII.

Soucis cuisants au partir de Caliste
Jà commençoient à me supplicier,[1]
Quand Cupidon, qui me vit pâle et triste,
Me dit : Ami, pourquoi te soucier ?
Lors m'envoya, pour me solacier,
Tout son cortége et celui de sa mère,
Songes plaisants et joyeuse chimère,
Qui, m'enseignant à rapprocher les temps,
Me font jouir, malgré l'absence amère,
Des biens passés, et de ceux que j'attends.

VIII.

Je veux avoir, et je l'aimerai bien,
Maîtresse libre et de façon gentille,
Qui soit joyeuse et de plaisant maintien,

---

[1] Nous venons d'applaudir au sage emploi du *marotisme* : en voici maintenant l'abus; et les deux extrêmes ne sauroient se toucher de plus près. *Supplicier*, présente l'idée révoltante d'un criminel

De rien n'ait cure, et sans cesse frétille,
Qui, sans raison, toujours cause et babille,
Et n'ait de livre autre que son miroir :
Car ne trouver, pour s'ébattre le soir,
Qu'une matrone honnête, prude et sage,
En vérité ce n'est maîtresse avoir;
C'est prendre femme, et vivre en son ménage.

IX.

Certain huissier étant à l'audience,
Crioit toujours : Paix-là, messieurs ! paix-là !
Tant qu'à la fin tombant en défaillance,
Son teint pâlit, et sa gorge s'enfla.
On court à lui. Qu'est-ce ci ? Qu'est-ce là ?
Maître Perrin ! à l'aide ! il agonise !
Bessière[1] vient : on le phlébotomise.[2]
Lors ouvrant l'œil clair comme un basilic :
Voilà, messieurs, dit-il sortant de crise,
Ce que l'on gagne à parler en public !

---

conduit au supplice; et *soucier, solacier,* sont des créations aussi bizarres que malheureuses, qui appauvrissent le vieux langage, sans enrichir le nouveau.

[1] Fameux chirurgien.

[2] C'est le terme de l'art (du grec φλὶψ, *la veine,* et τέμνω, *je coupe*), pour dire, on le saigne : mais étoit-ce le cas de l'employer ici ?

X.

Sur leurs santés un bourgeois et sa femme
Interrogeoient l'opérateur Barri :
Lequel leur dit : Pour vous guérir, madame,
Baume plus sûr n'est que votre mari.
Puis se tournant vers l'époux amaigri :
Pour vous, dit-il, femme vous est mortelle.
Las ! dit alors l'époux à sa femelle,
Puisque autrement ne pouvons nous guérir,
Que faire donc ? Je n'en sais rien, dit-elle ;
Mais, par saint Jean, je ne veux point mourir.

XI.

Elle a, dit-on, cette bouche et ces yeux
Par qui d'Amour Psyché devint maîtresse ;
Elle a d'Hébé le souris gracieux,
La taille libre, et l'air d'une déesse.
Que dirai plus ? On vante sa sagesse ;
Elle est polie et de doux entretien,
Connoît le monde, écrit et parle bien,
Et de la cour sait tout le formulaire.
Finalement il ne lui manque rien,
Fors un seul point.—Et quoi?—Le don de plaire.

XII.

Près de sa mort une vieille incrédule
Rendoit un moine interdit et perclus :
Ma chère fille, une simple formule
D'acte de foi! quatre mots, et rien plus.
Je ne saurois. Mon Dieu, dit le reclus,
Inspirez-moi! Ça, voudriez-vous être
Persuadée? Oui : je voudrois connoître,
Toucher au doigt, sentir la vérité.
Hé bien, courage! allons, reprit le prêtre;
Offrez à Dieu votre incrédulité.

XIII.

Certain ivrogne, après maint long repas,
Tomba malade. Un docteur galénique
Fut appelé. Je trouve ici deux cas,
Fièvre adurante, et soif plus que cynique.
Or, Hippocras tient pour méthode unique,
Qu'il faut guérir la soif premièrement.
Lors le fiévreux lui dit : Maître Clément,
Ce premier point n'est le plus nécessaire :
Guérissez-moi ma fièvre seulement;
Et, pour ma soif, ce sera mon affaire.

XIV.

Ce monde-ci n'est qu'une œuvre comique
Où chacun fait ses rôles différents.
Là, sur la scène, en habit dramatique,
Brillent prélats, ministres, conquérants.
Pour nous vil peuple, assis aux derniers rangs,
Troupe futile et des grands rebutée,
Par nous d'en bas la pièce est écoutée.
Mais nous payons, utiles spectateurs;
Et quand la farce est mal représentée,
Pour notre argent nous sifflons les acteurs.

XV.

A UN PIED-PLAT[1] QUI FAISOIT COURIR DE FAUX BRUITS CONTRE MOI.

Vil imposteur, je vois ce qui te flatte:
Tu crois peut-être aigrir mon Apollon
Par tes discours; et, nouvel Érostrate,
A prix d'honneur, tu veux te faire un nom?
Dans ce dessein tu sèmes, ce dit-on,
D'un faux récit la maligne imposture.

[1] Gacon.

Mais dans mes vers, malgré ta conjecture,
Jamais ton nom ne sera proféré;
Et j'aime mieux endurer une injure,
Que d'illustrer un faquin ignoré.

XVI.

Par passe-temps un cardinal oyoit
Lire les vers de Psyché, comédie;
Et les oyant, pleuroit et larmoyoit,
Tant qu'eussiez dit que c'étoit maladie.
Quoi! monseigneur, à cette rapsodie,
Lui dit quelqu'un, tant nous semblez touché;
Et l'autre jour, au martyre prêché
De saint Laurent, parûtes si paisible!
Ho! ho! dit-il, tudieu! cette Psyché
Est de l'Histoire, et l'autre est de la Bible.

XVII.'

CONTRE UN VOLEUR MÉDISANT.

Lorsque je vois ce moderne Sisyphe
Nous aboyer, je trouve qu'il fait bien :
Mieux vaut encor porter l'hiéroglyphe
D'impertinent, que celui de vaurien.

' Contre Saurin, qui avoit attaqué dans un journal l'*Anacréon* de La Fosse.

Il est sauvé, s'il peut trouver moyen
Qu'au rang des sots Phébus l'immatricule;
Et semble dire : Auteurs, à qui Catulle
De badiner transmit l'invention,
Par charité, rendez-moi ridicule,
Pour rétablir ma réputation!

XVIII.

Certain curé, grand enterreur de morts,
Au chœur assis récitoit le service.
Certain frater, grand disséqueur de corps,
Tout vis-à-vis chantoit aussi l'office.
Pour un procès tous deux étant émus,
De maudissons lardoient leurs *oremus*.
Hom! disoit l'un, jamais n'entonnerai-je
Un *requiem* sur cet opérateur?
Dieu paternel, dit l'autre, quand pourrai-je
A mon plaisir disséquer ce pasteur?

XIX.

POUR MADAME *** ÉTANT A LA CHASSE.

Quand sur Bayard par bois ou sur montagne
A giboyer vous prenez vos ébats,
Dieux des forêts d'abord sont en campagne,

Et vont en troupe admirer vos appas.
Amis Sylvains, ne vous y fiez pas;
Car ses regards font souvent pires niches
Que feu ni fer; et cœurs en tel pourchas
Risquent du moins autant que cerfs et biches.

XX.

POUR LA MÊME, ÉTANT A LA REPRÉSENTATION DE L'OPÉRA D'ALCIDE.[1]

Non, ce n'est point la robe de Nessus
Qui consuma l'amoureux fils d'Alcmène :
Ce fut le feu de cent baisers reçus,
Qui dans son sang couloit de veine en veine.
Il en mourut; et la nature humaine
En fit un dieu que l'on chante aujourd'hui.
Que de mortels, si vous vouliez, Climène,
Mériteroient d'être dieux comme lui !

XXI.

SUR LA MÊME, QUI S'OCCUPOIT A FILER.

Ce ne sont plus les trois sœurs de la fable,
Qui de nos jours font tourner le fuseau :

---

[1] Opéra de Campistron, musique de Marais, et de Louis Lulli, troisième fils de Jean-Baptiste; représenté à Paris, le 3 février 1693, et repris ensuite sous le titre de *la Mort d'Alcide*.

Une déesse, aux mortels plus affable,
Leur a ravi le fatal écheveau.
Mais notre sort n'en sera pas plus beau
D'être filé par ses mains fortunées :
L'Amour, hélas! armé de leur ciseau,
Mieux qu'Atropos tranchera nos années.

XXII.

A LA MÊME.

Céphale un soir devoit s'entretenir
Avec l'Aurore, au retour de la chasse :
Il vous rencontre ; et de son souvenir,
En vous voyant, le rendez-vous s'efface.
Qui n'eût pas fait même chose en sa place ?
J'eusse failli comme lui sur ce point.
Mais le pauvret (mal tient qui trop embrasse !)
Perdit l'Aurore, et ne vous gagna point.

XXIII.

Entre Racine et l'aîné des Corneilles,
Les Chrysogons se font modérateurs.
L'un à leur gré passe les sept merveilles ;
L'autre ne plaît qu'aux versificateurs.
Or maintenant veillez, graves auteurs,

Mordez vos doigts, ramez comme corsaires,
Pour mériter de pareils protecteurs,
Ou pour trouver de pareils adversaires.

XXIV.

Un maquignon de la ville du Mans
Chez son évêque étoit venu conclure
Certain marché de chevaux bas-normands,
Que l'homme saint louoit outre mesure.
Vois-tu ces crins? vois-tu cette encolure?
Pour chevaux turcs on les vendit au roi.
Turcs, monseigneur? A d'autres! Je vous jure
Qu'ils sont chrétiens ainsi que vous et moi.

XXV.

Un magister, s'empressant d'étouffer
Quelque rumeur parmi la populace,
D'un coup dans l'œil se fit apostropher,
Dont il tomba, faisant laide grimace.
Lors un frater s'écria : Place! place!
J'ai pour ce mal un baume souverain.
Perdrai-je l'œil? lui dit messer Pancrace.
Non, mon ami; je le tiens dans ma main.

XXVI.

Ne vous fiez, bachelettes rusées,
A ce galant qui vous vient épier,
Et que j'ai vu dans nos Champs-Élysées [1]
Se promener, grave comme un chapier.
Car, bien qu'il ait poil noir, teint de pourpier, [2]
Échine large, et poitrine velue,
Si sais-je bien qu'Amour en son clapier
Onc n'eut lapin de si mince value.

XXVII.

Le teint jauni comme feuilles d'automne,
Et n'invoquant autre dieu qu'Atropos,
Amour s'en vint, qui me la baillant bonne :
Tais-toi, dit-il, tu trouveras repos.
Je me suis tu, croyant sur ce propos
De ses mignons aller grossir la liste.
Mais c'est pitié ! Loin que ce Dieu m'assiste,
En me taisant, mon mal devient plus fort.
J'entends, Amour : vous êtes bon sophiste ;
J'aurai repos, oui, quand je serai mort.

[1] Promenade de Paris.
[2] Frais et vermeil.

XXVIII.

SUR UNE ODE COMPOSÉE PAR UN MISÉRABLE POÈTE SATIRIQUE [1], A LA LOUANGE DE M. DE CATINAT.

O Catinat! quelle voix enrhumée
De te chanter ose usurper l'emploi!
Mieux te vaudroit perdre ta renommée,
Que los cueillir de si chétif aloi.
Honni seras, ainsi que je prévoi,
Par cet écrit. Et n'y sais, à vrai dire,
Remède aucun, sinon que contre toi
Le même auteur écrive une satire.

[1] Gacon. Voici sa réponse à l'Épigramme de Rousseau :

> Je conviens, Catinat, qu'en louant ta victoire,
> J'ai pu faire des vers peu dignes de ta gloire;
> Mais si Rousseau te déchiroit,
> (Car quelle est la vertu qui n'ait senti le trait
> De la rage qui le dévore?)
> La chose autrement tourneroit;
> Ma louange te déshonore :
> Sa satire t'honoreroit.

XXIX.

SUR LE DIALOGUE DE PLATON, INTITULÉ *LE BANQUET.*

Lorsqu'a Pluton le messager Mercure
Eut apporté le banquet de Platon,
Il fit venir le maître d'Épicure,
Et lui dit : Tiens, lis-moi ce rogaton.
Lors Démocrite, abusé par le ton,
Lut cet écrit, le croyant d'un sophiste.
Qui fut penaut? Ce fut le bon Pluton;
Car son rieur devint panégyriste.

XXX.

De haut savoir Phébus ne m'a doté,
Mais des neuf Sœurs je sais toucher la lyre;
Grosse chevance oncques ne m'a tenté,
Mais peu de biens ont de quoi me suffire.
Amour me tint long-temps sous son empire :
J'ai retrouvé repos et liberté;
Mais ce bien-là, certes, je le puis dire,
Si c'en est un, je l'ai bien acheté!

FIN DU PREMIER LIVRE.

LIVRE SECOND.

ÉPIGRAMME I.

Quand, pour ravoir son épouse Eurydice,
Le bon Orphée alla jusqu'aux enfers,
L'étonnement d'un si rare caprice
En fit cesser tous les tourments divers.
On admira, bien plus que ses concerts,
D'un tel amour la bizarre saillie;
Et Pluton même, embarrassé du choix,
La lui rendit pour prix de sa folie,
Puis la retint en faveur de sa voix.

II.

Deux grands Amours, fripons de même race,
S'étoient nichés dans les yeux de Doris :
Un tiers survint, qui leur a dit : De grâce,
Recevez-moi! le reste est déjà pris.
Tant pis pour toi, dirent ces mal-appris,
Qui tout à l'heure en deux ou trois bourrades
Le firent cheoir sur un sein de cristal.
Lors il leur dit : Grand-merci, camarades :
Vous êtes bien; moi, je ne suis pas mal.

III.

Entrez, Amours, votre reine s'éveille.
Venez, mortels, admirer ses attraits :
Déjà l'enfant qui près d'elle sommeille,
De sa toilette a rangé les apprêts.
Mais gardez-vous d'approcher de trop près !
Car ce fripon, caché dans sa coiffure,
De temps en temps décoche certains traits
Dont le trépas guérit seul la blessure.

IV.

De ce bonnet, façonné de ma main,
Je te fais don, me dit un jour ma belle :
Sache qu'il n'est roi ni prince romain,
Qui n'enviât faveur si solennelle.
Malheur plutôt, dis-je, à toute cervelle
Que vous coiffez : le grand diable s'y met.
Va, va, j'en coiffe assez d'autres, dit-elle,
Sans leur donner ni toque ni bonnet.

V.

Qui vous aimant, ô fantasque beauté,
Veut obtenir amitié réciproque,
Y parviendra par mépris affecté,
Mieux que par soins ni gracieux colloque :
Car je connois votre cœur équivoque ;
Respect le cabre, amour ne l'adoucit ;
Et ressemblez à l'œuf cuit dans sa coque :
Plus on l'échauffe, et plus se rendurcit.

VI.

Ce pauvre époux me fait grande pitié !
Incessamment son diable le promène :
Au moindre mot que nous dit sa moitié,
Il se tourmente, il sue, il se démène.
Fait-elle un pas ? le voilà hors d'haleine :
Il cherche, il rode, il court deçà, delà.
Hé ! mon ami, ne prends point tant de peine :
Tu serois bien dupé sans tout cela.

VII.

POUR UNE DAME NOUVELLEMENT MARIÉE.

Seigneur Hymen, comment l'entendez-vous?
Disoit l'aîné des enfants de Cythère.
De cet objet, qui semble fait pour nous,
Pensez-vous seul être dépositaire?
Non, dit l'Hymen, encor qu'à ne rien taire
Pour mon profit vous soyez peu zélé.
Hé! mon ami, reprit l'enfant ailé,
Conserve-nous, ainsi que ta prunelle:
Quand une fois l'Amour s'est envolé,
Le pauvre Hymen ne bat plus que d'une aile.

VIII.

Jean s'est lié par conjugal serment
A son Alix, si long-temps recherchée.
Mais quatre mois après le sacrement,
D'un fruit de neuf elle s'est dépêchée.
Jean se lamente; Alix est bien fâchée:
Mais le public varie à leur égard.
L'un dit qu'Alix est trop tôt accouchée;
L'autre que Jean s'est marié trop tard.

IX.

J'AI depuis peu vu ta femme nouvelle,
Qui m'a paru si modeste en son air,
Si bien en point, si discrète, si belle,
L'esprit si doux, le ton de voix si clair,
Bref, si parfaite et d'esprit et de chair,
Que si le ciel m'en donnoit trois de même,
J'en rendrois deux au grand diable d'enfer,
Pour l'engager à prendre la troisième.

X.

CERTAIN marquis, fameux par le grand bruit
Qu'il s'est donné d'homme à bonne fortune,
Se plaint partout que des voleurs de nuit
En son logis sont entrés sur la brune.
Ils m'ont tout pris, bagues, joyaux, pécune;
Mais ce que plus je regrette, entre nous,
C'est un recueil d'amoureux billets doux
De cent beautés, dont mon cœur fit capture.
Seigneur marquis, j'en suis fâché pour vous;
Car ces coquins connoîtront l'écriture.

XI.

Le vieux Ronsard, ayant pris ses besicles,
Pour faire fête au Parnasse assemblé
Lisoit tout haut ces odes par articles [1]
Dont le public vient d'être régalé.
Ouais! qu'est-ce ci? dit tout à l'heure Horace
En s'adressant au maître du Parnasse :
Ces odes-là frisent bien le Perrault!
Lors Apollon bâillant à bouche close :
Messieurs, dit-il, je n'y vois qu'un défaut,
C'est que l'auteur, les devoit faire en prose. [2]

XII.

Le traducteur qui rima l'Iliade, [3]
De douze chants prétendit l'abréger :
Mais par son style aussi triste que fade,
De douze en sus il a su l'allonger.

---

[1] Rousseau les appelle ailleurs, et avec la même justesse, de froids *dizains* rédigés par chapitres.

[2] Le trait est d'autant meilleur ici, qu'il frappe plus juste; et que l'on connoît le système de Lamotte en faveur des odes, et même des tragédies *en prose*.

[3] Allusion à la traduction abrégée de *l'Iliade* en vers-françois, par Lamotte-Houdart.

Or, le lecteur, qui se sent affliger,
Le donne au diable, et dit, perdant haleine :
Hé! finissez, rimeur à la douzaine!
Vos abrégés sont longs au dernier point.
Ami lecteur, vous voilà bien en peine ;
Rendons-les courts en ne les lisant point.

XIII.

Houdart n'en veut qu'à la raison sublime
Qui dans Homère enchante les lecteurs :
Mais Arouet veut encor de la rime [1]
Désabuser le peuple des auteurs.
Ces deux rivaux, érigés en docteurs,
De poésie ont fait un nouveau code ;
Et, bannissant toute règle incommode,
Vont produisant ouvrages à foison,
Où nous voyons que, pour être à la mode,
Il faut n'avoir ni rime ni raison.

[1] Voltaire, en effet, avoit sur la rime des principes très-relâchés; Delille, au contraire, s'en proclamoit le *janséniste*.

XIV.

Léger de queue, et de ruses chargé,
Maître Renard se proposoit pour règle :
Léger d'étude, et d'orgueil engorgé,
Maître Houdart se croit un petit aigle.
Oyez-le bien : vous toucherez au doigt
Que l'Iliade est un conte plus froid
Que Cendrillon, Peau-d'âne ou Barbe-bleue.
Maître Houdart, peut-être on vous croiroit ;
Mais par malheur vous n'avez point de queue !

XV.

Depuis trente ans un vieux berger Normand [1]
Aux beaux esprits s'est donné pour modèle ;
Il leur enseigne à traiter galamment
Les grands sujets en style de ruelle.
Ce n'est le tout : chez l'espèce femelle
Il brille encor, malgré son poil grison ;

---

[1] Bernard de Fontenelle, né à Rouen, en 1658; mort à Paris, le 29 janvier 1757, âgé de près de cent ans. Il ne s'agit ici que de ses Églogues, très-dignes en effet de cette Épigramme. Mais il a, comme savant et comme littérateur, d'autres titres à l'estime de la postérité.

Et n'est caillette en honnête maison
Qui ne se pâme à sa douce faconde.
En vérité, caillettes ont raison ;
C'est le pédant le plus joli du monde.

XVI.[1]

Par trop bien boire, un curé de Bourgogne
De son pauvre œil se trouvoit déferré.
Un docteur vient : Voici de la besogne
Pour plus d'un jour. Je patienterai.
Çà, vous boirez.... Eh bien ! soit, je boirai.
Quatre grands mois.... Plutôt douze, mon maître.
Cette tisanne. A moi ? reprit le prêtre.
Vade retrò. Guérir par le poison ?
Non, par ma soif ! Perdons une fenêtre,
Puisqu'il le faut ; mais sauvons la maison.

[1] Imitée de Martial, liv. vi, ép. 78.

AD AULUM.

Potor nobilis, Aule, lumine uno
Luscus Phryx erat, alteroque lippus.
Huic heras medicus : bibas caveto ;
Vinum si biberis, nihil videbis.
Ridens Phryx oculo, valebis, inquit.
Misceri sibi protinus deunces,
Sed crebros jubet. Exitum requiris ?
Vinum Phryx ; oculus bibit venenum.

La supériorité de l'imitateur françois est incontestable.

XVII.

A UN CRITIQUE MODERNE.[1]

Après avoir bien sué pour entendre
Vos longs discours doctement superflus,
On est d'abord tout surpris de comprendre
Que l'on n'a rien compris, ni vous non plus.
Monsieur l'abbé, dont les tons absolus
Seroient fort bons pour un petit monarque,
Vous croyez être au moins notre Aristarque !
Mais apprenez, et retenez-le bien,
Que qui sait mal (vous en êtes la marque),
Est ignorant plus que qui ne sait rien.

XVIII.

A son portrait certain rimeur braillard
Dans un logis se faisoit reconnoître ;
Car l'ouvrier le fit avec tel art,
 Qu'on bâilloit même en le voyant paroître.
Ha ! le voilà ! c'est lui ! dit un vieux reître ;

---

[1] L'abbé d'Olivet, qui n'avoit point approuvé la comédie des *Aïeux chimériques*. Voyez la *Correspondance*.

Et rien ne manque à ce visage-là
Que la parole. Ami, reprit le maître,
Il n'en est pas plus mauvais pour cela.

XIX.

Un vieil abbé sur certains droits de fief
Fut consulter un juge de Garonne,
Lequel lui dit : Portez votre grief
Chez quelque sage et discrette personne :
Conseillez-vous au Palais, en Sorbonne :
Puis, quand vos cas seront bien décidés,
Accordez-vous, si votre affaire est bonne;
Si votre cause est mauvaise, plaidez.[1]

XX.

Trois choses sont que j'admire à part moi :
La probité d'un homme de finance,
La piété d'un confesseur du roi,
Un riche abbé pratiquant l'abstinence.
Pourtant, malgré toute leur dissonance,

---

[1] Ne seroit-ce pas plutôt là le conseil d'un juge normand ?

Je puis encor ces trois points concevoir :
Mais pour le quart, je m'y perds, plus j'y pense.
Et quel est-il ? L'orgueil d'un manteau noir. [1]

XXI.

L'homme créé par le fils de Japet
N'eut qu'un seul corps, mâle ensemble et femelle.
Mais Jupiter de ce tout si parfait
Fit deux moitiés, et rompit le modèle.
Voilà d'où vient qu'à sa moitié jumelle
Chacun de nous brûle d'être rejoint.
Le cœur nous dit, ah ! la voilà ! c'est elle !
Mais à l'épreuve, hélas ! ce ne l'est point.

XXII.

Avec les gens de la cour de Minerve
Desirez-vous d'entretenir la paix ?
Louez les bons, pourtant avec réserve ;
Mais gardez-vous d'offenser les mauvais.
On ne doit point, pour semblables méfaits,

---

[1] Il désigne les jésuites, qui n'aimoient pas plus Rousseau qu'ils n'en étoient aimés.

En purgatoire aller chercher quittance ;
Car il est sûr qu'on ne mourut jamais
Sans en avoir fait double pénitence.

XXIII.

Si de Noé l'un des enfants maudit
De son Seigneur perdit la sauvegarde,
Ce ne fut point pour avoir, comme on dit,
Surpris son père en posture gaillarde :
Mais c'est qu'ayant fait cacher sa guimbarde
Au fond de l'arche, en guise de relais,
Il en tira cette espèce bâtarde
Qu'on nomme gens de robe et de Palais.[1]

XXIV.

Monsieur l'abbé, vous n'ignorez de rien,
Et ne vis onc mémoire si féconde.
Vous pérorez toujours, et toujours bien,
Sans qu'on vous prie, et sans qu'on vous réponde.

---

[1] On ne reconnoît là ni le goût, ni la délicatesse habituelle de l'auteur, dans ces sortes de petites pièces. C'est une grosse sottise, dite sottement.

Mais le malheur, c'est que votre faconde
Nous apprend tout, et n'apprend rien de nous.
Je veux mourir, si pour tout l'or du monde
Je voudrois être aussi savant que vous.

XXV.

Ami, crois-moi : cache bien à la cour
Les grands talents qu'avec toi l'on vit naître;
C'est le moyen d'y devenir un jour
Puissant seigneur, et favori peut-être.
Et favori? qu'est cela? C'est un être
Qui ne connoît rien de froid ni de chaud,
Et qui se rend précieux à son maître,
Par ce qu'il coûte, et non par ce qu'il vaut.

XXVI.

Tout plein de soi, de tout le reste vide,
Le petit homme étale son savoir,
Jase de tout, glose, interrompt, décide,
Et sans esprit veut toujours en avoir;
Car son babil qu'on ne peut concevoir,
Tient toujours prêts contes bleus à vous dire,
Ou froids dictons, que pourtant il admire.

Et de là vient que l'archigodenot,[1]
Depuis trente ans que seul il se fait rire,
N'a jamais su faire rire qu'un sot.

XXVII.

Doctes héros de la secte moderne,
Comblés d'honneurs, et de gloire enfumés,
Défiez-vous du temps qui tout gouverne;
Craignez du sort les jeux accoutumés.
Combien d'auteurs, plus que vous renommés,
Des ans jaloux ont éprouvé l'outrage!
Non que n'ayez tout l'esprit en partage
Qu'on peut avoir; on vous passe ce point.
Mais savez-vous qui fait vivre un ouvrage?
C'est le génie, et vous ne l'avez point.

XXVIII.

Gacon, rimailleur subalterne,[2]
Vante Person le barbouilleur;

---

[1] *Archigodenot.* Un maître sot, tout fait pour servir à tout le monde de jouet et de risée.

[2] Ces deux personnages réels sont désignés, dans les éditions précédentes, par les noms de *Griphon* et de *Siphon*. Gacon, tra-

Et Person, peintre de taverne,
Prône Gacon le rimailleur.
Or en cela cèrtain railleur
Trouve qu'ils sont tous deux fort sages :
Car sans Gacon et ses ouvrages,
Qui jamais eût vanté Person?
Et sans Person et ses suffrages,
Qui jamais eût prôné Gacon?

XXIX.

AUX JOURNALISTES DE TRÉVOUX.

Petits auteurs d'un fort mauvais journal,
Qui d'Apollon vous croyez les apôtres,
Pour Dieu, tâchez d'écrire un peu moins mal;
Ou taisez-vous sur les écrits des autres.
Vous vous tuez à chercher dans les nôtres
De quoi blâmer, et l'y trouvez très-bien :
Nous, au rebours, nous cherchons dans les vôtres
De quoi louer, et nous n'y trouvons rien.

ducteur insipide d'Anacréon, et auteur d'un libelle scandaleuse‑
ment satirique, intitulé *l'Anti-Rousseau;* à peu près ignoré au‑
jourd'hui.

XXX.

AUX MÊMES.

Grands reviseurs, courage, escrimez-vous :
Apprêtez-moi bien du fil à retordre.
Plus je verrai fumer votre courroux,
Plus je rirai ; car j'aime le désordre.
Et, je l'avoue, un auteur qui sait mordre,
En m'approuvant peut me rendre joyeux :
Mais le venin de ceux du dernier ordre
Est un parfum que j'aime cent fois mieux.

XXXI.

SUR LES TRAGÉDIES DU SIEUR ***.

Cachez-vous, Lycophrons antiques et modernes,
Vous qu'enfanta le Pinde au fond de ses cavernes
Pour servir de modèle au style boursouflé.
Retirez-vous, Ronsard, Baïf, Garnier, La Serre ;
Et respectez les vers d'un rimeur plus enflé [1]
Que Rampale, Brébeuf, Boyer, ni Longepierre.

[1] Ce *rimeur* n'étoit autre que Crébillon, que l'auteur d'*Électre*, de *Rhadamiste et Zénobie*.

FIN DU LIVRE SECOND.

LIVRE TROISIÈME.

ÉPIGRAMME I.

Est-on héros pour avoir mis aux chaînes [1]
Un peuple ou deux ? Tibère eut cet honneur.
Est-on héros en signalant ses haines
Par la vengeance ? Octave eut ce bonheur.
Est-on héros en régnant par la peur ?
Séjan fit tout trembler, jusqu'à son maître.
Mais de son ire éteindre le salpêtre,
Savoir se vaincre, et réprimer les flots
De son orgueil, c'est ce que j'appelle être
Grand par soi-même ; et voilà mon héros.

[1] La fâcheuse affaire que le comte de Bonneval s'étoit attirée, et dont nous avons parlé Liv. III, Ode 3, avoit rendu toute espèce de réconciliation impossible entre lui et le prince Eugène. Rousseau eut le courage de tenter, en faveur du comte, quelques représentations, dont on lui sut fort mauvais gré ; et depuis cette époque, le prince retira insensiblement sa protection au poète françois, sans cependant lui ôter jamais son estime. — Telle est l'origine et le sujet de cette Épigramme.

II.

A M. LE DUC DE BOURGOGNE.

Mars et l'Amour, au jour de votre fête,
De même ardeur pour vous se sont épris ;
L'un de lauriers ornera votre tête,
L'autre y joindra ses myrtes favoris.
Jeune héros, l'un et l'autre ont leur prix :
Mars fut toujours ami de Cythérée.
Vous trouverez les myrtes plus fleuris,
Et les lauriers de plus longue durée.

III.

A MADAME D'USSÉ.

LES DEUX DONS.

Les Dieux jadis vous firent pour tributs
Deux de leurs dons d'excellente nature :
L'un avoit nom, Ceinture de Vénus,
Et l'autre étoit la Bourse de Mercure.
Lors Apollon dit, par forme d'augure :

De celle-ci largesse elle fera,
De l'autre, non; car jamais créature
De son vivant ne la possédera.

IV.

LES SOUHAITS.[1]

ÊTRE l'Amour quelquefois je desire :
Non pour régner sur la terre et les cieux ;
Car je ne veux régner que sur Thémire ;
Seule elle vaut les mortels et les Dieux :

[1] Ce madrigal n'est point de Rousseau, mais de Ferrand, poëte agréable, mort en 1719. L'idée originale appartient à Marot, qui avoit dit le premier :

> Être Phébus bien souvent je desire ;
> Non pour connoître herbes divinement,
> Car la douleur, qui veut mon cœur occire,
> Ne se guérit par herbe aucunement :
> Non pour avoir ma place au firmament,
> Car en la terre habite mon plaisir :
> Non pour son arc encontre Amour saisir,
> Car à mon roi ne veux être rebelle.
> Être Phébus seulement j'ai desir,
> Pour être aimé de Diane la belle.

Voltaire copie à la fois et Marot et Ferrand, dans le madrigal suivant, adressée à madame du Châtelet, jouant à Sceaux le rôle d'Issé, dans la pastorale de ce nom.

> Être Phébus aujourd'hui je desire, etc.

Non pour avoir le bandeau sur les yeux;
Car de tout point Thémire m'est fidèle :
Non pour jouir d'une gloire immortelle;
Car à ses jours survivre je ne veux :
Mais seulement pour épuiser sur elle
Du dieu d'Amour et les traits et les feux.

V.

A M. ROUILLÉ.

Myrtes d'Amour, pampres du dieu de l'Inde,
Ne sont moissons dont je sois fort chargé;
En qualité de citoyen du Pinde,
Le laurier seul est le seul bien que j'ai.
Bien qu'en soyez noblement partagé,
Ne dédaignez pourtant notre guirlande;
Car ce laurier dont je vous fais offrande,
Ressemble assez aux faveurs d'une Iris.
Ce don, commun, devient de contrebande :
Mais est-il rare? il vaut encor son prix.

VI.

A L'ABBÉ DE CHAULIEU.[1]

Maitre Vincent [2], ce grand faiseur de lettres,
Si bien que vous n'eût su prosaïser.
Maître Clément [3], ce grand faiseur de mètres,
Si doucement n'eût su poétiser :
Phébus adonc va se désabuser
De son amour pour la docte fontaine ;
Et connoîtra que pour bons vers puiser,
Vin champenois vaut mieux qu'eau d'Hippocrène.

VII.

CONTRE MONTFORT.

Dans une troupe avec choix ramassée
On produisit certains vers languissants :
Chacun les lut, on en dit sa pensée ;

---

[1] C'est à tort, sans doute, que dans la plupart des éditions cette Épigramme est adressée à M. d'Ussé; le dernier vers ne laisse aucun doute sur sa véritable destination.

[2] Voiture.

[3] Marot.

Mais sur l'auteur on étoit en suspens,
Lorsque Montfort présenta son visage :
Et l'embarras fut terminé d'abord ;
Car par Montfort on reconnut l'ouvrage,
Et par l'ouvrage on reconnut Montfort.

VIII.

CONTRE UN MARGUILLIER.

J'avois frondé le culte et les mystères
Dont à la Chine on s'est embarrassé ;
Et Brisacier, dans ses lettres austères, [1]
Me paroissoit justement courroucé.
Mais quand je vois sire Alain encensé,
Je suis forcé d'abjurer mes paroles,
Et de souscrire à l'hommage insensé
Que les Chinois rendent à leurs idoles.

---

[1] Jacques Charles de Brisacier, supérieur des Missions étrangères, pendant soixante et dix ans. Il eut beaucoup de part aux écrits publiés contre les jésuites, dans l'affaire des *Cérémonies chinoises*. Mort en 1736, âgé de 94 ans.

IX.

CONTRE LONGEPIERRE.[1]

Longepierre le translateur,
De l'antiquité zélateur,
Imite les premiers fidèles,
Qui combattoient jusqu'au trépas
Pour des vérités immortelles
Qu'eux-mêmes ne comprenoient pas.

X.

CONTRE LE MÊME.

A voir Perrault et Longepierre,
Chacun de son parti vouloir régler le pas,
Ne diroit-on pas d'une guerre
Dont le sort est remis aux soins de deux goujats?[2]

[1] Hilaire Bernard de Roquelcyne, seigneur de Longepierre, *comprenoit* très-bien les beautés des poètes grecs, mais ne les rendoit pas de même en françois. On a de lui des traductions d'Anacréon, de Théocrite, de Bion et de Moschus, en assez mauvais vers, mais dont les notes prouvent une érudition profonde et variée. Sa tragédie de *Médée* a des beautés qui l'ont maintenue au théâtre. Né en 1658; mort en 1727.

[2] Cela n'a pas même le mérite du plaisant; et, zélé partisan des anciens, Rousseau devoit, au moins, savoir gré à Longepierre de son zèle pour *son parti*. Le seul mot de *goujat* suffiroit pour gâter la meilleure Épigramme.

XI.

SUR L'AVENTURE DE L'ÉVÊQUE DE NÎMES, QUI S'ÉTOIT SAUVÉ PAR LA FENÊTRE POUR ÉCHAPPER A SES CRÉANCIERS.

Pour éviter des Juifs la fureur et la rage,
 Paul, dans la ville de Damas,
 Descend de la fenêtre en bas :
 La Parisière, en homme sage,
 Pour éviter ses créanciers,
 En fit autant ces jours derniers.
 Dans un siècle tel que le nôtre
 On doit être surpris, je crois,
 Qu'un de nos prélats une fois
Ait su prendre sur lui d'imiter un apôtre. [1]

[1] Il est assez digne de remarque, que le talent de la raillerie ait toujours été le penchant à l'impiété, dans un poète devenu depuis si religieux. Qu'avoit affaire ici saint Paul, et son évasion de Damas, avec l'aventure vraie ou supposée de l'évêque de Nîmes ?

XII.

Pour disculper ses œuvres insipides,
Danchet² accuse et le froid et le chaud;
Le froid, dit-il, fit choir mes *Héraclides*,
Et la chaleur fit tomber mon *Lourdaud*.
Mais le public, qui n'est point en défaut,
Et dont le sens s'accorde avec le nôtre,
Dit à cela : Taisez-vous, grand nigaud :
C'est le froid seul qui fit choir l'un et l'autre.

XIII.

Un gros garçon qui crève de santé,
Mais qui de sens a bien moins qu'une buse,

---

[1] Cette Épigramme fut dirigée d'abord contre De Brie, auteur, comme Danchet, d'une tragédie des *Héraclides*, et d'une comédie intitulée *le Lourdaud*. Ces pièces ont été jouées, mais non imprimées. On a encore de De Brie un roman du *Duc de Guise*, surnommé *le Balafré* : réimprimé pour la dernière fois en 1714.

[2] Auteur de quatre tragédies, *Cyrus*, *les Héraclides*, *les Tyndarides*, et *Nicétis*; et de douze opéra, dont le meilleur et le plus tristement célèbre, est celui d'*Hésione* (mis en musique par Campra, et représenté en 1700), puisque son prologue fournit le canevas et l'air des *couplets* qui perdirent Rousseau. *Les Héraclides* furent joués en décembre 1719.

De m'attaquer a la témérité,
En médisant de ma gentille muse;
De ce pourtant ne me chaux, et l'excuse;
Car demandant à gens de grand renom
S'il peut mon los m'ôter par telle ruse,
Ils m'ont tous dit assurément que non.

XIV.

Paul, de qui la vraie épithète
Est celle d'ennuyeux parfait,
Veut encor devenir poète,
Pour être plus sûr de son fait.
Sire Paul, je crois en effet,
Que cette voie est la plus sûre :
Mais vous eussiez encor mieux fait
De laisser agir la nature.

XV.

CONTE DU POGGE.[1]

Un fat, partant pour un voyage,
Dit qu'il mettroit dix mille francs

---

[1] Poggio Bracciolini, qu'on nomme *le Pogge;* auteur satirique, Florentin, né en 1380, mort en 1459.

Pour connoître un peu par usage
Le monde avec ses habitants.
Ce projet peut vous être utile,
Reprit un rieur ingénu :
Mais mettez-en encor dix mille,
Pour ne point en être connu.

XVI.

A PRADON, QUI AVOIT FAIT UNE SATIRE PLEINE D'INVECTIVES CONTRE DESPRÉAUX.

Au nom de Dieu, Pradon, pourquoi ce grand courroux [1]
Qui contre Despréaux exhale tant d'injures ?
 Il m'a berné, me direz-vous :
Je veux le diffamer chez les races futures.
Hé ! croyez-moi, laissez d'inutiles projets. [2]
Quand vous réussiriez à ternir sa mémoire,
Vous n'avanceriez rien pour votre propre gloire,
Et le grand Scipion sera toujours mauvais.

---

[1] Racine, Boileau et Rousseau ont épuisé sur ce pauvre Pradon tous les traits de la satire. Il avoit, il est vrai, deux grands travers : celui de faire des vers détestables, et de les croire au moins aussi bons que ceux de ses illustres rivaux. *Le grand Scipion* est sa dernière tragédie, représentée en 1697. Pradon mourut l'année suivante, au mois de janvier.

[2] On lit dans quelques éditions :

 Hé ! croyez-moi, restez-en paix.

XVII.

En son lit une damoiselle
Attendoit l'instant de sa mort :
Un Capucin brûlant de zèle,
Lui dépêchoit son passe-port ;
Puis il lui dit pour réconfort :
Consolez-vous, âme fidèle ;
La Vierge est là qui vous appelle
Dans la sainte Jérusalem :
Dites trois fois, pour l'amour d'elle,
Domine, salvum fac regem. [1]

XVIII.

Tu dis qu'il faut brûler mon livre :
Hélas ! le pauvre enfant ne demandoit qu'à vivre.
Les tiens auront un meilleur sort ;
Ils mourront de leur belle mort.

---

[1] Tout le sel consiste ici dans l'ignorance du capucin, qui prend un vœu pour le roi, pour une prière adressée à la Vierge. Étoit-ce la peine de faire une Épigramme ?

XIX.

SUR LES FABLES DE LAMOTTE.[1]

Quand le graveur Gilot et le poète Houdart,
Pour illustrer la Fable auront mis tout leur art,
    C'est une vérité très-sûre
Que le poète Houdart et le graveur Gilot,
    En fait de vers et de gravure,
Nous feront regretter La Fontaine et Calot.[2]

---

[1] Cette Épigramme avoit été communiquée à Rousseau par Brossette, qui la soupçonnoit du même atelier (ce sont ses termes) que la suivante; c'est-à-dire de la façon de Chaulieu. Rousseau n'y fit aucun changement.

[2] Le trait est d'autant meilleur, que Claude Gillot (et non pas Gilot) a beaucoup mieux réussi dans les compositions burlesques et originales, que dans les études sérieuses; il eut cependant un mérite, celui de former Vatteau. Il étoit né à Langres en 1673, et mourut à Paris en 1722. — Comme La Fontaine, Jacques Calot étoit l'homme de la nature; et il y avoit aussi loin de lui à Gillot, que de La Fontaine à Lamotte.

XX.

SUR LE MÊME SUJET.[1]

Dans les fables de La Fontaine
Tout est naïf, simple et sans fard;
On n'y sent ni travail ni peine,
Et le facile en fait tout l'art :
En un mot, dans ce froid ouvrage,
Dépourvu d'esprit et de sel,
Chaque animal tient un langage
Trop conforme à son naturel.[2]
Dans Lamotte-Houdart, au contraire,
Quadrupède, insecte, poisson,
Tout prend un noble caractère,
Et s'exprime du même ton.
Enfin par son sublime organe
Les animaux parlent si bien,
Que dans Houdart souvent un âne
Est un académicien.

[1] Cette Épigramme n'est point de Rousseau, qui l'attribuoit lui-même à Chaulieu : voyez sa lettre à Brossette, 25 janvier 1718. Il se contenta d'y faire quelques légers changements, afin de la rendre, disoit-il, *plus légère*.

[2] Trait de satire ingénieusement dirigé contre une certaine école, qui ne s'éloignoit déjà que *trop* de ce précieux *naturel*, que l'on n'a guère retrouvé depuis.

XXI.

Deux gens de bien, tels que Vire en produit,
S'entre-plaidoient sur la fausse cédule
Faite par l'un, dans son art tant instruit,
Que de Thémis il bravoit la férule.
Or de cet art se targuant sans scrupule,
Se trouvant seuls sur l'huis du rapporteur :
Signes-tu mieux ? vois, disoit le porteur :
T'inscrire en faux seroit vaine défense.
M'inscrire en faux, reprit le débiteur,
Tant ne suis sot : tiens, voilà ta quittance.

XXII.

Quand vous vous efforcez à plaire,
On croit voir l'âne contrefaire
Le petit chien vif et coquet ;
Et si vous vous contentiez d'être
Un sot, tel que Dieu vous a fait,
On craindroit moins de vous connoître.

XXIII.

Ci gît l'auteur d'un gros livre
Plus embrouillé que savant.
Après sa mort il crut vivre,
Et mourut dès son vivant.

XXIV.

Ci-dessous gît monsieur l'abbé Courtois,
Qui mainte dame en son temps coqueta,
Et par la ville envoya maintes fois
De billets doux plus d'un duplicata.
Jean, son valet, qui très-bien l'assista,
Souvent par jour en porta plus de dix ;
Mais de réponse onc il n'en rapporta.
Or prions Dieu qu'il leur doint paradis.

XXV.

Sous ce tombeau gît un pauvre écuyer,
Qui, tout en eau sortant d'un jeu de paume,

En attendant qu'on le vînt essuyer,
De Bellegarde ouvrit un premier tome.[1]
Las ! en un rien tout son sang fut glacé.
Dieu fasse paix au pauvre trépassé !

XXVI.

A M. LE COMTE D'OETTINGUER.

De tes lectures assidues,
Ami, crois-moi, pour quelques jours
Tâche d'interrompre le cours ;
Car pour peu que tu continues,
Je crains, à te parler sans fard,
Que la mort sévère et chagrine,
Jugeant peut-être à tout hasard
De ton âge par ta doctrine,
Ne te prenne pour un vieillard.

[1] Auteur fécond, infatigable traducteur d'une foule d'ouvrages de piété, de morale et de littérature, également oubliés aujourd'hui. L'abbé de Bellegarde étoit né dans le diocèse de Nantes, en 1648, et mourut à Paris en 1734.

XXVII.

A MONSIEUR T....

Ami T.... sais-tu pourquoi
On te fuit comme la chouette?
Non. Que peut-on reprendre en moi?
Rien, sinon d'être un peu trop poète.
Car quelle rage, en bonne foi!
Toujours réciter, toujours lire!
Point de paix dedans ni dehors;
Tu me talonnes quand je sors,
Tu m'attends quand je me retire,
Tu me poursuis jusques au bain.
Je lis, tu m'étourdis l'oreille;
J'écris, tu m'arrêtes la main;
Je dors, ton fausset me réveille;
A l'église je veux prier,
Ton démon me fait renier.
Bref, sur moi partout il s'acharne,
Et si je t'enferme au grenier,
Tu récites par la lucarne. [1]

---

[1] Horace, *Poét.* v, 474 et suiv., et Boileau après lui, *Art poét.* Ch. iv, v, 53, s'étoient déjà moqués de cette fureur de réciter, partage ordinaire des poètes les plus médiocres. Il s'agit, dans les

Trop déplorable infirmité !
En veux-tu voir l'énormité?
Bon homme, ingénu, serviable,
Tu te fais haïr comme un diable
Avecque toute ta bonté.

XXVIII.

Toi qui places impudemment
Le froid Pic[1] au haut du Parnasse,
Puisses-tu pour ton châtiment
Admirer les airs de Colasse !

vers de Boileau, de Charles Du Perrier, le fils probablement de celui auquel Malherbe avoit adressé les stances fameuses :

Ta douleur, Du Perrier, etc.

[1] Très-froid auteur, en effet, d'un opéra intitulé : *la Naissance de Vénus*, dont Colasse avoit fait la musique, et qui fut représenté en 1696. Colasse succéda immédiatement à Lulli, mais ne le remplaça pas. Campistron, Fontenelle, Lamotte, lui fournirent la plupart des ouvrages qu'il mit en musique. Né à Reims en 1640; mort à Paris en 1709, dans l'indigence, et dans un état voisin de l'aliénation.

XXIX.

Chrysologue toujours opine;[1]
C'est le vrai Grec de Juvénal :
Tout ouvrage, toute doctrine
Ressortit à son tribunal.
Faut-il disputer de physique ;
Chrysologue est physicien.
Voulez-vous parler de musique ;
Chrysologue est musicien.
Que n'est-il point ? Docte critique,
Grand poète, bon scolastique,
Astronome, grammairien.
Est-ce tout ? Il est politique,
Jurisconsulte, historien,
Platoniste, cartésien,
Sophiste, rhéteur, empirique.
Chrysologue est tout, et n'est rien.

[1] L'abbé Bignon, l'un des plus zélés protecteurs que les lettres aient jamais eu en France. Nommé bibliothécaire du roi en 1718, il a sensiblement contribué à la splendeur dont a joui depuis la Bibliothèque royale. L'abbé Bignon étoit membre de l'Académie Françoise et de celle des Inscriptions. Né en 1662 ; mort en 1743.

XXX.

JUSTIFICATION DE LA PRÉCÉDENTE ÉPIGRAMME, A UN IMPORTANT DE COUR QUI S'EN FAISOIT L'APPLICATION.

Bien que votre ton suffisant
Prête un beau champ à la satire,
Ne vous alarmez pas, beau sire;
Ce n'est point vous, quant à présent,
Que ma Muse a voulu décrire.
Et qui donc ? Je vais vous le dire :
C'est un prêtre mal décidé,
Moitié robe, moitié soutane,
Moitié dévot, moitié profane,
Savant jusqu'à l'A B C D,
Et galant jusqu'à la tisane.
Le reconnoissez-vous ? Selon.
C'est celui qui sous Apollon,
Prend soin des haras du Parnasse,
Et qui fait provigner la race
Des bidets du sacré vallon.
Le reconnoissez-vous mieux ? Non.
Ouais! Pourtant, sans que je le nomme,
Il faut que vous le deviniez.

C'est l'aîné des abbés noyés.
Oh, oh! j'y suis. Ce trait peint l'homme
Depuis la tête jusqu'aux pieds.

FIN DU TROISIÈME LIVRE.

POÉSIES DIVERSES.

ÉPITHALAME.

De votre fête, Hymen, voici le jour :
N'oubliez pas d'en avertir l'Amour.

Quand Jupiter, pour complaire à Cybèle,
Eut pris congé du joyeux célibat,
Il épousa, malgré la parentelle,
Sa sœur Junon, par maximes d'état.
Noces jamais ne firent tel éclat :
Jamais Hymen ne se fit tant de fête.
Mais au milieu du céleste apparat,
Vénus, dit-on, crioit à pleine tête :

De votre fête, Hymen, voici le jour :
N'oubliez pas d'en avertir l'Amour.

Vénus parloit en déesse sensée.
Hymen agit en dieu très-imprudent :
L'enfant aîlé sortit de sa pensée ;
Dont contre lui l'Amour eut une dent.
Et de là vint que, de colère ardent,
Le petit dieu toujours lui fit la guerre,
L'angariant[1], le vexant, l'excédant
En cent façons, et chassant sur sa terre.

---
[1] *L'angariant* : le contrariant.

De votre fête, Hymen, voici le jour :
N'oubliez pas d'en avertir l'Amour.

Malheur, dit-on, est bon à quelque chose.
Le blond Hymen maudissoit son destin :
Et même Amour, qui jamais ne repose,
Lui déroba sa torche un beau matin.
Le pauvre Dieu pleura, fit le lutin.
Amour est tendre et n'a point de rancune :
Tiens, lui dit-il, ne sois plus si mutin ;
Voilà mon arc : va-t'en chercher fortune.

De votre fête, Hymen, voici le jour :
N'oubliez pas d'en avertir l'Amour.

Hymen d'abord se met en sentinelle,
Ajuste l'arc ; et bientôt aperçoit
Venir à lui jeune et gente pucelle,
Et bachelier propre à galant exploit.
Hymen tira, mais si juste et si droit,
Que Cupidon même ne s'en put taire.
Ho ! ho ! dit-il, le compère est adroit ;
C'est bien visé ! Je n'eusse pu mieux faire.

Amour, Hymen, vous voilà bien remis :
Mais, s'il se peut, soyez long-temps amis.

Or, voilà donc, par les mains d'Hyménée,
D'un trait d'Amour deux jeunes cœurs blessés.
J'ai vu ce Dieu, de fleurs la tête ornée,

Les brodequins de perles rehaussés,
Le front modeste, et les regards baissés;
En robe blanche il marchoit à la fête,
Et conduisant ces amants empressés,
Il étendoit son voile sur leur tête.

Amour, Hymen, vous voilà bien remis :
Mais, s'il se peut, soyez long-temps amis.

Que faisoient lors les enfants de Cythère?
Ils soulageoient Hymen en ses emplois.
L'un de flambeaux éclairoit le mystère,
L'autre du Dieu dictoit les chastes lois.
Ceux-ci faisoient résonner le hautbois,
Ceux-là dansoient pavane façonnée : ¹
Et tous chantoient en chœur à haute voix :
Hymen, Amour! Amour, ô Hymenée !

Amour, Hymen, vous voilà bien remis :
Mais, s'il se peut, soyez long-temps amis.

Enfin finale, après maintes orgies,
Au benoît lit le couple fut conduit.
Le bon Hymen, éteignant les bougies,
Leur dit : Enfants, bonsoir et bonne nuit!
Lors Cupidon s'empara du réduit.
Puis maints Amours de rire et de s'ébattre,

¹ *Pavane :* sorte d'ancienne danse grave et sérieuse.

Se rigolant, menant joyeux déduit, [1]
Et jusqu'au jour faisant le diable à quatre.

Amour, Hymen, vous voilà bien remis :
Mais, s'il se peut, soyez long-temps amis.

Par tel moyen, entre ces Dieux illustres
L'accord fut fait et le traité conclu.
Jeunes époux, faites que de vingt lustres,
Traité si doux point ne soit résolu;
Et puissiez-vous, devant l'an révolu,
Tant opérer, que d'une aimable mère
Naisse un beau jour quelque petit joufflu,
Digne des vœux de l'aïeul et du père !

---

[1] *Se rigolant*, du verbe *rigoler* ou *rigouler*; s'en donner à cœur joie, outre mesure. *Genio indulgere*. — *Déduit*, qu'il eût fallu écrire *déduyt;* passe-temps agréable.

PALÉMON, DAPHNIS,

ÉGLOGUE.[1]

PALÉMON.

Quels lieux t'ont retenu caché depuis deux jours,
Daphnis? Nous avons cru te perdre pour toujours :
Chacun fuit, disions-nous, ces champêtres asiles ;
Nos hameaux sont déserts et nos champs inutiles.

DAPHNIS.

O mon cher Palémon, ne t'en étonne pas ;
Ces lieux pour nos bergers ont perdu leurs appas.
La ville a tout séduit, et sa magnificence
Nous fait de jour en jour haïr notre innocence.
Je l'ai vue à la fin cette grande cité :
Quel éclat ! mais, hélas ! quelle captivité !
Cependant nous courons, fuyant la solitude,
Dans ces murs chaque jour briguer la servitude.
Sous de riches lambris, qui ne sont point à nous,
Devant ses habitants nous ployons les genoux.

---

[1] Ce n'étoit point assez pour Rousseau de s'être moqué avec esprit du *vieux berger normand ;* il voulut encore ramener, par son exemple, les bons esprits dans la route dont Fontenelle s'étoit si prodigieusement écarté. Ce fut dans ce dessein qu'il composa cette Églogue, où l'on reconnoît à chaque vers le poète rempli de la lecture, et pénétré de l'esprit de Virgile.

J'ai vu même près d'eux nos bergers, nos bergères,
Affecter, je l'ai vu, leurs modes étrangères,
Contrefaire leur geste, imiter leurs chansons,
Et de nos vieux pasteurs mépriser les leçons.
Qui l'eût cru? de nos champs l'agréable peinture,
Ces fertiles coteaux où se plaît la nature,
Le frais de ces gazons, l'ombre de ces ormeaux,
Nos rustiques débats, nos tendres chalumeaux,
Les troupeaux, les forêts, les prés, les pâturages,
Sont pour eux désormais de trop viles images.
Ils savent seulement chanter sur leur hautbois
Je ne sais quel Amour, inconnu dans nos bois.
Tissu de mots brillants, où leur esprit se joue,
Badinage affecté que le cœur désavoue.
Enfin, te le dirai-je? ô mon cher Palémon,
Nos bergers n'ont plus rien de berger que le nom.[1]

PALÉMON.

Et pourquoi retenir encor ce nom champêtre?
S'ils ne sont plus bergers, pourquoi veulent-ils l'être?

---

[1] Gresset a reproduit ces mêmes plaintes, et la plupart de ces idées, dans des stances charmantes adressées à Virgile, sur la décadence de la poésie pastorale.

> La bergère, outrant sa parure,
> N'eut plus que de faux agréments :
> Le berger, quittant la nature,
> N'eût plus que de faux sentiments ;
> Et ce qu'on appelle l'Églogue,
> Ne fut plus qu'un froid dialogue
> D'acteurs dérobés aux romans, etc.

Le lion n'est point fait pour tracer les sillons,
Ni l'aigle pour voler dans les humbles vallons.
Voit-on le paon superbe, oubliant son plumage,
De la simple fauvette affecter le ramage;
L'amarante, emprunter la couleur du gazon,
Et le loup des brebis revêtir la toison ?

DAPHNIS.

Oh! si jamais le ciel, à nos vœux plus facile,
Faisoit revivre ici ce berger de Sicile [1]
Qui le premier, chantant les bois et les vergers,
Au combat de la flûte instruisit les bergers !
Ou celui qui sauva des fureurs de Bellone [2]
Ses troupeaux trop voisins de la triste Crémone ! [3]
Tous deux pleins de douceur, admirables tous deux,
Soit que de deux pasteurs ils décrivent les jeux,
Soit que de Thestylis l'amoureuse folie
Ressuscite en leurs vers l'art de la Thessalie ; [4]
Quel Dieu sur leurs doux sons formera notre voix ?
Ne reverrons-nous plus paroître dans nos bois
Les Faunes, les Sylvains, les Nymphes, les Dryades,
Les Silènes tardifs, les humides Naïades,
Et le dieu Pan lui-même, au bruit de nos chansons,
Danser au milieu d'eux, à l'ombre des buissons ?

---

[1] Théocrite.

[2] Virgile.

[3] Mantua, *væ ! miseræ nimium vicina Cremonæ !*
Ecl. IX, 28.

[4] THÉOCRITE, Idylle II. VIRGIL. Ecl. VIII.

PALÉMON.

Que faire, cher Daphnis? Nos regrets ni nos plaintes
Ne rendront pas la vie à leurs cendres éteintes.
Mais toi, disciple heureux de ces maîtres vantés,
J'ai vú que de tes sons nous étions enchantés,
Quand sous tes doigts légers l'air trouvant un passage
Exprimoit les accents dont ils traçoient l'image :
Les Muses t'avouoient, et de leurs favoris
Ménalque eût osé seul te disputer le prix.

DAPHNIS.

Il l'auroit disputé contre Apollon lui-même ! [1]
Mais le soin de sa voix fait son plaisir suprême.
Quant à moi, qui me borne à de moindres succès,
Quelque gloire pourtant a suivi mes essais;
Et même nos pasteurs, mais je suis peu crédule, [2]
M'ont quelquefois à lui préféré sans scrupule.

PALÉMON.

J'aime ces vers qu'un soir tu me dis à l'écart. [3]
Ce n'est qu'une chanson simple et presque sans art;
Mais les timides fleurs qui se cachent sous l'herbe,
Ont leur prix aussi-bien que le pavot superbe.
De grâce, cher Daphnis, tâche à t'en souvenir.

---

[1] *Quid, si idem certet Phœbum superare canendo?*
　　　　　　　　　　Ecl. v, 9.

[2] *. . . . . Me quoque dicunt*
Vatem pastores; sed non ego credulus illis. IX, 34.

[3] *Quid, quæ te pura solum sub nocte canentem*
Audieram? Ibid. 44.

DAPHNIS.

Je m'en souviens : elle est aisée à retenir :
« L'ardente Canicule a tari nos fontaines ;
» L'Aurore de ses pleurs n'arrose plus nos plaines ;
» On voit l'herbe mourir dans tous les champs voisins ;[1]
» Le rosier est sans fleurs, le pampre sans raisins.
» Qui rend ainsi la terre aride et languissante ?
» Faut-il le demander ? Célimène est absente.

PALÉMON.

Et ceux que tu chantois, je m'en suis souvenu,
Quand nous vîmes passer ce berger inconnu :
« J'ai conduit mon troupeau dans les plus gras herbages ;
» Cependant il languit parmi les pâturages.
» J'ai trop bravé l'Amour; l'Amour, pour se venger,[2]
» Fait périr à la fois et moutons et berger.

DAPHNIS.

La suite vaut bien mieux, et ne fut pas perdue :
Notre importun s'enfuit dès qu'il l'eut entendue.
« L'Amour est dangereux ; mais ce n'est point l'Amour
» Qui fait que mon troupeau se détruit chaque jour :
» C'est ce berger malin, dont l'œil sombre m'alarme,[3]
» Qui, sans doute, sur nous a jeté quelque charme. »

---

[1] *Aret ager; vitio moriens sitit acris herba.* Ecl. VII, 57.

[2] *Idem amor exitio est pecori, pecorisque magistro.*
III, 101.

[3] *Nescio quis teneros oculus mihi fascinat agnos.*
Ibid. 103.

PALÉMON.

Tu m'en fais souvenir. O qu'il fut étonné!
Je crois que de long-temps il ne t'a pardonné.
Mais si j'osois encor te faire une prière!
Te souvient-il du jour que dans cette bruyère
Tu chantois, en goûtant la fraîcheur du matin,
Ces beaux vers, imités du grand pasteur latin :
« Revenez, revenez, aimable Galatée? »
Jamais chanson ne fut à l'air mieux ajustée.
Dieux! comme en l'écoutant tout mon cœur fut frappé!
J'ai retenu le chant, les vers m'ont échappé.[1]

DAPHNIS.

Voyons. Depuis ce temps je ne l'ai point chantée.
« Revenez, revenez, aimable Galatée :[2]
» Déjà d'un vert naissant nos arbres sont parés ;
» Les fleurs de leur émail enrichissent nos prés.
» Qui peut vous retenir loin de ces doux rivages ?
» Avez-vous oublié nos jardins, nos bocages ?
» Ah! ne méprisez point leurs champêtres attraits,
» Revenez! les Dieux même ont aimé les forêts.[3]
» Le timide bélier se plaît dans les campagnes,
» Le chevreuil dans les bois, l'ourse dans les montagnes.
» Pour moi (de notre instinct nous suivons tous les lois),[4]
» Je me plais seulement aux lieux où je vous vois. »

---

[1] *Numeros memini, si verba tenerem.* IX, 45.

[2] *Huc ades, o Galatæa! quis est nam ludus in undis?* Ibid. 39.

[3] .... *Habitárunt Di quoque sylvas.* Ecl. II, 60.

[4] .... *Trahit sua quemque voluptas.* Ibid. 65.

PALÉMON.

Est-ce tout ? Je me trompe, ou tu m'en fis entendre
D'autres, que même alors tu promis de m'apprendre.

DAPHNIS.

Il est vrai; mais, berger, chaque chose a son cours.
Autrefois à chanter j'aurois passé les jours.[1]
Tout change. Maintenant les guerrières trompettes
Font taire les hautbois et les humbles musettes :
Quelle oreille, endurcie à leur bruit éclatant,
Voudroit à nos chansons accorder un instant ?
Les accents les plus doux des cygnes du Méandre,
A peine trouveroient quelqu'un pour les entendre.
Finissons : aussi-bien le soleil s'obscurcit,
Du côté du midi le nuage grossit,
Et des jeunes tilleuls qui bordent ces fontaines
Le vent semble agiter les ombres incertaines.
Adieu : les moissonneurs regagnent le hameau,
Et Lycas a déjà ramené son troupeau.[2]

[1] *Omnia fert ætas, animum quoque : sæpe ego longos*
Cantando puerum memini me condere soles :
Nunc oblita mihi tot carmina.
Ecl. ix, 51.

[2] Il étoit impossible de réduire plus heureusement le précepte en exemple. C'est en imitant, en traduisant Virgile avec un rare succès, que Rousseau nous apprend comment il faut l'imiter.

ÉLISE,

ÉGLOGUE HÉROÏQUE,

POUR L'IMPÉRATRICE,

A SON RETOUR DES BAINS DE CARLSBAD EN BOHÊME.

Faites trêve, bergers, au chant de vos musettes :
Pour les tons élevés elles ne sont point faites.
Si vos seuls chalumeaux doivent régner ici,
Remettez-les aux Dieux; ils l'ordonnent ainsi.
Et pourquoi refuser aux déités champêtres
Un présent que leurs mains ont fait à vos ancêtres?
Les plaines, les coteaux, les forêts, les vergers,
Sont les séjours des Dieux ainsi que des bergers.
Commençons. Si nos bois chantent une immortelle,
Rendons au moins nos bois et nos chants dignes d'elle.
   Par l'ordre d'Égérie en mortel transformé,
Fidèle sans espoir, content sans être aimé,
Quand sous les traits d'Élise une nouvelle Astrée
Vint des peuples de l'Elbe éclairer la contrée,
Pan, le dieu des forêts (que ne peut point l'Amour!)
Sous l'habit d'un chasseur avoit suivi sa cour.
Il revint : mais à peine ébranlés dans la nue,
Les chênes d'Hercinie annoncent sa venue,
Que la nymphe, brûlant d'un desir curieux :

Hé bien ! l'auguste Élise approche de ces lieux :
Dieu des bois, dites-nous, dites, que doit-on croire
De tout ce qu'on entend publier à sa gloire?
Parlez : l'onde se tait, les airs sont en repos.
Elle dit; et le Dieu lui répond en ces mots :
O Nymphe, qu'à jamais, pour augmenter ma flamme,
L'amour soit dans vos yeux, la vertu dans votre âme !
La déesse aux cent voix ne nous a point flattés :
Tout ce que nous savons de nos félicités,
Quand nos premiers sujets, sans travail, sans culture,
Recevoient tout des mains de la seule nature;
Tout ce qu'ont vu nos yeux, quand Cybèle et Cérès
Faisoient, jeunes encore, admirer leurs attraits,
N'approche point, non, non, n'en soyez point surprise,
Ni de notre bonheur, ni des charmes d'Élise.
Depuis qu'elle a paru dans ces heureux climats,
Sa vue a de nos champs écarté les frimas :
Les forêts ont repris une beauté nouvelle;
Les cieux sont plus sereins, et la terre plus belle.
Ce que les clairs ruisseaux sont aux humides prés,
La celeste rosée aux jardins altérés,
Les vignes aux coteaux, les arbres aux montagnes,
Les fruits mûrs aux vergers, les épis aux campagnes,
De cet astre vivant les regards bien-aimés
Le sont, n'en doutez point, à ses peuples charmés.
Leur bonheur semble naître et fleurir sur ses traces :
Chaque mot de sa bouche est dicté par les Grâces.
Noble affabilité, charme toujours vainqueur,

Il n'appartient qu'à vous de triompher du cœur.
La fière majesté vainement en murmure :
Pour captiver les cœurs, il faut qu'on les rassure.
Et quelle âme n'est point saisie à son aspect,
D'étonnement, d'amour, de joie et de respect!
Soit que du haut du trône, où cent peuples l'adorent,
Elle verse sur eux les faveurs qu'ils implorent;
Soit qu'à travers les bois et les âpres buissons,
Elle fasse la guerre aux tyrans des moissons;
J'ai vu, l'œil du dieu Pan n'est point un œil profane,
Les nymphes de Palès, les nymphes de Diane,
Et la troupe de Flore, et celle des Zéphyrs,
De nos humbles pasteurs partager les plaisirs,
Et former avec eux un précieux mélange
De chansons d'allégresse et de cris de louange.
J'ai vu la nymphe Écho porter ces doux concerts
Sur les monts chevelus, sur les rochers déserts.
Non, cette majesté n'est point d'une mortelle :
Nous la reconnoissons, c'est Diane, c'est elle;
Voilà ses yeux, ses traits, sa modeste fierté :
Dans son air, dans son port, tout est divinité.
Ah! vivez! ah! régnez, déité secourable!
Jetez sur votre peuple un regard favorable :
Recevez nos tributs, exaucez nos souhaits :
Faites régner sur nous l'abondance et la paix.
Tant que le cerf vivra dans les forêts profondes,
L'abeille dans les airs, le poisson dans les ondes,
Votre nom, vos bienfaits, source de nos ardeurs,

Vivront, toujours chéris, dans le fond de nos cœurs.
Voilà quel est de tous le sincère langage.
Je vous en dis beaucoup : j'en ai vu davantage.

 Ainsi parla le Dieu des pasteurs et des bois.
La Nymphe à ce discours joignit ainsi sa voix :
Votre récit charmant est pour moi, dieu champêtre,
Ce qu'est au voyageur l'aurore qu'il voit naître,
Ou ce qu'aux animaux, de la soif tourmentés,
Est la douce fraîcheur des ruisseaux argentés.
Élise est dans mon cœur dès sa plus tendre enfance;
J'étois moi-même aux cieux le jour de sa naissance,
Quand les Dieux immortels, au milieu des festins,
Par la joie assemblés, réglèrent ses destins.
De l'Olympe éternel les barrières s'ouvrirent,
Des nuages errants les voiles s'éclaircirent ;
Et Jupiter, assis sur le trône des airs,
Ce Dieu qui d'un clin d'œil ébranle l'univers,
Et dont les autres Dieux ne sont que l'humble escorte,
Leur imposa silence, et parla de la sorte :

 Écoutez, Dieux du ciel. Les temps sont accomplis :
Élise vient de naître, et nos vœux sont remplis.
Voici le jour heureux marqué des destinées
Pour un ordre nouveau de siècles et d'années,
Où Thémis et Vesta, relevant leurs autels,
Doivent ressusciter le bonheur des mortels.
Chez eux vont expirer la Discorde et la Guerre.
Un printemps éternel régnera sur la terre :
Les arbres émaillés des plus riches couleurs

Porteront en tout temps et des fruits et des fleurs ;
Les blés naîtront au sein des stériles arènes,
Et le miel coulera de l'écorce des chênes.
Ces temps, sous Jupiter non encore éprouvés,
Aux heureux jours d'Élise ont été réservés.
Faites donc à sa gloire éclater votre zèle.
Elle est digne de vous ; montrez-vous dignes d'elle.

Il dit ; et tous les Dieux, l'un de l'autre jaloux,[1]
Lui firent à l'envi leurs présents les plus doux.
Cybèle lui donna cette bonté féconde,
Qui cherche son bonheur dans le bonheur du monde.
Minerve dans ses yeux mit sa noble pudeur,
Versa dans son esprit l'équitable candeur,
La prudence discrète, éclairée, et sincère,
Et le discernement, aux rois si nécessaire.
La mère des Amours, des Grâces et des Ris,
A ces divins présents donna le dernier prix,
Et dans ses moindres traits mit un charme invincible,
Qui seul à ses vertus peut rendre tout possible.
Que vous dirai-je enfin ? Chaque divinité
Voulut de ses tributs enrichir sa beauté.
Junon seule restoit. Quoi ! pour cette princesse,
Dit-elle, tout l'Olympe à mes yeux s'intéresse,
Les dons pleuvent sur elle : et, parmi tant de biens,
Je n'ai pu faire, ô ciel ! compter encor les miens !
Moi, l'épouse et la sœur du maître du tonnerre,

[1] Imitation éloignée d'Hésiode. Voyez le Poëme des *Travaux et des Jours*, v. 63 et suiv.

Moi, la reine des Dieux, du ciel, et de la terre !
Ah ! périsse ma gloire ; ou faisons voir à tous
Que ces dieux si puissants ne sont rien près de nous.
Qu'ils viennent à mes dons comparer leurs largesses.
Je veux lui prodiguer mes grandeurs, mes richesses :
Je veux que son pouvoir dans les terrestres lieux
Soit égal au pouvoir de Junon dans les cieux.
C'est par moi que l'Hymen, dès ses jeunes années,
Unira ses destins aux grandes destinées
D'un Alcide nouveau, [1] dont le bras fortuné
De monstres purgera l'univers étonné.
Il verra les deux mers flotter sous son empire ;
Et, malgré cent rivaux que la Discorde inspire,
Pacifique vainqueur, il étendra ses lois
Sur cent peuples fameux soumis par ses exploits.
Ainsi parla Junon ; et ses divins présages
Furent dès lors écrits dans le livre des âges.

C'est ainsi qu'Égérie, encourageant sa voix,
S'entretenoit d'Élise avec le dieu des bois.
Les oiseaux attentifs cessèrent leurs ramages :
Le zéphyr oublia d'agiter les feuillages ;
Et les troupeaux, épris de leurs concerts touchants,
Négligeant la pâture, écoutèrent leurs chants.

---

[1] Joseph Ier, empereur d'Autriche.

IDYLLE.

Echappé du tumulte et du bruit de la ville,
Muse, je te retrouve en ce champêtre asile,
Où, dans la liberté que tu m'y fais choisir,
Tu viens me demander compte de mon loisir.
Il est vrai qu'avec toi, dans ces plaines fleuries,
J'entretiens quelquefois mes douces rêveries ;
Mais pardonne aujourd'hui, si des charmes plus doux
T'enlèvent un tribut dont ces bords sont jaloux.
J'y vois de toutes parts, prodigue en ses largesses,
Cybèle à pleines mains répandre ses richesses ;
De ses bienfaits nouveaux ces arbres sont parés ;
D'une herbe verdoyante elle couvre nos prés.
Cérès suit son exemple, et de ses dons propices,
Sous la même couleur déguise les prémices.
Et Bacchus, cultivant ses thyrses reverdis,
N'ose encore à nos yeux étaler ses rubis.
L'émail riche et brillant que nos champs font éclore,
N'est encor réservé qu'au triomphe de Flore,
Soit par reconnoissance et pour prix des présents
Dont sa main de Cybèle orna les jeunes ans ;
Ou soit que le zéphyr, par quelque heureuse adresse,
Ait obtenu ce don de la bonne Déesse :
Car ce dieu caressant plaît par ses privautés,
Et se donne souvent d'heureuses libertés.

On lui pardonne tout, caprices, inconstance.
Aujourd'hui même encor, si j'en crois l'apparence,
Deux jeunes déités, objets de ses soupirs,
Partagent à la fois ses soins et ses plaisirs ;
Et, pour cacher le fruit d'un amour qu'on soupçonne,
Sous les habits de Flore il déguise Pomone.
C'est à ces doux objets que mes yeux sont ouverts.
Ici l'airain bruyant n'ébranle point les airs :
De la sœur de Progné la voix flatteuse et tendre
Dans ces paisibles lieux seule se fait entendre.
Heureux si bien souvent ses accords enchanteurs
Ne réveilloient l'Amour assoupi dans les cœurs !
A sa voix les amants renouvellent leurs plaintes,
Ils sentent ranimer leurs desirs et leurs craintes.
L'un, outré du mépris qu'on fait de ses amours,
Appelle vainement la mort à son secours :
L'autre, témoin des feux d'une infidèle amante,
Exhale en vains serments sa colère impuissante.
Qui pourroit épuiser les songes déréglés,
Les fantômes trompeurs dont leurs sens sont troublés,
Quand le sang, allumé d'un feu qui l'empoisonne,
Au retour du printemps dans leurs veines bouillonne?
Jadis nos sens plus vifs dans la saison des fleurs
Se sentoient excités par les mêmes chaleurs ;
Mais de trente printemps la sagesse escortée
De jour en jour s'oppose à leur fougue indomptée :
Pour ceux de qui l'été fait mûrir la raison,
Le printemps et l'hiver sont la même saison.

LETTRE

A M. DE LA FOSSE,

POÈTE TRAGIQUE,[1]

ÉCRITE DE ROUEN, OÙ L'AUTEUR ATTENDOIT UN VAISSEAU
POUR PASSER EN ANGLETERRE.

Depuis que nous prîmes congé
Du réduit assez mal rangé
Où votre muse pythonisse
Évoque les ombres d'Ulysse,
De Thésée et de Manlius,
Comme l'auteur d'Héraclius
Faisoit jadis celles d'Horace,
De Rodrigue et de Curiace,
J'ai quatre mauvais jours passé,
Sans, je vous jure, avoir pensé
(Dussiez-vous me croire un stupide)
Qu'il fût au monde un Euripide.
Toutefois je me souviens bien
De notre dernier entretien,

---

[1] La seule de ses tragédies qui soit restée au théâtre, *Manlius Capitolinus*, fut représentée pour la première fois en 1698. La Fosse avoit en outre composé *Thésée*, *Corésus*, *Polixène*, et traduit, ou plutôt parodié Anacréon en vers ridicules; mais il y a, dans son *Manlius*, des beautés d'un ordre supérieur.

Que je terminai par vous dire
Que j'aurois soin de vous écrire.
Je vous écris donc; et voici
De mon voyage un raccourci.

 L'aube avoit bruni les étoiles,
Et la nuit replioit ses voiles,
Lorsque je quittai mon chevet
Pour m'acheminer chez Blavet.
Un carrosse sexagénaire
D'abord s'offre à mon luminaire,
Attelé de six chevaux blancs,
Dont les côtes, à travers flancs
A supputer peu difficiles,
Marquoient qu'ils jeûnoient les vigiles
Et le carême entièrement.
J'entre; et dans le même moment
Je vois arriver en deux bandes
Trois Normands et quatre Normandes,
Avec qui, pauvre infortuné,
J'étois à rouler destiné.
On s'assemble, chacun se place.
Sous le poids de l'horrible masse
Déjà les pavés sont broyés :
Les fouets hâtifs sont déployés,
Qui de cent diverses manières
Donnent à l'air les étrivières.
Un jeune esprit aérien,

Trop voisin de nous pour son bien,
En reçut un coup sur le râble,
Qui lui fit faire un cri de diable :
Car, si vous n'en êtes instruit,
Le son qu'un coup de fouet produit,
(N'en déplaise aux doctes pancartes
Et des Rohault et des Descartes),
Vient beaucoup moins de l'air froissé,
Que de quelque Sylphe fessé,
Qui, des humains cherchant l'approche,
En reçoit bien souvent taloche,
Puis va criant comme un perdu.
Nos coursiers, ce bruit entendu,
Connoissant la verge ennemie,
Rappellent leur force endormie;
Ils tirent : nous les excitons.
Le cocher jure; nous partons.

Nous poursuivions notre aventure
Lorsque l'infernale voiture,
Après environ trente pas,
Nous renversa de haut en bas.
Horrible fut la culebute !
Mais voici le pis de la chute :
Les chevaux, malgré le cocher,
S'obstinent à vouloir marcher.
En vain le moderne Hippolyte
S'oppose à leur fougue subite :

Sans doute, *en ce désordre affreux*,[1]
Un dieu pressoit leurs flancs poudreux.
A la fin leur fureur s'arrête ;
Et moi, non sans bosse à la tête,
Avec quelque secours d'autrui,
Je sors de mon maudit étui.

Par cet événement tragique
Je mettrai fin à ma chronique ;
Et de peur de vous ennuyer,
Je supprime un volume entier
D'aventures longues à dire,
Et plus longues encore à lire.
Vous saurez seulement qu'enfin
J'arrivai, dimanche matin,
A Rouen, séjour du sophisme,
Accompagné d'un rhumatisme,
Qui me tient tout le dos perclus,
Et me rend les bras superflus.
En ce fâcheux état, beau Sire,
Je ne laisse de vous écrire,
Et me crois de tous maux guéri
Au moment que je vous écri ;
Car en nul endroit du royaume
Il n'est cataplasme ni baume,

---

[1] Parodie de ces beaux vers du récit de Théramène, dans *Phèdre*, acte v.

Et même on a cru voir, dans ce désordre affreux,
Un Dieu qui d'aiguillons pressoit leurs flancs poudreux.

Qui pût me faire autant de bien
Que cette espèce d'entretien.
A tant, seigneur, je vous souhaite
Longue vie et santé parfaite,
Et toujours ample déjeûné
Des lauriers de Melpoméné;
Tandis que pour sortir de France,
Prenant mes maux en patience,
J'attends entre quatre rideaux
Le plus paresseux des vaisseaux. [1]

[1] Le genre badin et léger n'étoit pas celui de Rousseau; aussi ne s'y est-il guère exercé que cette fois, et il a bien fait.

LETTRE

A MONSIEUR DUCHÉ,

QUI LUI AVOIT ENVOYÉ DES VERS QU'IL AVOIT FAITS ÉTANT MALADE.

Est-ce la fièvre, est-ce Apollon,
   Qui t'inspire ces sons attiques,
Dignes d'être écoutés sur le sacré vallon?
Non, ce ne sont point là des songes fantastiques
Qu'enfante en ses vapeurs un cerveau déréglé,
De spectres, de lutins, et de monstres troublé.
Mais cependant, ami, quelle peur enfantine
Te fait désapprouver cette écorce divine
Dont l'atlantique bord fit présent aux humains?
Quoi! toujours résister aux dons de la nature;
Mépriser la santé que tu tiens dans tes mains,
Et de tes maux par choix te rendre la pâture!
Prends-y garde : crois-moi, le péril est pressant.
La fièvre est comme un loup cruel et ravissant
Qui vers les antres sourds traîne un agneau timide,
Et, des coups de sa queue hâtant ses pas rétifs,
Devance le berger et le dogue intrépide
Qu'appellent au secours ses bêlements plaintifs;
Bientôt le ravisseur, tout palpitant de joie,

Au fond d'un bois obscur dévorera sa proie.
Préviens un sort si triste, et par de prompts efforts
Dissipe cette humeur pesante et léthargique,
Qui peut-être pourroit, par quelque fin tragique,
Que sais-je? dévorer et l'esprit et le corps.

LETTRE

DE L'ABBÉ DE CHAULIEU

A ROUSSEAU,

SUR LA DIRECTION QUE M. DE CHAMILLARD LUI AVOIT DONNÉE DANS LES FINANCES, EN 1707.

Qu'avec plaisir du Parnasse
Je te vois descendre au bureau!
 Dans un an qu'il fera beau
 Voir le nourrisson d'Horace
Dresser état et bordereau,
 Et tirer de place en place!
Mon amitié depuis long-temps
Ne voit qu'avec impatience
Qu'il ne manque à tes agréments,
Rousseau, qu'un peu plus d'abondance.
Mais il est honteux à la France
Que ton esprit et tes talents
 Ne la doivent qu'à la finance.

. . . .

Jouis, quoi qu'il en soit, de ta félicité :

. . . .

Ne te dérobe pas à ton oisiveté;
 Et souviens-toi que la richesse

Que donne l'assiduité,
Ne vaut pas la sainte paresse
Qu'un sage libertin professe
Avec joyeuse pauvreté :
Ainsi, sans changer de maxime,
Suis exactement le régime,
Où La Fare et moi t'avons mis.
Fais lever matin tes commis ;
Pour toi, passe les nuits à table,
Entre Bacchus et tes amis.
Sans quitter ce train que tu pris,
Moins utile que délectable,
Tu verras pourtant de louis
Une quantité raisonnable,
Faire d'un poète aimable
Un Bourvalais[1] à juste prix.
Dans cette douce espérance
Qu'en conçoit déjà mon cœur,
Adieu, monsieur le directeur,
Non directeur de conscience,
Dont je suis bien moins serviteur,
Que d'un directeur de finance, etc.

[1] PAUL POISSON, depuis sieur DE BOURVALAIS, fit sous le ministère, et par la protection de M. de Pontchartrain, une fortune aussi rapide que brillante, qui lui attira, suivant l'usage, des ennemis, des épigrammes et des persécutions ; mort en 1719.

RÉPONSE

DE ROUSSEAU A L'ABBÉ DE CHAULIEU.

Par tes conseils et ton exemple,
Ce que j'ai de vertu fut trop bien cimenté,
  Cher abbé : dans la pureté
  Des innocents banquets du Temple,
  De raison et de fermeté
  J'ai fait une moisson trop ample,
  Pour être jamais infecté
  D'une sordide avidité.
Quelle honte, bon Dieu! quel scandale au Parnasse,
  De voir l'un de ses candidats
  Employer la plume d'Horace
A liquider un compte, ou dresser des états!
J'ai vu, diroit Marot en faisant la grimace,
  J'ai vu l'élève de Clio
  Sedentem in telonio :
Je l'ai vu calculer, nombrer, chiffrer, rabattre,
  Et d'un produit au denier quatre
  Discourir mieux qu'Amonio.
Dure, dure plutôt l'honorable indigence
  Dont j'ai si long-temps essayé!
Je sais quel est le prix d'une honnête abondance
  Que suit la joie et l'innocence :

Et qu'un philosophe étayé
D'un peu de richesse et d'aisance,
Dans le chemin de sapience
Marche plus ferme de moitié.
Mais j'aime mieux un sage à pié,
Content de son indépendance,
Qu'un riche indignement noyé
Dans une servile opulence ;
Qui, sacrifiant tout, honneur, joie, amitié,
Au soin d'augmenter sa finance,
Est lui-même sacrifié
A des biens dont jamais il n'a la jouissance.
Nourri par Apollon, cultivé par tes soins,
Cher abbé, ne crains pas que je me tympanise
Par l'odieuse convoitise
D'un bien plus grand que mes besoins.
Une âme libre et dégagée
Des préjugés contagieux,
Une fortune un peu rangée,
Un corps sain, un esprit joyeux,
Et quelque prose mélangée
De vers badins ou sérieux,
Me feront trouver l'apogée
De la felicité des Dieux.
C'est par ces maximes, qu'ignore
Tout riche, Juif, Arabe ou More,
Que j'ai su plaire dès long-temps
A des protecteurs que j'honore,

Et c'est ainsi que je prétends
Trouver l'art de leur plaire encore.
C'est dans ce bon esprit Gaulois,
Que le gentil maître François
Appelle Pantagruélisme,
Qu'à Neuilli, La Fare et Sonnin
Puisent cet enjoûment badin
Qui compose leur atticisme.
Abbé, c'est là le catéchisme
Que les Muses m'ont enseigné;
Et voilà le vrai quiétisme
Que Rome n'a point condamné.

A M. TITON DU TILLET,

SUR LES POÉSIES DE M. DESFORGES-MAILLARD.

J'ADMIRE, cher Titon, le riche monument [1]
Qui signale si bien ton goût pour l'harmonie;
Mais je prise encor plus ton noble attachement
    Pour cet estimable génie
Qui, sous un nom d'emprunt autrefois si charmant, [2]
Sous le sien se produit encor plus dignement.
Vis donc; et, rassemblant sous ton aile héroïque
D'un tel ordre d'esprits le précieux essaim,
Ajoute à ton Parnasse un trésor plus certain,
Un Parnasse vivant, monument authentique
Préférable en richesse à tout l'or du Mexique,
    Et plus durable que l'airain.

[1] Le Parnasse françois, exécuté en bronze.

[2] M. Desforges-Maillard avoit d'abord publié ses poésies sous le nom de mademoiselle Malcrais de La Vigne; ce qui trompa presque tous les gens de lettres, et Voltaire lui-même. Heureuse méprise, qui nous a valu *la Metromanie!*

VERS

ENVOYÉS A MADAME LA COMTESSE DE B*** LE JOUR DE SA NAISSANCE.

Ce n'est pas d'aujourd'hui que messieurs les poètes
Sont en possession de penser de travers.
La rime quelquefois couvre bien des sornettes.
 Mais de prétendre dans leurs vers
Que de Vénus l'Amour ait tiré sa naissance,
L'Amour, à qui les Dieux doivent tous leur essence,
Qui du chaos lui-même a tiré l'univers;
 C'est pousser trop loin la licence.
Un jour ce Dieu, piqué de leurs propos légers,
Dit : Je veux les guérir de cette extravagance;
 Et je prétends à cet effet
Former une beauté que tout le monde adore,
Qui soit à leur Vénus semblable trait pour trait,
 Et même plus aimable encore.
 Aussitôt dit, aussitôt fait,
Et dans le même instant naquit Éléonore.
 Dès que l'on vit briller ses yeux,
Tous les Dieux, de Paphos délogeant sans trompette,
 S'en vinrent habiter ces lieux ;
Et même les Amours plièrent la toilette
Avec ce que leur mère eut de plus précieux.

Sa rivale en a fait emplette.
Les cœurs, à ce qu'on dit, ne s'en trouvent pas mieux;
Et la pauvre Vénus n'a plus d'autre parure
Que quelques vieux manteaux pendus à son crochet,
    Ou quelque mauvaise guipure
    Qu'elle ramasse à l'aventure
    Dans les opéra de Danchet.

VERS

A M***, INTENDANT DES FINANCES,

POUR MADAME***, QUI LUI RECOMMANDOIT LE PLACET D'UN DE SES AMIS.

MINISTRE aussi sage qu'affable,
   Aussi généreux qu'équitable,
Par qui le Dieu Plutus, de Paris exilé,
   Doit être, ou jamais, rappelé :
Recevez ce placet que ma main vous présente;
   Et d'une dextre bienfaisante
   Mettez au bas ces mots exquis :
   Soit fait ainsi qu'il est requis.

   La justice vous le conseille,
   Par pitié pour le suppliant.
On sait que vous savez accorder à merveille,
Et l'intérêt du prince, et celui du client.
   Mais peut-être m'allez-vous dire
   Que j'en parle bien aisément,
Et que ces mots qu'ici je vous presse d'écrire,
Ne se prodiguent pas si libéralement.
Sans doute; et je sais bien, moi toute la première,
   Qu'on me feroit telle prière

Où je ne voudrois pas dire en termes précis :
Soit fait ainsi qu'il est requis.

Au sexe féminin sied bien la négative ;
Et quoique les beautés, surtout en ce temps-ci,
Négligent quelquefois cette prérogative,
L'ordre veut néanmoins que cela soit ainsi :
 Mais chez vous, c'est tout le contraire.
 Ministre tant qu'il vous plaira,
 Quand notre sexe vous prîra,
L'ordre veut qu'aussitôt, prompt à le satisfaire,
Le ministre réponde, ainsi que le marquis,
Soit fait ainsi qu'il est requis.

VERS

ENVOYÉS A UNE DEMOISELLLE LE JOUR DE SAINT DENIS, SA FÊTE.

Vous imitez fort mal, soit dit sans vous déplaire,
La charité fervente et le zèle exemplaire
    Du saint et célèbre patron
    Dont on vous a donné le nom.
Nos climats à sa gloire ont servi de théâtre;
Son zèle y renversa le culte des païens :
    Mais vos yeux font plus d'idolâtres
    Qu'il ne fit jamais de chrétiens :
    Et j'admire la Providence
D'avoir en divers temps placé votre naissance;
Car si l'on vous eût vus vivant en même lieu,
On eût perdu le fruit de ses soins charitables :
    Vous eussiez fait donner aux diables
    Tous ceux qu'il fit donner à Dieu.

VERS

ALLÉGORIQUES,

ENVOYÉS A MGR LE DUC DE BOURGOGNE DANS UN MOUCHOIR DE GAZE,
QUI AVOIT SERVI A ESSUYER QUELQUES LARMES ÉCHAPPÉES A MADAME LA
DUCHESSE DE BOURGOGNE, AU RÉCIT DE L'AFFAIRE DE NIMÈGUE.

Amour, voulant lever un régiment,
Battoit la caisse autour de ses domaines.
Soins et soupirs étoient ses capitaines;
Dards et brandons faisoient son armement.
Un étendard lui manquoit seulement.
Il le cherchoit, quand notre jeune Alcide,
Victorieux du Batave timide,
Lui dit : Amour, obéis à mes lois;
Va de ma part trouver Adélaïde;
Entretiens-la de mes premiers exploits :
Cours à ses pieds en remettre l'hommage;
Vole, et reviens. Le Dieu fait son message.
En lui parlant il voit couler soudain
Des pleurs mêlés de tendresse et de joie,
Prix du vainqueur, qu'une soigneuse main
Va recueillir dans un drapeau de soie.
Amour sourit, et, le mettant à part,
Bon! bon! dit-il, voilà mon étendard.
Sous ce drapeau, caporaux ni gendarmes,

Tours ni remparts, rien ne m'arrêtera;
Et, par hasard, quand il me manquera,
J'ai ma ressource en ces yeux pleins de charmes :
Notre héros souvent leur donnera
Sujets nouveaux à de pareilles larmes.

LES MÉTAMORPHOSES

DE VERSAILLES.

En ce pays métamorphose a lieu.
Dames de cour quittent formes humaines;
Et le pouvoir de quelque nouveau Dieu
Les rend dauphins ou gentilles baleines.
Notre princesse a même sort, dit-on.
Elle y paroît sous la forme empruntée,
Non d'Amphion, mais bien de Galatée,
Qui sur dauphin ou baleine portée,
Parcourt l'empire où nage le Triton.
C'est elle-même : on ne peut s'y méprendre,
A cette taille, à cette majesté,
A cette grâce, à cet air noble et tendre
Plus beau cent fois encor que la beauté.
Bien est-il vrai qu'il manque à l'immortelle,
Pour achever en tout le parallèle,
Un point sans plus. Et quoi? C'est son Acis,
Qui, pour complaire à divine donzelle
Aux yeux hagards, que Bellone on appelle,
S'en est allé courir par le pays.
Mais cet Acis, voici bien autre chose
(En ce pays tout est métamorphose),
Est à son tour bravement déguisé;

Du fils d'Alcmène, en son adolescence,
Acis a pris si bien la ressemblance,
Qu'Ovide même y seroit abusé.
Or pour cela ne croyez pas, déesse,
L'avoir perdu ; mais voici la finesse :
Un négromant m'en a conté le cas.
Le destin veut, par un ordre sévère,
Qu'il soit toujours, soit dit sans vous déplaire,
Acis ici, mais Hercule là-bas.
Je vous découvre en deux mots le mystère :
Amour, je crois, ne m'en dédira pas.

SONNET

IMITÉ D'UNE ÉPIGRAMME DE L'ANTHOLOGIE.[1]

A M. LE MARQUIS DE LA FARE.

L'AUTRE jour la cour de Parnasse
Fit assembler tous ses bureaux
Pour juger, au rapport d'Horace,
Du prix de certains vers nouveaux.

Après maint arrêt toujours juste
Contre mille ouvrages divers,
Enfin le courtisan d'Auguste
Fit rapport de vos derniers vers.

Aussitôt le dieu du Permesse
Lui dit : Connois-tu cette pièce?
Je la fis en ce même endroit;

L'Amour avoit monté ma lyre,
Sa mère écoutoit sans mot dire;
Je chantois, LA FARE écrivoit.

[1] Voyez l'Épigramme XXXIX de Boileau.

SONNET

A UN BEL ESPRIT, GRAND PARLEUR.

Monsieur l'auteur, que Dieu confonde,
Vous êtes un maudit bavard :
Jamais on n'ennuya son monde
Avec tant d'esprit et tant d'art.

Je vous estime et vous honore :
Mais les ennuyeux tels que vous,
Eussiez-vous plus d'esprit encore,
Sont la pire espèce de tous.

Qu'un sot afflige nos oreilles,
Passe encor, ce n'est pas merveilles;
Le don d'ennuyer est son lot :

Mais Dieu préserve mon ouïe
D'un homme d'esprit qui m'ennuie !
J'aimerois cent fois mieux un sot.

LEÇON D'AMOUR.

Arrêtez, jeune bergère,
Je suis un amant sincère.
Un amant vous fait-il peur ?
Je n'ai qu'un mot à vous dire ;
Et tout ce que je desire,
C'est de vous tirer d'erreur.

Le temps vous poursuit sans cesse ;
L'éclat de votre jeunesse,
Sera bientôt effacé ;
Le temps détruit toutes choses,
Et l'on ne voit plus de roses
Quand le printemps est passé.

Les plus sombres nuits finissent,
Leurs ombres s'évanouissent,
Et rendent bientôt le jour ;
Mais quand l'aimable jeunesse
A fait place à la vieillesse,
Elle ignore le retour.

L'éclat des fleurs naturelles
Fait l'ornement de nos belles :
On prise leur nouveauté ;
Mais au bout d'une journée,

Cette heureuse destinée
Finit avec leur beauté.

Vos attraits, belle Silvie,
Ne mettront point votre vie
Hors des atteintes du sort;
Il vous promène sans cesse
Du bel âge à la vieillesse,
De la vieillesse à la mort.

Ainsi soyez moins volage,
Et puisqu'avec le bel âge
Le plaisir passe et s'enfuit,
Quittez votre indifférence;
La nuit à grands pas s'avance,
Profitez du jour qui luit.

Un peu de tendre folie,
Fait d'une fille jolie
Le plaisir et le bonheur;
Et dans le déclin de l'âge,
Un dehors fier et sauvage
Lui rend la gloire et l'honneur.

Par cette leçon fidèle,
Tircis pressoit une belle
D'avoir pitié de son mal.
Son discours la rendit sage;
Mais elle n'en fit usage
Qu'au profit de son rival.

SONNET.

Jadis matelot renforcé,
Puis général par l'écritoire,
Roc poignarde son auditoire,
Sur ses deux grands pieds plats haussé.

Quand rois et cours ont bien passé
Par sa langue diffamatoire,
Roc de son éternelle histoire
Reprend le propos commencé.

Il est vrai que son ton de cuistre,
Pour un tiercelet de ministre,
Paroît un peu trop emphasé ;

Mais il faut lui rendre justice :
C'est la politesse d'un Suisse
En Hollande civilisé.

SONNET.

Laissons la raison et la rime
Aux mécaniques écrivains ;
Faisons-nous un nouveau sublime
Inconnu des autres humains.

Intéressons dans notre estime
Quelques esprits légers et vains,
Dont la voix et l'exemple anime
Les sots à nous battre des mains.

Par là croissant en renommée,
Chez la Postérité charmée
Nos noms braveront le trépas.

Fort bien ; voilà la bonne route :
Vos noms y parviendront sans doute ;
Mais vos vers n'y parviendront pas.

LE ROSSIGNOL ET LA GRENOUILLE.

FABLE.

CONTRE CEUX QUI PUBLIENT LEURS PROPRES ÉCRITS SOUS LE NOM D'AUTRUI.

Un rossignol contoit sa peine
Aux tendres habitants des bois.
La grenouille, envieuse et vaine,
Voulut contrefaire sa voix.

Mes sœurs, écoutez-moi, dit-elle;
C'est moi qui suis le rossignol.
Vous allez voir comme j'excelle
Dans le bécarre et le bémol.

Aussitôt la bête aquatique,
Du fond de son petit thorax,
Leur chanta, pour toute musique,
Brre ke ke kex, koax koax.[1]

Ses compagnes crioient merveilles;
Et toujours, fière comme Ajax,
Elle cornoit à leurs oreilles,
Brre ke ke kex, koax koax.

---

[1] Voyez le chœur des *Grenouilles*, dans la pièce de ce nom. ARISTOPH. 211 et suiv.

Une d'elles, un peu plus sage,
Lui dit : Votre chant est fort beau :
Mais montrez-nous votre plumage,
Et volez sur ce jeune ormeau.

Ma commère, l'eau qui me mouille
M'empêche d'élever mon vol.
Eh bien ! demeurez donc grenouille,
Et laissez là le rossignol.

FABLE.

Jadis en l'Inde occidentale
Régnoit un lion si clément,
Que jamais vice ni scandale
Chez lui ne reçut châtiment.

Sa bénignité sans seconde
Tournoit tout en bien chez autrui ;
Il étoit bon pour tout le monde,
Tout le monde étoit bon pour lui.

Par hasard, en certain voyage,
Il fit rencontre d'un vieil ours,
Grand philosophe, mais sauvage,
Et mal poli dans son discours.

Viens à ma cour, dit le cacique ;
Tu seras servi comme un roi.

Trop d'honneur, reprit le rustique ;
Mais vous n'êtes pas né pour moi.

Tout n'est qu'un dans votre service,
Soit qu'on marche droit ou tortu.
Qui ne hait point assez le vice
N'aime point assez la vertu.

AUTRE FABLE.[1]

Un jour un villageois sur son âne affourché
Trouva par un ruisseau son passage bouché.
Tandis que pour le prendre un batelier s'apprête,
Il approche du bord, saute en bas de sa bête,
S'embarque le premier, et sur le pont tremblant
Tire par son licou l'animal nonchalant.
Le grison, qui des flots redoute le caprice,
Tire de son côté, fait le pas d'écrevisse ;
Et, du maître essoufflé déconcertant l'effort,
Lutteur victorieux, demeure sur le bord.
Enfin, tout épuisé d'haleine et de courage,
L'homme change d'avis, redescend au rivage,
Prend l'âne par la queue, et tire de son mieux.
L'animal aussitôt s'échappe furieux,
Et, du bras qui le tient forçant la violence,
D'un saut précipité dans le bateau s'élance.

[1] Cette Fable se trouve dans la préface du *Capricieux*.

FABLE D'ÉSOPE.

Le malheur vainement à la mort nous dispose :
On la brave de loin ; de près c'est autre chose.
Un pauvre bûcheron, de peine atténué,
Chargé d'ans et d'ennuis, de forces dénué,
Jetant bas son fardeau, maudissoit ses souffrances,
Et mettoit dans la mort toutes ses espérances.
Il l'appelle : elle vient. Que veux-tu, villageois ?
Ah ! dit-il, viens m'aider à recharger mon bois.[1]

RONDEAU.

En manteau court, en perruque tapée,
Poudré, paré, beau comme Déiopée,
Enluminé d'un jaune vermillon,
Monsieur l'abbé,[2] vif comme un papillon,
Jappe des vers qu'il prit à la pipée.

Phébus, voyant sa mine constipée,
Dit : Quelle est donc cette muse éclopée

---

[1] Boileau a également versifié cette fable d'Ésope ; et il est, ainsi que Rousseau, resté infiniment au-dessous de La Fontaine, qui a traité ce même sujet, Liv. 1, fable 16.

[2] C'est ce même abbé de Courtin auquel s'adresse l'Ode 11 du second Livre.

Qui vient chez nous racler du violon
    En manteau court?

C'est, dit Thalie, à son rouge trompée,
Apparemment quelque jeune Napée,
Qui court en masque au bas de ce vallon.
Vous vous moquez, lui répond Apollon;
C'est tout au plus une vieille poupée
    En manteau court.

AUTRE RONDEAU.

Au bas du célèbre vallon
Où règne le docte Apollon,
Certain rimailleur de village
Fait le procès au badinage
D'un des successeurs de Villon.

Fait-il bien ou mal? C'est selon.
Mais ses vers, dignes du billon,
Sont pires qu'un vin de lignage
    Au bas.

Si l'on connoissoit ce brouillon,
On pourroit lui mettre un bâillon,
Et corriger son bredouillage;
Mais pour un sot il est fort sage
De n'avoir pas écrit son nom
    Au bas.

VAUDEVILLE.

Le traducteur Dandinière,
    Tous les matins,
Va voir dans leur cimetière
    Grecs et Latins,
Pour leur rendre ses respects.
    Vivent les Grecs !

Si le style bucolique
    L'a dénigré,[1]
Il veut, par le dramatique,
    Être tiré
Du rang des auteurs abjects.
    Vivent les Grecs !

Vormes lui fait ses recrues
    D'admirateurs.
Il va criant par les rues :
    Chers auditeurs,
Voilà des vers bien corrects.
    Vivent les Grecs !

Il a fait un coup de maître
    Des plus heureux :

---

[1] Allusion au recueil d'Idylles, publié par Longepierre, en 1697.

Car, pour les faire paroître
  Forts et nerveux,
Il les a faits durs et secs.
  Vivent les Grecs !

L'auteur lui-même proteste
  Qu'ils sont charmants ;
Et comme il est fort modeste,
  Ses jugements
Ne sauroient être suspects.
  Vivent les Grecs !

Écrivains du bas étage,
  Venez en bref
Pour faire devant l'image
  De votre chef
Cinq ou six salamalecs.
  Vivent les Grecs !

VERS

POUR METTRE AU BAS DU PORTRAIT DE M. DESPRÉAUX.

La vérité par lui démasqua l'artifice ;
Le faux dans ses écrits partout fut combattu :
Mais toujours au mérite il sut rendre justice ;
Et ses vers furent moins la satire du vice,
  Que l'éloge de la vertu.

VERS

POUR METTRE AU BAS DU PORTRAIT DU CÉLÈBRE COMÉDIEN BARON.

Du vrai, du pathétique, il a fixé le ton :
De son art enchanteur l'illusion divine
Prêtoit un nouveau lustre aux beautés de Racine,
    Un voile aux défauts de Pradon.

ÉPITAPHE DE J. B. ROUSSEAU,

FAITE PAR LUI-MÊME.

De cet auteur, noirci d'un crayon si malin,
Passant, veux-tu savoir quel fut le caractère?
Il avoit pour amis, D'Ussé, Brumoy, Rollin :
Pour ennemis, Gacon, Lenglet[1], Saurin, Voltaire.

---

[1] L'abbé Lenglet Dufresnoy. Voyez l'*Éloge historique de Rousseau*, libelle infâme, publié sous le nom de *Gordon de Percel*, à la fin du tome premier de l'*Usage des Romans*.

FIN DES POÉSIES DIVERSES.

ÉPIGRAMMES.

LIVRE QUATRIÈME.

ÉPIGRAMME I.

Quand Prométhée eut les humains formés,
Je veux, dit-il, vous rendre aux dieux pareils :
Par quoi serez, tels que Priape, armés
De braquemars entre les deux orteils.
Si les forgea tous beaux et bien vermeils :
Les uns petits, et les autres plus grands,
Selon la taille et les corps différents.
Mais sur le point que chaque carabine
S'alloit poser sur son vrai parapet,
Survint Bacchus, dont la liqueur mutine
De Prométhée échauffa le toupet.
Dont à la fin le bon fils de Japet
Tout de travers acheva sa besogne;
Et de là vint, dont c'est grande vergogne,
Qu'aux corps humains, tant soient-ils apparents,
Harnois d'amour furent mal assortis,
Ayant donné les plus petits aux grands,
Et les plus grands à nous autres petits.

II.

D'un jeune gars de frayeur tout pantois,
Frère Remi confessoit le péché :
Père, dit-il, j'ai forniqué six fois.
Six fois ? Ho ho ! quel garçon débauché !
Ensuite, ayant son tarif épluché,
Pour un rosaire, absous il le quitta.
Vint un second qui de neuf se vanta :
Sa taxe fut d'un rosaire et demi.
Mais le dernier troubla frère Remi,
Car il avoit onze fois fait le cas.
Onze ? Pardieu mon compte n'y vient pas ;
Ce nombre n'est dans mes capitulaires.
Lors le frater calculant par ses doigts :
Morbleu, dit-il, voilà bien des mystères :
Allez le faire encore une autre fois,
Et pour le tout vous direz deux rosaires.

III.

Certain abbé se manuélisoit
Tous les matins, songeant à sa voisine.
Son confesseur l'interrogeant, disoit :
Vertu de froc ! c'est donc beauté divine ?

Ah! dit l'abbé, plus gente chérubine
Ne se vit onc; c'est miracle d'Amour,
Blancheur de lys, cuisses faites au tour,
Tetins, Dieu sait, et croupe de chanoine.
Toujours j'y pense, et même encore ici
Je fais le cas. Pardieu, ça, dit le moine,
Je le crois bien; car je le fais aussi.

IV.

D'un monastère à Vénus consacré
L'abbesse étoit prête de rendre l'âme.
Un vieux dragon, de débauche altéré,
Vint en ce lieu pour rafraîchir sa flamme :
Las! je me meurs, lui dit la bonne dame,
Je ne saurois. Parbleu, dit le soudart,
Voilà de l'or, envoyez quelque part;
Mais avisez pourtant que la donzelle
Ne m'aille ici laisser de mauvais fruits.
Ah! croyez-vous que je veuille, dit-elle,
Trompez quelqu'un en l'état où je suis?

V.

Aux pieds d'un moine à barbe vénérable
Un jouvenceau contoit ses passe-temps.

Le jour, bon vin, grand'chère, longue table ;
La nuit, tendrons ou veuves de vingt ans.
Le révérend, levant de temps en temps
Les yeux au ciel, disoit : Vierge Marie !
Quel chien de train ! quelle chienne de vie !
Las ! j'en conviens, et ne suis en ce lieu
Pour contester, reprit le bon apôtre.
Eh ! ce n'est pas la tienne, de pardieu,
Dit le fràter ; je parle de la nôtre.

VI.

Deux Bernardins de diverses provinces
De leurs couvents faisoient description.
Chez nous, dit l'un, moines vivent en princes ;
Cave et cuisine ont à discrétion :
Item, nonains, avec permission
De s'en servir quatre fois la journée.
Quatre ? Parbleu, c'est pitance bornée,
Dit l'autre moine : on nous le permet huit :
Cinq le matin, et trois l'après-dînée ;
Et si, j'enrage encor toute la nuit.

VII.

Un compagnon disoit sa ratelée
A certain Carme; il s'accusoit à Dieu
D'avoir donné trente fois l'accolée
A son amie, en même jour et lieu.
Le moine dit : Trente fois, vertudieu!
Oui, dit le gars, par la vertu secrète
D'une racine. Ami, dit le billette,
A tout pécheur Dieu fait rémission :
Or, baille-moi ta joyeuse recette,
Et te promets mon absolution.

VIII.

Certains hussards, usant du droit de guerre,
Chez un meunier entrèrent sans pitié ;
Puis à ses yeux levant leur cimeterre,
Mirent à mal sa dolente moitié.
Pourtant la sotte, en signe d'amitié,
Du croupion remuoit la charnière ;
Dont le mari lui dit : Ah! boucanière,
Je suis cocu, tu prends plaisir au cas.
Hélas! mon fils, repartit la meunière,
C'est pour sortir plus vite d'embarras.

IX.

Une nonain, par un moine requise
Du jeu d'Amour, lui dit : Père Cordon,
Si me faut-il d'abord, peur de surprise,
Par la chatière auner votre bourdon;
Venez ce soir à l'heure du pardon.
L'autre n'étant sûr de son alumelle,
Le soir venu, fait à la jouvencelle,
Au lieu de lui, tâter son compagnon.
Nenni, nenni; je m'y connois, dit-elle;
C'est de pardieu celui de frère Ognon.

X.

Un cavalier de Landau revenu,
Très-mal en point, chopinoit chez un Carme.
En chopinant, vit sur son bras charnu
Toile de lin dont la beauté le charme.
Par la morbleu! s'écria le gendarme,
Onc tisserand ne sut avec tel art
Filer chemise. Ami, dit le frapart,
Troussant sa robe, il n'est que d'être habile :
Vois-tu bien là messire Jean Chouart?
C'est la quenouille avec quoi je les file.

XI.

Un médecin s'accusoit d'avoir fait
De sa Vénus un petit Ganymède.
Le confesseur lui dit : Ah ! bouc infect,
Tison d'enfer, quel démon te possède ?
Pourquoi, trouvant un innocent remède
Contre la chair, te damner pour si peu ?
L'autre répond qu'il a lu que ce jeu
Rend l'œil plus clair, les visières plus nettes.
Hé gros butor, reprit le moine en feu,
S'il étoit vrai, porterois-je lunettes ?

XII.

En plein chapitre, un moine à son retour
Compte rendoit des frais de son voyage;
Tant pour le coche, et tant pour le séjour,
Tant pour le vin, et tant pour autre usage.
Puis quand ce vint aux frais de culetage,
Le papelard mit vingt livres tournois.
Lors le prieur lui dit : Par saint François,
C'est trop payé. Trop payé ? dit le drôle.
Je l'ai tant fait, morbleu, que chaque fois
Ne coûte pas au couvent une obole.

XIII.

Une fillette accorte et bien apprise,
En pleine rue un jour se laissa choir :
Grand vent souffloit, dont sa blanche chemise
De voltiger fit très-bien son devoir;
Si que chacun sans lunettes put voir
A découvert sa gentille chapelle.
Lors un béat pour cacher à la belle
Ce que savez, mit son chapeau dessus.
Chapeaux à moi? tirez, tirez, dit-elle :
C'est bien assez d'une main tout au plus.

XIV.

Diantre soit fait, disoit un passager,
Et de la ville et des dames de Rome!
Chez la donzelle on poivre l'étranger;
Chez la matrône un mari vous assomme.
Et chez qui diable ira donc un pauvre homme?
Chez les Gitons? Ami, vous dites bien,
Reprit d'abord un prêtre italien :
Et n'aurions tous rien de meilleur à faire,
Si ce n'étoit la bulle d'Adrien,
Qui, par malheur, ordonne le contraire.

XV.

Un jeune peintre étant dans une église
A contempler certains tableaux connus,
Dit : Je voudrois pour plus de mignardise,
Féminiser un peu ces anges nus.
Lors une vieille achevant ses agnus,
Lui répliqua : Tais-toi, Jean de Nivelle ;
Vois-tu pas bien que si mince alumelle
Jamais ne peut nous faire succomber ?
Mais les joyaux, vertuchou, de femelle,
Plus sont petits, plus vous font regimber.

XVI.

Certain chanoine, à la taille légère,
Se confessoit d'avoir fait bricoler
Une nonain. Passons, lui dit le père :
C'est du Seigneur la vigne travailler.
Plus, une veuve. Allons, c'est consoler
Les affligés. Oui, mais, dit le chanoine,
Ce n'est le tout. Comment ? Par saint Antoine,
Poursuivit-il, j'ai fourbi contre un mur....
Qui ? Votre sœur. Ma sœur, reprit le moine ;
Et moi ta mère. Adieu. *Remittuntur.*

XVII.

Un précepteur logé chez un Génois
Tant procéda, que de fil en aiguille
Il exploita la fille du bourgeois,
Et le disciple, et la mère, et la fille.
Le cas fit bruit, et le chef de famille,
Homme prudent, tira mon drôle à part.
Ça, ça, dit-il, venez, messire Oudart,
Sur notre peau consommer vos ouvrages.
C'est bien raison que j'en tire ma part,
Puisque c'est moi qui vous donne des gages.

XVIII.

Certain ministre instruisant la jeunesse
D'une nonain qui venoit d'abjurer :
Approchez-moi le vase de liesse,
Dit-il, nature est prête d'opérer ;
Venez, Sara, venez, sans différer,
Faire un élu dans la loi protestante,
Pour me prouver votre conversion.
Las ! non pas un, dit-elle, mais cinquante.
Lors le ministre : O fille de Sion,
S'écria-t-il, que la grâce est puissante !

XIX.

A deux genoux, une gente pucelle
Se confessoit aux pieds d'un Cordelier,
Et lui montroit par-dessous sa dentelle
L'échantillon d'un tetin régulier.
Lors de la chair le démon familier
Se fit sentir. Par quoi l'homme d'église
Lui mit ès mains son joyeux aiguillon.
Oh! qu'est ceci? dit la fille surprise.
Prenez, prenez, reprit le pénaillon :
C'est le cordon de saint François d'Assise.

XX.

POUR UNE DAME VÊTUE EN CAVALIER.

Un Castillan zélé pour les Laïs
En leur faveur chantoit comme un Orphée.
Un Florentin, pour l'honneur du pays,
Aux seuls Gitons élevoit un trophée.
Mais vous voyant en cavalier coiffée,
Chacun changea de goût et de discours.
L'Italien jura que pour toujours

Il quitteroit sa première pratique;
Et l'Espagnol promit, tout au rebours,
De n'exercer que l'amour socratique.

XXI.

Un mandarin de la Société
A des Chinois prêchoit le culte nôtre.
Un bonze ayant quelque temps disputé,
Sur certains points convint avec l'apôtre.
Dont à part soi fort contents l'un et l'autre,
Chacun sortit en se congratulant.
Le moine dit : Grâces à mon talent,
De ce Chinois j'ai fait un prosélyte :
Béni soit Dieu, dit l'autre en s'en allant,
J'ai converti cet honnête Jésuite.

XXII.

Un Barnabite exploitoit sœur Colette
Mal à son aise au travers du parloir.
Ah! quel travail! lui disoit la nonette.
Bien mieux au lit ferions un tel devoir.
Ma chère sœur, reprit le moine noir,

Un tel penser vient de l'esprit immonde :
Dieu ne nous fit pour nos aises avoir
En ce bas lieu, comme les gens du monde.

XXIII.

Une novice accusoit un curé
A son prélat d'avoir cueilli sa rose :
Avez-vous là, lui dit l'homme sacré,
Quelque témoin qui contre lui dépose?
Las! monseigneur, la cellule étoit close,
Et ne voulus crier, tant j'avois peur
De réveiller madame qui repose
Toutes les nuits avec le promoteur.

XXIV.

En un marché passoient avec maint sbire
Deux Florentins que pour crime on brûla;
Crime galant, tel que l'aurez pu lire
Du beau Catule [1] et de Caligula.
Peuple assemblé, disoit l'un, me voilà;
Je suis l'agent, que tu ne t'y méprennes.
Ah! dit le prêtre, ami, laissons cela :
Ne songez plus aux vanités humaines.

[1] Valerius Catulus.

XXV.

Un maître moine exerçoit une sœur
Pendant la nuit, comme on disoit matine.
Mère Christine, en s'en allant au chœur,
Les aperçut avec sœur Clémentine.
Dont celle-ci faisant la diablotine,
Voulut crier et sonner le tocsin.
Laissez, laissez, lui dit mère Christine,
Ne troublons point le service divin.

XXVI.

Un verd-galant se confessoit naguère
D'avoir réduit mainte fille aux abois.
Et des garçons? dit le moine. Ah! mon père,
Je ne suis homme à semblables exploits.
Tant mieux, mon fils : poursuis, si tu me crois,
Dit le frater, je te loue, et pour cause;
Car si ce mal t'arrivoit une fois,
Plus ne voudrois jamais faire autre chose.

XXVII.

Le pénitent d'un disciple d'Élie
Lui racontoit qu'en un lieu débauché,
Il avoit pris de fille assez jolie
Le fruit cuisant de l'amoureux péché.
Le Carme dit : Je n'en suis trop fâché ;
Aux indévots sied bien un tel salaire.
Jà ne seriez de venin entiché
Si, comme nous, portiez le scapulaire.

XXVIII.

Un quiétiste, ardent comme un tison,
Mettant un soir un rossignol en cage,
Le corps en rut, l'esprit en oraison,
Très-saintement dépêchoit son ouvrage ;
Et redoublant maint dévot culetage,
L'esprit au ciel sans relâche attaché :
Dieu soit.... Dieu soit.... dit le saint personnage,
Dieu soit loué, je l'ai fait sans péché.

XXIX.

Un vieux paillard, qu'à Rome on accusoit
De pratiquer l'amour antiphysique,
Vit à Paris un prêtre qu'on cuisoit
Pour même cas dans la place publique.
Hélas, dit-il, le pauvre catholique !
Que n'est-il né Romain ou Ferrarois !
Pour un écu, la taxe apostolique
L'auroit absous du moins quatre ou cinq fois.

XXX.

Frère Conrard, hermite plein de suc,
Trouvant au lit une dame discrette,
Lui fit tourner l'anagramme de luc,
Et de droit fil s'ouvrit la voie étrette.
Que faites-vous ? s'écria la levrette.
Ce n'est pas là, c'est plus bas, vous dit-on.
Laissez, laissez, dit l'humble anachorette ;
Ceci pour moi n'est encor que trop bon.

XXXI.

Un gros prieur, de luxure écumant,
Sur un châlit piquoit son haridelle,
Et s'échauffoit, jurant et blasphémant
Comme un païen; tant qu'enfin la donzelle :
Pour Dieu, mon fils, ne jurez plus, dit-elle :
Vous vous damnez. Cornes de Belzébut !
Dit le frater, vous me la baillez belle !
Suis-je en ce lieu pour faire mon salut ?

XXXII.

Un moine ayant (c'étoit un sous-prieur)
D'une nonain vérifié le sexe,
Las d'encenser le temple antérieur,
Voulut aussi visiter son annexe.
O vanité ! dit la none perplexe;
Qu'en son état l'homme se connoît mal !
Que vers le bien sa route est circonflexe !
Un sous-prieur trancher du cardinal !

XXXIII.

Qui fait l'enfant dans l'amoureux ébat ?
Disoit Agnès à sa dame prudente.
Est-ce celui qui sous l'autre s'abat,
Ou bien l'agent qui dessus instrumente ?
La dame alors lui dit : Pauvre innocente,
L'enfant se fait par ceux qui sont dessous.
Dieu soit béni ! répliqua la suivante :
J'en ai fait un à monsieur votre époux.

XXXIV.

Un Cordelier prêchoit sur l'adultère,
Et s'échauffoit le moine en son harnois
A démontrer, par maint bon commentaire,
Que ce péché blesse toutes les lois.
Oui, mes enfants, dit-il, haussant la voix,
J'aimerois mieux, pour le bien de mon âme,
Avoir affaire à dix filles par mois,
Que de toucher en dix ans une femme.

XXXV.

En fait d'amour, je le dis et répète,
Ce n'est le tout qu'un minois doux et coint.
Beau naturel n'est que joie imparfaite :
Si veux-je encor que l'art s'y trouve joint.
Jeune tendron jà ne me déplaît point :
Mais j'aime mieux gentille douairière.
Or savez-vous en quoi gît tout le point?
L'une le fait, l'autre le laisse faire.

XXXVI.

La joie est encor dans Paris,
Malgré le temps et la misère;
Et subsiste sous deux abris
Qui sont cocus et gens d'affaire.
Dans l'un est gentille commère;
En l'autre sont bons cuisiniers.
Partant cocus et maltôtiers
Sont gens qu'il est bon de connoître :
Aussi les vois-je volontiers :
Mais pour rien ne le voudrois être.

XXXVII.

LA GAGEURE.

Deux jeunes gars, en amour gens d'élite,
Gageoient un jour à qui mieux le feroit.
L'un le fit onze, et tout bas murmuroit ;
Mais l'autre en fit quatorze tout de suite,
Et dans l'instant se saisit de l'enjeu.
Le malheureux, à certaine donzelle
Conta le cas : Sainte Vierge, dit-elle,
Est-il permis de perdre à si beau jeu !

XXXVIII.

LA VOIE DU SALUT.

Avec scandale un peintre en son taudis
Entretenoit gentille chérubine.
Vous, pour le sûr, et votre concubine,
Dit frère Luc, de Dieu serez maudits :
Épousez-vous ; les anges ébaudis
Fête en feront sur le céleste cintre.
Épousons donc, puisqu'il faut, dit le peintre,
Être cocu pour gagner paradis.

XXXIX.

LE BAPTISEUR DE JUIVES.

Chez des Juives, un paillard moine
Prenoit sa récréation ;
Sur quoi certain grave chanoine
Lui disoit par compassion :
Ami, vous courez risque d'être
Brûlé comme un porc vif ou mort.
Nenni, pardieu, reprit le prêtre ;
Car je les baptise d'abord.

XL.

REMÈDE CONTRE LA CHAIR.

Un Guillaumet mâtinoit à confesse
Un sectateur de l'art du Titien.
Quoi ! vous peignez, disoit l'homme de bien,
D'après le nud, bras, tetons, cuisse, fesse,
Le tout à choix ! Il n'est nul, voire un saint,
Dont en ce cas la chair ne fût rebelle.
J'ai, dit le peintre, un remède certain ;
J'exploite avant quatre fois mon modèle.

XLI.

COMPLIE.

Un Cordelier faisoit l'œuvre de chair,
Et s'ébattoit en festoyant sa mie.
Son compagnon lui dit : Frère très-cher,
Pourtant faut-il aller chanter complie.
Lors le frater dit : Parbleu, je m'oublie !
Sus, hâut le cul, dépêchons-nous, Gogo.
Je reviendrai, si Dieu me prête vie,
Dès que j'aurai chanté *Tantum ergo*.

XLII.

LE DÉVOT.

Quoi ! faire cas d'un plaisir qui ne dure !
Ah ! renoncez à celui de nature,
Disoit un jour un dévot très-outré.
Le gars auquel fut ainsi remontré,
Lui répliqua : Vous savez mal conclure.
Bon pour celui qui pourroit se lasser,
Et s'abattroit d'une seule aventure :
Mais mon plaisir est de recommencer.

XLIII.

LE PIEUX SOUHAIT.

Pour confesser femelle de vingt ans,
Par un matin arriva père Antoine;
Près de son lit d'abord se mit le moine,
Et tôt après le ribaud fut dedans.
Frère Lubin avec des yeux ardents
Voyoit le tout de loin par la fenêtre :
Mon Dieu! dit-il alors entre ses dents,
N'aurai-je pas le bonheur d'être prêtre!

XLIV.

AVERTISSEMENT D'UN CURÉ.

Dans un village, au jeudi de l'absoute,
Certain pasteur dit au peuple amassé :
Au moins, enfants, afin que nul n'en doute,
N'allez pas faire ainsi que l'an passé.
Tous vos maris, femmes, m'ont confessé
Avoir troussé leurs voisines en male :
Et d'entre vous nulle n'a prononcé
Avoir forfait à la foi conjugale.

XLV.

LA DIFFÉRENCE DE MAÎTRE GONIN A MAÎTRE CONIN.
DOUTE RÉSOLU.

Comte, par qui Vénus mit en pratique
Tout ce qui peut damoiselle tenter,
Pour décider ton doute académique,
Point ne nous faut Calepin consulter.
Ce cas je puis, sans trop argumenter,
Te débrouiller en stile d'épigramme.
Qu'ainsi ne soit : On sait qu'à mainte dame
Tu fais souvent tour de maître Gonin ;
Mais, par ta foi, dis-nous si jamais femme
Ne t'a joué tour de maître Conin ?

XLVI.

LE PARI.

Un Cordelier, un Billette, un Gendarme,
N'avoient qu'Alix pour unique atelier :
On tire au sort, le sort échut au Carme,
Puis au frapart, et puis au Cavalier.
Gentil soudart, dit lors le Cordelier,

Jà de long-temps tu n'auras ton aubaine :
Le Carme et moi finirons la douzaine ;
C'est la gageure : or, ne sois point marri.
En attendant, faisons l'œuvre romaine,
Et pour cela ne perdrai le pari.

XLVII.

SUR UNE BAGUE ENVOYÉE PAR UNE DAME A UNE AUTRE DAME.

Beau doigt, ministre des plaisirs,
Toi qui sais soulager les plus ardents desirs,
　　Reçois aujourd'hui mon hommage.
　　Quoi qu'on en puisse soupçonner,
　　　D'un diamant je veux t'orner,
Et la reconnoissance à ce devoir m'engage.

XLVIII.

EXHORTATION D'UN CONFESSEUR.

Au temps de Pâque un certain jouvenceau
Se confessoit, suivant l'usage,
D'avoir un jour sous un feuillage
Appris quelque terme nouveau

A jeune fille prude et sage.
Bon, dit le père : après, que fites-vous?
Rien de plus contre l'innocence,
Reprit le gars avec un naturel fort doux.
A votre âge, mon fils, je gardois le silence;
Mais j'avois une autre éloquence :
Allez, puisqu'est ainsi, fuyez les rendez-vous.

XLIX.

ENTRETIEN DE QUATRE CORDELIERS.

Un Cordelier frais, gaillard et dispos,
Après dîner, attendant le service,
Entretenoit trois autres de propos,
Et leur contoit qu'une jeune novice
L'avoit prié de fourbir son devant;
Puis il leur dit, son discours poursuivant :
Frères très-chers, qu'eussiez-vous voulu faire?
Les deux ont dit qu'ils eussent pris la haire,
Et que soudain eussent quitté le lieu :
Mais le dernier dit qu'il l'auroit f......
Lors le frater : C'est bien dit, vertubleu !
Elle le fut, ou la peste me tue.

L.

LE CORDELIER CHARITABLE.

Deux Cordeliers, grands débrideurs de nones,
A frais communs desservoient un couvent,
Et dirigeoient douze fringantes nones :
C'en étoit six pour chaque desservant.
L'un trépassa dans ces rudes épreuves.
Moi, j'ai bon dos, dit l'autre survivant :
Morbleu ! je veux épouser les six veuves.

FIN DES ÉPIGRAMMES.

PIÈCES ATTRIBUÉES

A

J. B. ROUSSEAU.

POÉSIES.

LA MOÏSADE.[1]

Votre impertinente leçon
Ne détruit point mon pyrronisme ;
Ce n'est point par un vain sophisme
Que vous surprendrez ma raison :
L'esprit humain veut des preuves plus claires
Que les lieux communs d'un curé.
Ce fatras obscur de mystères,
Qu'on débite au peuple effaré,
Avec le sens commun n'est pas bien mesuré.
La raison n'y peut rien connoître,
Et quand on les croit, il faut être
Bien aveugle ou bien éclairé.
En vain je cherche et j'envisage
Les preuves d'une déité ;
J'en connois l'excellence et la solidité,
J'adore en frémissant cette divinité,
Dont mon esprit se forme une si belle image ;
Mais quand j'en cherche davantage,
Je ne trouve qu'obscurité.
La vérité cachée en un épais nuage,
A mon esprit confus n'offre point de clarté ;
Rien ne fixe mon doute et ma perplexité ;

---

[1] Dans quelques éditions, cette pièce est intitulée : *l'Impie* ou *l'Incrédule*.

En vain de tous côtés je cherche quelque usage
    Qui du bon sens ne soit point écarté ;
De mille préjugés chaque peuple entêté,
    Me tient un différent langage,
    Et la raison prudente et sage
Ne découvre qu'erreur et qu'ambiguité.
Papistes, Siamois, tout le monde raisonne ;
L'un dit blanc, l'autre noir ; on ne s'accorde point,
    Chacun dit sa créance bonne :
    Qui croirai-je du Talapoin,
    Ou bien du docteur de Sorbonne ?
Aucun ; mais je demande un juge sur ce point
Qui soit juge sincère, et n'épouse personne ;
Ce sera le bon sens, qui leur dit en deux mots :
Vous êtes tous les deux bien fourbes ou bien sots.
Le vulgaire en aveugle à l'erreur s'abandonne,
    Et la plus froide fiction,
Marquée au coin sacré de la religion,
Des sots admirateurs dont la terre foisonne,
    Frappe l'imagination.
    Les visions mélancoliques,
Des peuples arrogants soumettent la fierté,
Et produisent en eux cette docilité
    Qui dans les sages républiques
    Entretient la tranquillité.
    Les hommes vains et fanatiques
    Reçoivent sans difficulté
    Les fables les plus chimériques ;

Un petit mot d'éternité
Les rend benins et pacifiques,
Et l'on réduit ainsi le public hébêté
A baiser les liens dont il est garotté.
Numa *, par semblables pratiques,
Sut fixer des Romains ** l'esprit inquiété,
Et surprit leur crédulité,
En rangeant ses lois politiques
Sous l'étendard de la divinité.
Il feignit d'avoir eu dans un antre *** écarté,
Des visions béatifiques;
Il fit entendre à ces hommes rustiques,
Que Dieu dans son éclat, et dans sa majesté,
A ses yeux éblouis s'étoit manifesté:
Il leur montra des livres **** authentiques
Qui contenoient sa volonté;
Il appuya par des tons pathétiques
Un conte si bien inventé.
Tout le monde fut enchanté
De ces fadaises magnifiques.
Le mensonge subtil passant pour vérité,
De ce législateur fonda l'autorité,
Et donna cours aux créances publiques
Dont le peuple fut infecté.

* Var. Moïse.
** Var. Des Hébreux.
*** Var. Sur un mont.
**** Var. Des Tables.

L'IMPUISSANCE.

Qu'êtes-vous devenu, talent miraculeux,
  Ardente vigueur de jeunesse,
Chaudes impressions, mouvements généreux,
Amoureuse fureur qui renaissiez sans cesse?
Qu'êtes-vous devenue, et quel état honteux!
Quel morne abattement! quelle indigne mollesse!
Quelle affreuse langueur depuis un jour ou deux!
  Je suis jeune, sain, vigoureux,
  Je viens de revoir ma maîtresse
Plus que jamais sensible et charmante à mes yeux;
Mêmes emportements, même ardeur, tout me presse,
  Tout m'invite à me rendre heureux;
Je puis l'être, et l'Amour, favorable à mes vœux,
  M'offre en ces moments de tendresse
  Ses plaisirs les plus savoureux;
On m'embrasse, on me serre, et je tombe en foiblesse,
  Et toute ma vigueur me laisse.
  Ces mouvements impétueux,
  Ces élancements amoureux,
  Cette invincible hardiesse
  Qui, par tant de faits glorieux,
Aux combats de Vénus m'avoient rendu fameux,
  Et sembloient m'être la promesse
D'un honneur éternel chez nos derniers neveux,

Tout trahit à la fois, tout fuit un malheureux.
Ardentes déités, dont le pouvoir préside
     Aux amoureux plaisirs,
Pourquoi retardez-vous l'effet de mes desirs
     Par un abandon si perfide?
     Qui jamais d'entre les mortels
A plus versé d'encens sur vos sacrés autels?
Jamais dans le transport des luttes amoureuses
La crainte ou le dégoût m'ont-ils pu retenir?
Les douleurs du passé, l'effroi de l'avenir,
Ont-ils pu ralentir mes ardeurs généreuses?
Ah! rendez, rendez-moi ces ardeurs bienheureuses,
Revenez au plus tôt, transports impétueux,
     Ardente vigueur de jeunesse,
Chaudes impressions, mouvements généreux,
Amoureuse fureur qui renaissiez sans cesse;
Revenez consoler un amant malheureux.
     Mais c'est en vain que je vous presse,
De mes sens abattus vous voulez vous bannir,
Et dans un corps glacé vous n'osez revenir.
O rigoureux destin! ô Vénus ennemie!
N'ai-je donc tant vécu que pour cette infamie!
Et toi, de mes exploits autrefois l'instrument,
Mais d'un corps sans vigueur inutile ornement,
     Malheureux auteur de mes peines,
Lâche, reçois ici ton juste châtiment.
Tu te caches.... mais non, tes ruses seront vaines;
Tu périras.... Mais Dieux! quel soudain changement!

Que sens-je? quelle ardeur se répand dans mes veines!
Jamais je n'ai brûlé d'un feu si véhément.
O puissante Vénus! déesse que j'implore,
  Pardonne à mon égarement,
  Puisque je me retrouve encore
En l'état vigoureux où doit être un amant.
Reçois les vœux nouveaux d'un sujet qui t'honore,
Et permets qu'en ton temple un fameux monument
Consacre à l'avenir ce rare changement.
Modère toutefois l'ardeur qui me dévore,
Dispense-moi tes dons avec ménagement;
Ne permets pas qu'en l'air ce beau feu s'évapore,
Prolonge ma vertu jusqu'à l'heureux moment
Où je pourrai revoir la beauté que j'adore;
  Mais je le puis dès maintenant.
Ne tardons plus, courons où l'honneur nous appelle,
  Réparons par un prompt effort
L'injurieux affront que j'ai fait à ma belle,
  Profitons d'un si beau transport.
Oui, tout prêt d'expier la faute que j'ai faite,
Je cours, belle Philis, embrasser vos genoux,
  Et, plus robuste qu'un athlète,
  Je vais par d'innombrables coups
Vous montrer que je suis enfin digne de vous!

COUPLETS

Sur l'air de l'opéra d'Hésione : *Que l'amant qui devient heureux, etc.*

Que de mille sots réunis,
A jamais le café s'épure;
Que l'insipide Dionis
Porte ailleurs sa plate figure;
Que dans son sale cabinet,
Le pesant abbé Maumenet
Laisse pourrir ses vers maussades;
Que jamais l'enflé Grimaret
N'y produise ses œuvres fades.

Que le réchappé des prisons,
Qui toujours réforme et critique,
Soit mis aux Petites-Maisons,
Pour professer sa politique.
Que l'édenté petit vieillard,
Quart de savant, grand babillard,
Importun citeur d'Hérodote,
De ses vieux contes de paillard,
Aille ailleurs divertir Lamotte.

Que l'insensé, qui de poison
Ose accuser sa belle-mère,

Qui trouble toute sa maison,
Et flétrit l'honneur de son père,
Soit enchaîné, soit encagé,
Comme on encage un enragé
Qui s'arme contre la nature,
Et qu'un chirurgien soit gagé
Pour le saigner outre mesure.

Que du pédant grammairien,
Enflé de mots, Dieu nous délivre!
De l'abbé, grand diseur de rien,
Et du peintre Hautereau toujours ivre;
Que l'auteur moine défroqué,
Qui par maint opéra croqué,
Croyoit s'enrichir au Parnasse,
Par l'escroc Frissane escroqué,
Soit réduit à porter besace.

Que Boindin de son haut caquet
Désormais ne nous étourdisse;
Que La Grange de son fausset
En ces lieux jamais ne glapisse;
Que par quelque jeune plumet,
Le café soit bientôt défait
De Saurin et de sa sequelle;
Qu'à mentir Villiers si sujet
Aille ailleurs porter sa nouvelle.

Que bientôt le fantôme hideux,
A cheveux plats, à longue face,

Qui gromelle un par un font deux,
Aux enfers reprenne sa place.
Malin esprit, plus noir que Pix,
Je te conjure par x, x,
Va-t'en chez l'infernale race,
Taxer le prix de l'eau du Styx,
A tant la pinte, à tant la tasse.

Fripon, procureur des fripons,
Pexe, que le ciel t'extermine;
Que Berlise, manquant de fonds,
Puisse un jour crever de famine.
Petit avocat Ragotin,
Plaidant comme prêchoit Cotin,
Moins souvent, et plus mal encore,
Ton ami sait grec et latin,
Mais toi, tu n'es qu'une pécore.

Fade plaisant, dangereux fat,
Affectant humble contenance,
Que par fréquent échec et mat
Le ciel nous ôte ta présence.
Longue préface à tout propos,
De grands mots suivis de grands mots,
Un petit air de suffisance,
Feront deviner aux plus sots,
Le Ragotin à qui je pense.

Si les deux frères Lemeris,
L'un ignorant et l'autre bête,

Dans mes vers ne sont point flétris,
Qu'ils ne s'en fassent point de fête.
Ce sont morveux à coups de fouet,
Dont on montre la mère au doigt,
Dont le père, assassin chimiste,
Fait que de morts Pluton reçoit
Tous les ans une double liste.

De la maîtresse de céans,
Que le ciel nous fasse justice;
Qu'elle ait sans cesse mal aux dents,
Et quelquefois la ch....
De l'égyptienne beauté
Qu'on voit sans cesse à son côté,
Que le marchand à grosse lèvre
Soit autant ou plus entêté,
Qu'un Italien d'une chèvre.

Adieu, messieurs les favoris
De la g.... plus noire qu'encre,
Au cœur faux, au malin souris,
. . . .
. . . .
Le reste manque.

NOUVEAUX COUPLETS.

LES GENS DÉSIGNÉS OU NOMMÉS DANS LES PRÉCÉDENTS COUPLETS, AYANT RÉSOLU DE NE PLUS ALLER AU CAFÉ, ET DE S'ASSEMBLER CHEZ DE VILLIERS, REÇURENT LES COUPLETS SUIVANTS.

Fats assemblés chez de Villiers,
Parmi les fats troupe d'élite,
D'un vil café dignes piliers,
Craignez la fureur qui m'irrite !
Je vais vous poursuivre en tous lieux,
Vous noircir, vous rendre odieux.
Je veux que partout on vous chante.
Vous percer et rire à vos yeux,
Est une douceur qui m'enchante.

Vainement vous me menacez,
Ce n'est qu'impuissante menace ;
Tous vos outrages entassés
Ne font qu'accroître mon audace.
Pour vous un mépris souverain
Fait que je n'aurai plus de frein,
Et si quelqu'un m'irrite encore,
Il verra graver sur l'airain
Le noir trait qui le déshonore.

Saurin, à découvrir si prompt,
Voici la grandeur inconnue ;
Tes x, x la découvriront,

Vite au calcul, travaille, sue;
Mais crains plutôt que de tes mœurs,
En examinant les rumeurs,
Je ne résolve le problème.
Toutefois le plus noir des cœurs,
C'est Vassaint, au visage blême.

Ces derniers vers ne sont pas forts,
Et même ressemblent à d'autres;
Muses, redouble tes efforts
Contre ce déserteur d'apôtres.
Dévoilons donc ce cœur gâté,
Qui de sœur et nièce a tâté,
Sans épargner sa propre mère;
B..... dans le crime empâté,
Jusqu'à f..... son propre père.

Mais qui se présente à mes yeux?
C'est le chevalier de Manchette:
B....., tu ferois beaucoup mieux
D'aller chercher une retraite.
Dans le monde on est convaincu
Que tu fais ton neveu cocu,
Voire si c'est cocu le faire,
Que de f..... sa femme en c..
Je vous laisse à juger l'affaire.

Peut-être au précédent couplet,
L'on outre un peu trop la matière;
Mais tu la f.., le fait est net,

Soit pardevant ou par derrière.
Chez le Begue qui te conduit,
Lâche, une école est ton réduit;
Pour ce lieu quelle est ton attache?
L'infâme plaisir chaque nuit
De pouvoir choisir un b.......

Ne craignez point, vous, Grimaret,
Vous, abbés à simple tonsure,
Vous, peintre à boire toujours prêt,
Ne craignez rien, je vous rassure.
J'oublîrai que l'un est cocu,
Que les abbés f....... en c.
Que le peintre a f.... sa mère,
Et que souvent pour un écu
Il se fait f..... par derrière.

Quel spectacle frappe mes yeux?
Vengeur de forfaits, je vous loue.
Je reconnois ce furieux;
C'est Boindin qu'on mène à la roue.
Voilà donc un des trois roué,
Dont le ciel soit encor loué :
Reste Grimaret et Lamotte,
L'un m........ bien avoué,
L'autre grand flaireur de culotte.

Ce faux cœur, aux yeux déployé,
Feroit horreur aux plus infâmes.
Qu'au funeste poteau lié,

Il expire au milieu des flammes.
B... réchappé du couvent,
Que ta cendre, jetée au vent,
Réjouisse les saintes âmes,
Au c.. préférant le devant,
Et ne chevauchant que des femmes.

Le moulin qui moulut, moudra.
Qu'aussi publique que le coche,
Elle f.. tant qu'on voudra;
Mais mettre la main dans la poche!
Il ne faut point souffrir ce trait;
Car ta femme, cher Grimaret,
En seroit beaucoup moins prisée,
S'il arrivoit que par arrêt,
Elle devînt fleurdelisée.

Que ce tigre altéré de sang,
De qui la main désespérée,
D'un père vient d'ouvrir le flanc,
Aux vautours serve de curée.

. . . .
Le reste manque.

Ce n'est pour vol de marron,
Que flétri du nom de larron;
S'il n'eût fui; car Vassaint l'accorde:
Il seroit allé voir Caron,
Le cou serré par une corde.

. . . .
Le reste manque.

DERNIERS COUPLETS,

QUI FURENT ENVOYÉS AU CAFÉ, ET QUI ONT CAUSÉ LE FAMEUX
PROCÈS CONTRE SAURIN, A QUI ROUSSEAU LES ATTRIBUOIT.

Quelle fureur trouble mes sens?
Quel feu dans mes veines s'allume?
Démon des couplets, je te sens :
Le fiel va couler de ma plume.
Livrons-nous à l'esprit pervers !
Quelle foule d'objets divers,
Vient ici s'offrir à ma vue !
Quelle matière pour mes vers !
De nouveaux fats, quelle recrue !

Je vois La Faye le cadet,
Qui se croit monté sur Pégase;
Mais son cheval n'est qu'un baudet,
Et son frère n'est qu'un viédase.
Beaux compliments, discours polis,
Courage ! Muse, tu molis !
Laisse leur fausse politesse :
De leurs cœurs montre les replis,
Et les noirs tours de leur souplesse.

Dis que le jeune, adroit escroc,
Qui cherche à duper mainte grue,
A les mains plus faites en croc,

Que ceux qui volent dans la rue.
Mais que ne dis-tu de l'aîné,
Qu'à son visage boutonné
On reconnoît le mal immonde,
Mal qu'à sa femme il a donné,
Et qu'elle rend à tout le monde?

A son retour du Dauphiné,
Nouvelle province de Suède,
Où, dans un réduit confiné,
Il éprouva le grand remède,
Il vint à nous d'un air humain,
Canne de Grenoble à la main.
Pour faire croire son voyage,
Canne à Saurin le lendemain,
Qui ne le crut pas davantage.

Au nom qui vient de me frapper,
Ma fureur s'irrite et redouble.
Comment se laisse-t-on duper
Par ce faux cœur, cette âme double!
Son zèle contre les frondeurs,
Contre nos mœurs ses airs grondeurs,
Dont il veut se faire un mérite,
Cache les noires profondeurs
Du plus scélérat hypocrite.

Je le vois, ce perfide cœur,
Qu'aucune religion ne touche,
Rire au dedans d'un ris moqueur,

Du Dieu qu'il confesse de bouche.
C'est par lui que s'est égaré
L'impie au visage effaré,
Condamné par nous à la roue,
Boindin, athée déclaré,
Que l'hypocrite désavoue.

Par l'un et l'autre est débauché
Le jeune abbé de Bellesogne,
Petit philosophe ébauché,
Au nez fait en bec de cicogne.
Quand je dis qu'il est débauché,
J'entends aussi le gros péché,
Le vrai péché philosophique,
Aux Jésuites tant reproché,
Dont Houdart fait leçon publique.

Quel Houdart? Le poète Houdart,
Ce moine vomi de la Trape,
Qui sera brûlé tôt ou tard,
Malgré le succès qui nous frappe.
Étrange spectacle à nos yeux!
Quel exemple plus odieux
Des tours de l'aveugle Fortune!
Lamotte a le front dans les cieux,
Danchet rampe avec Rochebrune.

Je te vois, innocent Danchet,
Grands yeux ouverts, bouche béante,
Comme un sot pris au trébuchet,

Écouter les vers que je chante.
J'en mettrois bien mieux mon bonnet,
Si je voyois le café net
De ce niais, plus niais que Jocrisse,
Et du fade Rochebrunet,
Plus doux que le plus doux réglisse.

O mon cher abbé Maumenet,
Digne, d'ailleurs, de mon estime,
Si je reviens au cabinet,
J'y suis entraîné par la rime.
Qu'il est sale, ce cabinet !
Que tu pèses, cher Maumenet !
Ta seule présence m'assomme.
Quand tes vers plairont, Perrinet
Quittera Genève pour Rome.

Qu'entends-je ? c'est le Roitelet.
Il fait plus de bruit qu'une pie,
Mais plus il force son sifflet,
Plus il semble avoir la pépie.
Éviterois-tu le couplet,
Petit juge du châtelet,
Et fils d'un procureur avide,
Qui te laisse assez rondelet,
Mais bourse pleine et tête vide ?

Où va cet Icare nouveau ?
Et jusqu'où sa raison s'égare !
Il prend un transport au cerveau,

POÉSIES.

Pour le feu du divin Pindare.
Qu'incessamment il soit baigné,
Qu'après le bain il soit saigné,
Et saigné jusqu'à défaillance.
Des humeurs, s'il est bien soigné,
On rétablira l'alliance.

Quel brillant habit, Crébillon,
Flatteur gagé d'un riche Suisse!
Sans ses présents un vieux haillon
Couvriroit à peine ta cuisse.
Mais de vices quel bordereau!
B....., b......., m........;
Il faut qu'enfin l'orage crève:
Dans le funeste tombereau,
Je te vois traîner à la Grève.

Ainsi finit l'auteur secret,
Ennemis irréconciliables:
Puissiez-vous crever de regret,
Puissiez-vous être à tous les diables.
Puisse le démon Coupletgor,
S'il se peut embrâser encor
Le noir sang qui bout dans mes veines,
Bien pour moi plus précieux que l'or,
Si je puis augmenter vos peines.

AU REVOIR.

FIN DES POÉSIES.

TABLE DES MATIÈRES

CONTENUES

DANS LE TOME SECOND.

ÉPÎTRES.

LIVRE PREMIER.

Épître première. Aux Muses..............*Page* 1
Ép. II. Sur l'Amour, à madame D'Ussé.......... 20
Ép. III. A Clément Marot..................... 30
Ép. IV. A M. le comte de ***................. 45
Ép. V. A M. le comte du Luc, alors ambassadeur de France en Suisse......................... 49
Ép. VI. A M. le baron de Breteuil............. 65

LIVRE SECOND.

Ép. I. A M. le comte ***..................... 81
Ép. II. Au R. P. Brumoy, auteur du théâtre des Grecs. 89
Ép. III. A Thalie............................ 103
Ép. IV. A M. Rollin.......................... 115
Ép. V. A M. L. Racine........................ 129
Ép. VI. A M. de Bonneval..................... 143

ALLÉGORIES.

LIVRE PREMIER.

Allégorie première Torticolis................ 151
Allég. II. La Volière........................ 164

TABLE DES MATIÈRES.

ALLÉG. III. La Liturgie de Cythère.......... *page* 169
   Éclaircissement de l'auteur sur l'allégorie suivante. 172
ALLÉG. IV. La Grotte de Merlin................ 173
ALLÉG. V. Midas............................. 187
ALLÉG. VI. Le Temps......................... 194
ALLÉG. VII. L'Opéra de Naples................ 198
ALLÉG. VIII. Le Masque de Laverne............ *ibid.*

LIVRE SECOND.

ALLÉG. I. Sophronyme........................ 204
ALLÉG. II. Le Jugement de Pluton............. 216
ALLÉG. III. La Morosophie.................... 233
ALLÉG. IV. Minerve.......................... 247
ALLÉG. V. La Vérité.......................... 256

ÉPIGRAMMES.

LIVRE PREMIER.

ÉPIGRAMME PREMIÈRE. Les deux Vénus.......... 265
ÉPIG. II. Sur l'Amour........................ 266
ÉPIG. III. Sur un Baiser...................... *ibid.*
ÉPIG. IV. Le Plaisir d'aimer.................. 267
ÉPIG. V. Sur les Traits de l'Amour............ 268
ÉPIG. VI. L'Héritage de Vénus................ *ibid.*
ÉPIG. VII. Sur le Départ d'une amante......... 269
ÉPIG. VIII. Sur les Qualités d'une maîtresse..... *ibid.*
ÉPIG. IX. Sur un Huissier.................... 270
ÉPIG. X. Ordonnance d'un médecin, difficile à suivre. 271
ÉPIG. XI. Sur ce qui manquoit à une jolie femme. *ibid.*
ÉPIG. XII. Sur une vieille Incrédule........... 272
ÉPIG. XIII. Sur un Ivrogne................... *ibid.*
ÉPIG. XIV. Sur les Gouvernants............... 273

Épig. XV. A un Pied-plat qui faisoit courir de faux bruits contre l'auteur.................... *page* 273
Épig. XVI. Sur un Cardinal.................... 274
Épig. XVII. Sur un moderne Sisyphe........... *ibid.*
Épig. XVIII. Sur un Curé et un Frater........... 275
Épig. XIX. Pour madame *** étant à la chasse..... *ibid.*
Épig. XX. Pour la même étant à la représentation de l'Opéra d'Alcide.................... 276
Épig. XXI. Sur la même qui s'occupoit à filer..... *ibid.*
Épig. XXII. A la même, sur sa constance en amour. 277
Épig. XXIII. Sur des Chrysogons qui se faisoient arbitres entre Corneille et Racine.................... *ibid.*
Épig. XXIV. Sur un Maquignon................. 278
Épig. XXV. L'OEil d'un magister............... *ibid.*
Épig. XXVI. Contre un Galant suranné.......... 279
Épig. XXVII. Sur l'Amour.................... *ibid.*
Épig. XXVIII. Sur une Ode composée par un misérable poète satirique, à la louange de M. de Catinat... 280
Épig. XXIX. Sur le Dialogue de Platon intitulé *le Banquet*.................... 281
Épig. XXX. Sur l'Amour.................... *ibid.*

LIVRE SECOND.

Épig. I. Sur Orphée.................... 282
Épig. II. Les deux Amours.................... *ibid.*
Épig. III. Sur les Traits de l'Amour............. 283
Épig. IV. Sur une Coiffure.................... *ibid.*
Épig. V. Sur une Beauté fantasque.............. 284
Épig. VI. Sur un Époux.................... *ibid.*
Épig. VII. Pour une Dame nouvellement mariée... 285
Épig. VIII. L'Accouchement précoce............. *ibid.*
Épig. IX. Sur une Épouse trop accomplie........ 286

Épig. X. Sur un Marquis volé............ *page* 286
Épig. XI. Sur Ronsard..................... 287
Épig. XII. Sur la Traduction de l'*Iliade*, par Lamotte-Houdart................................... *ibid.*
Épig. XIII. Sur le même, et sur Voltaire........ 288
Épig. XIV. Sur Lamotte-Houdart............. 289
Épig. XV. Sur Fontenelle.................. *ibid.*
Épig. XVI. Le Curé incorrigible.............. 290
Épig. XVII. A un Critique moderne........... 291
Épig. XVIII. Sur le Portrait d'un poète......... *ibid.*
Épig. XIX. Conseil à un abbé sur un procès..... 292
Épig. XX. Les trois Vertus admirables......... *ibid.*
Épig. XXI. Contre les Femmes................ 293
Épig. XXII. Moyens de se maintenir en paix avec les gens de lettres................................ *ibid.*
Épig. XXIII. Contre les Gens de robe.......... 294
Épig. XXIV. Sur un Abbé.................... *ibid.*
Épig. XXV. Ce que c'est qu'un favori de cour.... 295
Épig. XXVI. Sur la Manie de faire de l'esprit.... *ibid.*
Épig. XXVII. Ce qui manque à beaucoup d'auteurs. 296
Épig. XXVIII. Contre le poète Gacon........... 297
Épig. XXIX. Aux Journalistes de Trévoux....... *ibid.*
Épig. XXX. Aux mêmes...................... 298
Épig. XXXI. Sur les Tragédies de Crébillon...... *ibid.*

LIVRE TROISIÈME.

Épig. I. Le véritable Héroïsme................ 299
Épig. II. A M. le duc de Bourgogne............ 300
Épig. III. A madame D'Ussé. Les deux Dons...... *ibid.*
Épig. IV. Les Souhaits...................... 301
Épig. V. A M. Rouillé...................... 302
Épig. VI. A l'abbé de Chaulieu............... 303
Épig. VII. Contre Montfort. L'Embarras terminé... 304

Épig. VIII. Contre un Marguillier.............*page* 304
Épig. IX. Contre Longepierre, sur ses Traductions. 305
Épig. X. Contre le même, et contre Perrault...... *ibid.*
Épig. XI. Sur l'Aventure de l'Évêque de Nîmes, qui s'étoit sauvé par la fenêtre pour échapper à ses créanciers... 306
Épig. XII. Contre Danchet...................... 307
Épig. XIII. Contre un Détracteur de l'Auteur...... *ibid.*
Épig. XIV. Contre un Ennuyeux qui vouloit être poëte. 308
Épig. XV. Imitée du Pogge..................... *ibid.*
Épig. XVI. A Pradon, qui avoit fait une satire pleine d'invectives contre Despréaux.................. 309
Épig. XVII. Sur l'Ignorance d'un capucin........ 310
Épig. XVIII. Sur un Livre..................... *ibid.*
Épig. XIX. Sur les Fables de Lamotte........... 311
Épig. XX. Sur le même sujet................... 312
Épig. XXI. Les deux Faussaires................ 313
Épig. XXII. Contre un Sot qui veut plaire........ *ibid.*
Épig. XXIII. L'Épitaphe d'un auteur............ 314
Épig. XXIV. Épitaphe de l'abbé Courtois......... *ibid.*
Épig. XXV. Contre l'abbé de Bellegarde......... 315
Épig. XXVI. A M. le comte d'OEttinguer, sur ses lectures assidues................................. *ibid.*
Épig. XXVII. A M. T.... sur sa manie de lire partout ses vers.. 316
Épig. XXVIII. Contre Pic, et Colasse, auteurs des paroles et de la musique de l'opéra intitulé : *la Naissance de Vénus*.. 317
Épig. XXIX. Sur les Talents divers de l'abbé Bignon. 318
Épig. XXX. Justification de la précédente Épigramme, à un important de cour qui s'en faisoit l'application. 319

POÉSIES DIVERSES.

Épithalame............................*page* 321
Palémon et Daphnis, églogue.................. 325
Élise, églogue héroïque, pour l'impératrice, à son retour
    des bains de Carlsbad en Bohême................ 332
Idylle.. 338
Lettre à M. de La Fosse, poète tragique, écrite de Rouen,
    où l'auteur attendoit un vaisseau pour passer en Angle-
    terre...................................... 340
Lettre à M. Duché, qui lui avoit envoyé des vers qu'il
    avoit faits étant malade..................... 345
Lettre de l'abbé de Chaulieu à Rousseau, sur la direction
    que M. de Chamillard lui avoit donnée dans les finan-
    ces, à Fontainebleau, en 1707................. 347
Réponse de Rousseau à l'abbé de Chaulieu........ 349
A M. Titon du Tillet, sur les poésies de M. Desforges-
    Maillard................................... 352
Vers envoyés à madame la comtesse de B***, le jour de sa
    naissance.................................. 353
Vers à M***, intendant des finances, pour madame ***, qui
    lui recommandoit le placet d'un de ses amis..... 355
Vers envoyés à une demoiselle, le jour de saint Denis, sa
    fête....................................... 357
Vers allégoriques, envoyés à monseigneur le duc de Bour-
    gogne dans un mouchoir de gaze, qui avoit servi à
    essuyer quelques larmes échappées à madame la duchesse
    de Bourgogne, au récit de l'affaire de Nimègue.. 358
Les Métamorphoses de Versailles................. 360
Sonnet, imité d'une épigramme de l'Anthologie, à M. le
    marquis de La Fare.......................... 362
Sonnet à un bel esprit, grand parleur............ 363

Leçon d'Amour............................*page* 364
Sonnet.................................... 366
Autre..................................... 367
Le Rossignol et la Grenouille, fable contre ceux qui publient leurs propres écrits sous le nom d'autrui... 368
Fable..................................... 369
Autre Fable............................... 370
Fable d'Ésope............................. 371
Rondeau................................... *ibid.*
Autre Rondeau............................. 372
Vaudeville................................ 373
Vers pour mettre au bas du portrait de M. Despréaux. 374
Vers pour mettre au bas du portrait du célèbre comédien Baron............................... 375
Épitaphe de J. B. Rousseau, faite par lui-même.... *ibid.*

ÉPIGRAMMES.

LIVRE QUATRIÈME.

Épigrammes. — I à L.................. 376 à 402

POÉSIES.

La Moïsade................................ 405
L'Impuissance............................. 408
Couplets.................................. 411
Nouveaux Couplets......................... 415
Derniers Couplets......................... 419

FIN DE LA TABLE.

www.ingramcontent.com/pod-product-compliance
Lightning Source LLC
Chambersburg PA
CBHW050914230426
43666CB00010B/2164